WILEY FINANCE

"十一五"国家重点图书出版规划项目
世界财经管理经典译库子项目

THE FRANK J. FABOZZI SERIES

（美）安娜·S. 彻诺拜
（德）斯维特洛扎·T. 维特夫　著
（美）法兰克·J. 法伯兹

龙海明　主译

Operational Risk

A Guide to Basel II Capital Requirements, Models and Analysis

操作风险

新巴塞尔协议资本要求、模型与分析指南

Anna S. Chernobai
Svetlozar T. Rachev
Frank J. Fabozzi

东北财经大学出版社
Dongbei University of Finance & Economics Press
大连

WILEY

ⓒ 东北财经大学出版社 2010

图书在版编目（CIP）数据

操作风险：新巴塞尔协议资本要求、模型与分析指南／（美）彻诺拜（Chernobai, A. S.），（德）维特夫（Rachev, S. T.），（美）法伯兹（Fabozzi, F. J.）著；龙海明主译．—大连：东北财经大学出版社，2010.1
（威立金融经典译丛·法伯兹系列）
书名原文：Operational Risk：A Guide to Basel Ⅱ Capital Requirements，Models and Analysis
ISBN 978 - 7 - 81122 - 900 - 4

Ⅰ. 操…　　Ⅱ. ①彻…　②维…　③法…　④龙…　　Ⅲ. 金融机构 - 风险管理 - 研究
Ⅳ. F830. 2

中国版本图书馆 CIP 数据核字（2010）第 015655 号

辽宁省版权局著作权合同登记号：图字 06 - 2007 - 170 号

东北财经大学出版社出版
（大连市黑石礁尖山街 217 号　邮政编码　116025）
教学支持：(0411) 84710309
营销部：(0411) 84710711
总编室：(0411) 84710523
网　址：http：//www. dufep. cn
读者信箱：dufep @ dufe. edu. cn
大连图腾彩色印刷有限公司印刷　　东北财经大学出版社发行

幅面尺寸：170mm×240mm　字数：255 千字　印张：13 1/4　插页：1
2010 年 1 月第 1 版　　　　　　　　　2010 年 1 月第 1 次印刷

责任编辑：王　玲　　　　　　　　责任校对：惠恩乐
封面设计：冀贵收　　　　　　　　版式设计：钟福建

ISBN 978 - 7 - 81122 - 900 - 4
定价：36. 00 元

作者简介

安娜·S. 彻诺拜（**Anna S. Chernobai**）是美国纽约雪城大学马丁·J. 惠特曼管理学院（Martin J. Whitman School of Management）金融学副教授。她于2006年在加州大学圣巴巴拉分校获得了统计与应用概率学博士学位。她的博士论文的研究方向为有关金融机构操作风险的统计建模。Chernobai 副教授还获得了英国华威大学（University of Warwick）华威商学院（Warwick Business School）的经济学和金融学的硕士学位，以及加州大学圣巴巴拉分校的经济学硕士学位。

斯维特洛扎·T. 维特夫（**Svetlozar（Zari）T. Rachev**）于1979年在俄罗斯莫斯科国立罗蒙诺索夫大学（Moscow State（Lomonosov）University）完成了博士学业，并于1986年获得了莫斯科 Steklov 数学研究所（Steklov Mathematical Institute）的自然科学博士学位。如今，他已经是德国卡尔斯鲁厄大学经济与商业工程学院统计学、计量经济学以及数理金融的讲座教授。同时，他还是加州大学圣巴巴拉分校统计与应用概率系的荣誉教授。另外，他已出版了7部专著、8本手册及特刊，同时还发表了250多篇学术论文。Rachev 教授是专门从事金融风险管理软件开发的 Bravo 风险管理集团的创始人之一。Bravo 集团最近刚被 FinAnalytica 公司并购，Rachev 如今已是 FinAnalytica 公司的首席科学家。

法兰克·J. 法伯兹（**Frank J. Fabozzi**）是耶鲁大学管理学院讲授金融实践方向的教授。此前，他一直是麻省理工大学斯隆管理学院（Sloan School of Management）金融学专业的客座教授。Fabozzi 教授还是耶鲁大学国际金融中心的成员之一，并在普林斯顿大学运筹与金融工程系的顾问委员会工作。另外，他还是《投资组合管理杂志》（Journal of Portfolio Management）的主编，《固定收益证券杂志》（Journal of Fixed Income）的副主编。Fabozzi 教授于1972年在纽约市立大学（City University of New York）获得经济学博士学位。2002年，他还获得了 CFA 和 CPA 的资格认证。他还编著出版了许多金融专业方面的书籍。

序

　　风险管理起源于保险业。20 世纪 80 年代，随着全面质量管理方法的相继采用，风险管理在制造业中逐步确立了自己的地位。然而，直到 20 世纪 90 年代，风险管理才因其在金融和非金融企业中显露出的重要性而受到更多的重视。例如，1993 年，通用电气董事会任命了一位名为 James Lam 的首席风险官（CRO），由其来负责管理包括后台支持操作风险在内的各种公司风险。事实上，现如今，大多数企业的决策层中都有这样一位首席风险官，且其拥有着在一些公司业务上可直接向董事会报告的职权。

　　就像会计师（注册会计师，CPA）和资产管理人（注册金融分析师，CFA）一样，现在已有特定的标识来识别风险管理专家，而这些标识正进一步表明了风险管理日益重要的地位。例如，1996 年成立的全球风险专家协会（GARP），大约由来自 100 多个国家和地区的 58 000 多名会员所组成，且该协会只对通过一系列考试的人员授予金融风险管理师（FRM）的资格认证。各大学不仅提供有关风险管理的课程，而且还提供将风险管理列为主要课程的金融工程方向的学位。另外，有关风险管理各研究领域最新成果的出版物的发行数量也在逐年上升。1996 年，Peter Bernstein《与天为敌：风险探索传奇》（Against the Gods：The Remarkable Story of Risk）一书的出版唤起了大众对风险管理的兴趣，此书之后被列为北美和欧洲的最佳畅销书之一，还被翻译成 11 种语言出版。如今，每年至少有一种致力于风险管理某领域研究的新期刊面世。

　　金融机构在讨论风险管理的时候，通常将其主要风险分为两类，即信用风险和市场风险，不能归类为这两类的风险则被标记为"其他风险"。然而不幸的是，"其他风险"没能得到与对待信用风险和市场风险同样的重视。如同我们将在第 1 章中所表述的，在过去的 20 年中许多业绩一贯出色的金融机构先后分别遭受了总计超过 10 亿美元的损失。然而更糟糕的是，许多金融机构还因此而宣告破产。事实上，这些损失既不是由信用风险也不是由市场风险所导致的，而是由已经被划分为其他风险中的操作风险所引起的。讽刺的是，操作风险——作为造成上述巨额损失的罪魁祸首——却被认为是，至少被部分地认为是近来高速发展的技术革新、取得革命性发展的信息网络、放松的金融管制以及全球化的产物。

　　银行系统不得不面对自己还没做好足够准备来解决操作风险这样一个痛苦的现实。现在许多银行都认同 Roger Ferguson（他于 2001—2006 年担任联邦储备体系理事会副主席）的观点。2003 年，他提出"在一个日渐受技术驱动的银行系统中，操作风险已经成为所有风险中最大的风险。坦白地说，在某些银行中操作风险可能已成为其最主要的风险"的观点。

为了有效应对上述操作风险，巴塞尔银行监管委员会 2001 年在巴塞尔协议的基础上提出了一项修正案，该修正案通过规范资本金和主要测算方法来支援风险管理。新巴塞尔协议——巴塞尔协议 II 于 2007 年 1 月起开始在所有营业的国际性银行中实施（除少数特例以外，并会采取一些过渡性的调整）。

这也就引出了我们写作此书的目的。随着巴塞尔协议 II 的实施，风险管理者们日以继夜地沉浸在对有关风险管理建模与管理等相关文献的搜集与整理工作之中。事实上，在本书中，我们总结了所有基于真实损失数据的重要实证研究（许多还未曾在期刊上发表），并且通过对其相关理论背景的讨论来作进一步的补充说明，目的就是希望能够给读者提供一套全面的、最新的有关操作风险建模的实用工具。我们相信本书的内容将会有助于减轻风险管理者搜集、阅读以及评价有关操作风险测量方法及其内涵的相关文献的负担。

在本书的前两章，我们回顾了因操作损失而引发的银行业破产等重大事件，并讨论了操作风险的概念及细节等问题。在第 3 章，我们主要讨论了巴塞尔协议 II 的三大支柱。本书的第 4 章则是对操作风险建模中所要面对的主要挑战所做的解释说明。在本书的其余部分，也就是从第 5 章到第 13 章，依次对上述挑战进行了讨论，并提出了相应的解决办法。

我们要求读者掌握最简单的有关数量分析方面的知识，同时试图在有关数量分析与实际应用这两方面的讨论之间取得平衡。事实上，所有的章节都是自成体系的，提到的重要的统计学概念也都尽可能地通过举例来加以说明。第 4 章以后的章节均有着清楚的结构：以对与每章讨论的主题相关的基本统计和数学工具的概述开头，接着借用实证研究中的真实数据来讨论这些工具的实际应用。

本书的目标读者比较广泛，具体包括实际操作人员、学生以及想了解操作风险及其最新进展的学者等。另外，本书还可作为研究生讨论会和专攻 MBA 课程的检验测试材料。事实上，本书中广泛的主题将使读者对操作风险的统计学原理及其在现实世界的应用中所必须面对的挑战有一个基本的认识。

我们希望在此答谢在本书的准备阶段所得到的来自各方的支持。安娜·S. 彻诺拜的研究得到了来自美国雪城大学（Syracuse University）、加州大学圣巴巴拉分校（University of California at Santa Barbara）、德国卡尔斯鲁厄大学（University of Karlsruhe）等各方面的支持。斯维特洛扎·T. 维特夫的研究得到了数学部（Division of Mathematical）、生命与自然科学学院（Life and Physical Sciences）、文理学院（College of Letter and Science）、加州大学圣巴巴拉分校以及德国研究联合会（Deutschen Forschungsgemeinschaft）等各方的资助。

安娜·S. 彻诺拜

斯维特洛扎·T. 维特夫

法兰克·J. 法伯兹

目　录

第1章　操作风险不仅仅是"其他"风险 1

1.1　全球化与放松管制的影响：风险暴露增加 1

1.2　巨额操作损失的例子 3

1.3　对冲基金中的操作损失 8

1.4　重要概念总结 9

第2章　操作风险：定义、分类及其在其他风险中的地位 10

2.1　风险是什么 10

2.2　操作风险的定义 11

2.3　操作风险暴露指标 12

2.4　操作风险的分类 13

2.5　金融风险的拓扑结构 18

2.6　操作风险、市场风险以及信用风险的资本分配 21

2.7　操作风险对银行股票市场价值的影响 21

2.8　宏观经济环境对操作风险的影响 22

2.9　重要概念总结 22

第3章　新巴塞尔资本协议 24

3.1　巴塞尔银行监管委员会 24

3.2　巴塞尔资本协议 24

3.3　支柱 I：操作风险的最低资本要求 26

3.4　支柱 II：资本充足性和监管原则 33

3.5　支柱 III：市场原则和公开披露 34

3.6　损失数据收集工作综述 34

3.7　保险的作用 36

3.8　在实践中遵从新巴塞尔资本协议 42

3.9　完善新巴塞尔资本协议：一些一般性的关注点 44

3.10　重要概念总结 45

第4章　操作风险建模中所面临的主要挑战 47

4.1　操作风险模型 47

4.2　操作损失数据的特性 53

4.3　重要概念总结 57

第5章　频率分布 58

5.1　二项分布 58

5.2　几何分布 60

5.3　泊松分布 61

5.4　负二项分布 63

5.5　非齐次泊松过程（Cox 过程） 64

5.6　可供选择的方法：到达间隔时间分布 65

5.7　基于操作损失数据的实证分析 66

5.8　重要概念总结 73

5.9　附录：离散型随机变量的基本描述方法 74

第6章　损失分布 77

6.1　非参数法：经验分布函数 78

6.2　参数法：连续损失分布 79

6.3　扩展：混合损失分布 88

6.4　注意尾部行为 89

6.5　基于操作损失数据的实证检验 91

6.6　重要概念总结 97

6.7　附录：连续型随机变量的基本描述方法 98

第7章　α-稳定分布 104

7.1　α-稳定随机变量的定义 104

7.2　α-稳定随机变量的特性 106

7.3　估计 α-稳定分布的参数 107

7.4　α-稳定分布随机变量的有效转换 108

7.5　有关操作损失数据的应用 109

7.6　重要概念总结 112

7.7　附录：特征函数 112

第8章　极值理论 115

8.1　分块样本极值模型 115

8.2　超过阈值峰态（POT）模型 116

8.3　估计形态参数 119

8.4　极值理论的优点和局限性 121

8.5　基于操作损失数据的实证研究 122

8.6　重要概念总结 127

第9章　截尾分布 128

9.1　报告偏倚问题 128

9.2 操作风险的截尾模型 129

9.3 基于操作损失数据的实证研究 135

9.4 重要概念总结 140

第 10 章 拟合优度检验 142

10.1 拟合优度的可视检验 142

10.2 拟合优度的常见正规检验 145

10.3 基于操作损失数据的实证研究 149

10.4 重要概念总结 155

10.5 附录：假设检验 156

第 11 章 在险价值 158

11.1 从直观上看，什么是在险价值 158

11.2 复合操作损失模型与操作在险价值的推导 159

11.3 在险价值敏感度分析 163

11.4 返回测试在险价值 163

11.5 在险价值的优缺点和其他风险测量值 165

11.6 基于操作损失数据的实证研究 170

11.7 重要概念总结 172

第 12 章 稳健性建模 173

12.1 操作损失数据中的异常值 173

12.2 应用古典方法的风险 175

12.3 稳健统计方法概述 175

12.4 应用稳健方法分析操作损失数据 179

12.5 重要概念总结 181

第 13 章 模型相关性 182

13.1 操作风险中相关性的 3 种类型 182

13.2 线性相关性 183

13.3 其他相关性测度：等级相关系数 186

13.4 COPULAS 187

13.5 运用 COPULAS 函数整合信用风险、市场风险和操作风险 192

13.6 基于操作损失数据的实证研究 192

13.7 重要概念总结 199

后 记 201

第 1 章 操作风险不仅仅是"其他"风险

直到最近，人们依旧认为银行被暴露于两种主要的风险之中。按其重要性排序，它们分别是"信用风险（合同损失）"与"市场风险（由于股票价格、利率和汇率等市场指标的变化而引起的损失）"。操作风险则仅仅被视为"其他"风险中的一部分。

对银行来说，"操作风险"并不是一个全新的概念。事实上，操作损失被反映在银行的资产负债表上已经有几十年的时间了，并且现如今每天都还会在银行业里出现。操作风险往往影响着所有的银行活动及业务部门的健全与操作效率。

大部分损失从量值上看相对较小——但正是这些损失经常要发生的事实，导致了它们的可预测性，从而使我们能够对其进行经常性的预防。诸如此类的操作损失的例子具体包括由意外的会计失误、小额信用卡舞弊或设备故障等所导致的损失。而与导致更大损失的操作风险相关的事件包括抗税、越权交易、大额内部舞弊活动、由于自然灾害等导致的业务中断以及故意破坏等。

大约直到 20 世纪 90 年代，上述事件中的后一类事件还没有经常性地出现，即使偶尔出现银行通常也有能力承担这些损失，并不会因此发生什么严重的后果。这是容易理解的，因为大概直到 20 年前银行业中的操作一直受到诸多的限制，交易量要求相对适度，操作的多样性也受到限制。因此，在当时，操作风险的重要性被认为是比较小的（其影响与收益规模和业务单位的离散程度正相关），相对于信用风险与市场风险来说，它对管理人员的决策与资金分配的影响还很有限。然而在近 20 年的时间里，全球金融市场发生了翻天覆地的变化，而这一切导致银行风险结构发生了显著的转变。

1.1 全球化与放松管制的影响：风险暴露增加

在近 20 年中，为了迎合投资者日益高涨的投资热情，全球金融业界表现出一些显著的发展趋势。全球金融系统的典型特征就是全球化与放松管制、加速技术革新与信息网络的革命性发展以及金融服务范围的扩大和金融产品的增加。全球化与放松的金融管制正有效地将世界上原本分散的金融市场重新整合为一个统一而复杂的网络体系。

　　来自亚洲的一个典型的实例就是发生在日本的"大爆炸"——放松金融管制改革。这是为应对从 1989 年后期到 1990 年早期的经济泡沫破裂所导致的长期经济停滞而由当时的日本首相 Ryutaro Hashimoto 于 1998 年发起的。事实上，该金融改革的目的在于通过放宽对银行业、保险业和股票交易市场等的限制，来提升日本金融市场相对于欧洲和美国市场的竞争力，从而使其重获世界主要金融中心的地位。

　　在美国，一个典型的例子是《1999 年金融服务法》的出台。事实上，该法废除了 1933 年的《格拉斯—斯蒂格尔法案》（Glass-Steagall Act）对银行与证券公司合并的限制条款，允许包括银行、注册投资公司和证券公司在内的金融服务公司之间的合并——原来在 1956 年的《银行控股公司法》中这是被禁止的。该法还允许银行扩大其金融服务的范围。

　　欧洲也发生了一些变革。1986 年 10 月，伦敦股票交易所的组织结构经历了根本性的转变——"大爆炸"（一个后来被日本金融改革所采用的名称）。它撤消了证券交易中的固定佣金制度，允许证券公司同时扮演经纪人与交易者这两种角色。它还引入了自动屏幕交易系统，使得交易即使远离传统的交易场所也能进行。另外一个显著的例子就是欧盟的形成与扩张，以及采用单一的货币——欧元。事实上，组成联盟的目的即在于减少金融障碍、打破贸易壁垒，从而完成文化、经济和政治等各方面的整合。而在东欧，20 世纪 90 年代初前苏联的解体，为资本流动创造了一个大规模的新兴市场。

　　由金融自由化所引发的金融全球化，使得全球的金融与商业部门的参与者面临着遭受来自国内外同行的空前激烈的竞争。贸易自由化给消费者和投资者带来了前所未有的选择与机遇。这也导致了新金融产品、金融工具和金融服务的进一步发展。证券化把非流动性的金融工具变成了可交易的商品。私有化将成千上万的原国有企业转变成为私人投机者和风险资本的竞争者。新衍生工具的产生为抵御各种市场风险与信用风险提供了强有力的保值工具。

　　金融管制放松同（或，可能在许多案例中已经引发了）许多显著的技术改革一起，包括因特网的发展，共同导致了银行业务的变革，例如网上银行、电子商务的发展以及电子邮件服务等。事实上，这些发展所导致的一个直接结果就是使得投资者在获取与分享金融信息的方法和速度上有了新的突破，而这也正对银行的商业操作透明度和市场信息披露提出了更高级别的要求。

　　作为上述全球金融趋势与政策的一个副作用，外包、金融服务范围的扩大以及大规模并购（M&A）等现象在全球范围内正变得越来越常见。而这一切反过来又将不可避免地导致金融机构被更多地暴露于各种风险源的面前。举一个简单的例子，日益增多的基于计算机的银行服务往往易受病毒、计算机故障以及信用卡舞弊的影响。当经营单位实施扩张时，需要增加雇员——这将增加失误的数量以及舞弊活动的风险。

最近发展与优化的金融产品（例如衍生产品和证券产品）现在能为应对市场风险和信用风险提供更好的保护。除此之外，对金融机构来说，先前不存在或不重要的风险因素已经成为复杂风险构成中的很大的（或者是更大的）一部分。但是这类风险中还有一些并没有引起人们足够的重视。毫不夸张地说，操作风险是其中最为显著的，也是最近几年以来风险管理者、监管者和学者们讨论最多的议题。如同联邦储备体系执行委员会副主席 Roger W. Ferguson 所说："在一个日益受科技驱动的银行体系之中，操作风险已经占据总风险中更大的份额。坦白地说，在一些银行，它们很可能是支配性的风险。"[①] 一些大银行也持有同样的观点。例如，来自汇丰集团的报告说："……监管者正日益关注操作风险……既然操作风险已经成为最大的潜在风险，因此用资本金来支撑信用风险与市场风险的原则也延伸至操作风险领域中来。"[②]

全球化所带来的另一个重要冲击是对文化的影响。文化是构建信任的一个重要基础。在亚洲被证明是有效的内部控制实践，在欧洲或美国推行则很可能会遭遇失败。举一个来自 van den Brink（2002）的例子，在欧洲或北美通常把保险箱的密码交给一个员工保管，同时把该保险箱的钥匙交给另一个员工保管；但在印度尼西亚，同样的程序在高级管理者看来却并不被信任。或者像另外一个例子，说不或者同高级管理者争辩，在日本是不多见的。事实上，正如我们接下来将要在本章中所看到的，许多大额的操作损失正是由于对信任和责任滥用所引发的。

成熟的工具与技术已被开发并被用于管理小额或中等额度的损失，这些损失是由与市场或者与信用相关的金融风险所引起的。然而，来自金融市场最近的情况表明，大额现金流的波动与其说是由与市场风险或信用风险相关的因素所导致的，还不如说更可能是由机构或银行的操作实践所引起的。[③] 为支持上述观点，1999 年巴塞尔委员会指出："近年来，不断增加的非信用和市场风险的出现，已经成为银行业重要的核心问题之一。"[④]

1.2 巨额操作损失的例子

在过去的 20 年间，世界金融系统被一些银行破产事件所震惊，特别是拥有国际性业务的银行所需要应对的风险已变得越来越复杂、越来越有挑战性。事实上，始于 20 世纪 80 年代末发生的上百起损失分别超过 1 亿美元以及一些损失超过 10 亿美元的事件，已经影响了全球的金融公司。[⑤] 毫无疑问，这些损失都与

[①] 引自 2003 年美国参议院金融、住房、城市事务委员会听证会第 108 次关于新巴塞尔资本协议的提议的会议。

[②] 汇丰银行操作风险顾问公司实业群成立于 1990 年，是汇丰集团保险经纪公司的分公司。

[③] 见 King（2001）。

[④] 见 BIS（1999，p. 15），参照国际清算银行的调查。

[⑤] 依据 de Fontnouvelle、DeJesus-Rueff、Jordan 和 Rosengren（2003），规模较大的、在国际上比较活跃的银行几乎都经历了每年发生 50～80 起、损失超过 100 万美元的事故。

市场或者信用风险无关，而这两者曾是我们所认为的银行必须要面对的两个最主要的风险因素。这些巨额损失导致了破产、合并或许多公认的业绩出色的金融机构股价的大幅下跌。下面是一些发生在 20 世纪 90 年代的这类损失的例子。①

1.2.1　1994 年美国橘县事件

1994 年 12 月 6 日，加州的一个繁华的地区——橘县，因为宣布破产而使市场为之震惊。事情的原委是这样的：有着财务主管背景的 Robert Citron，受托管理该县的学校、城市、地区以及该县本身在内的总数达 75 亿美元的混合证券投资组合。投资者们认为，作为金融奇才的 Citron 能通过投资抵押贷款衍生产品为他们的基金在低额短期利率时期带来相对高额的回报，而且这种衍生产品能够对利率的变化作出实质性的揭示（例如，带有高有效息期的证券）。事实上，该投资组合在利率下跌的时候表现良好；然而当 1994 年初利率开始上涨的时候，该证券投资组合的高收益泡沫破裂了。损失总计高达 17 亿美元，最终致使整个橘县破产。

其实，Citron 既不了解他的投资组合的利率暴露风险——因为不熟悉证券投资组合中的风险回报率，同时又忽略了风险暴露的程度，以为自己可以准确地预见利率变化的走向。不管怎么说，并没有制度来监控投资组合对利率变动的暴露风险。橘县事件表明这一切是由缺乏专业的风险监督和管理不得力所共同造成的。②

1.2.2　1995 年英国巴林银行事件

1995 年 2 月，巴林银行宣布破产。巴林银行曾是英国最古老的商业银行，成立于 1762 年。1993 年，Nick Leeson 被任命为巴林期货公司新加坡分公司的总经理，并被授权开发低风险套利的市场机会，而这将对新加坡货币市场（SIMEX）及大阪外汇市场中相似衍生品的价格差异发挥重要的杠杆作用。然而，由于缺少上级的监管，他既控制着交易，又全权负责后端办公操作。于是他在两个外汇市场间通过交易不同数额、不同类型的合约而开始了更大风险的交易头寸。然而新加坡和日本外汇市场上，衍生品的合约价格在 1993 年到 1994 年间受市场条件的影响很大。

当市场变得不稳定时，Leeson 交易账户上的损失便开始累加，而这又进一步迫使他加大赌注来弥补损失。他设立了一个特别的秘密账户来记录交易损失，其账户为 88888。事实上，该账户设立的初衷是用来掩盖交易团队中一名没有经验

---

① 其他来自金融业的知名的例子包括国际商业信贷银行（1991，舞弊）、美国信孚银行（1994，舞弊）、NatWest Markets（1997，失误，无法胜任）以及野村证券（1997，舞弊）等金融机构遭受的损失。Cruz（2002）、Adams 和 Frantz（1993）、Beaty & Gwynne（1993）、FDIC（1995）、Shirreff（1997）、Crouhy、Galai 和 Mark（2001）以及每日期刊和各种因特网网站对一些个别的案例研究进行了分析讨论。
② 有关橘县破产事件的详细情况，见 Jorion（1998）、Jorion 和 Roper（1995）以及 Irving（1995）。

的成员所犯下的已造成 2 万英镑损失的失误。后来，Leeson 才开始用这个账户来掩盖其不断增加的交易损失。

自 1995 年 1 月 17 日以来，日经指数大幅跳水，日本神户又发生了大地震，等等，这一切最终导致了为数超过 10 亿美元的损失。直到 1995 年 2 月，当 Nick Leeson 无法再在新加坡办公室上班时，这个舞弊事件才得以被曝光。当时，为躲避来自远东地区严厉司法体系的制裁，Leeson 正试图从吉隆坡逃回英国。银行也因无力承担该损失而宣布破产。下面是 Leeson《Rogue Trader》一书中有关他最后交易日的记录的部分节选（1997，pp. 2 - 3）：

"我知道我仍旧要损失数百万英镑，但我不知道具体会是几百万。我被吓坏了，无法再去弄清楚——这个数目吓得我要死……我开始是想减少头寸的，结果却又买进了 4 000 份合约……交易员们看着我，知道我的交易量做的太大了；事实上，他们对于我的交易数目就已经感到非常惊奇了。他们想知道我是在为自己交易还是在为客户进行交易，以及我是否做了套期保值来保护我的头寸。然而他们知道——正如整个亚洲都知道一样——我建立了总价值超过 110 亿英镑的日本股票的风险暴露。他们一直估算着，并且觉得我的情况已经很危险了：事实上，当你拥有了新加坡市场多于 40% 的份额的时候，风险是很难隐藏的。除了远在伦敦的巴林银行，市场上其他人大都敏感地察觉到了：我已陷入得如此之深，再也无路可逃。"

一个月之后，也就是 1995 年 3 月，巴林银行被荷兰银行以 1 先令的价格买下！1995 年 11 月，Nick Leeson 被宣判在新加坡监狱服刑 6 年半。这是内部舞弊、未授权交易以及缺乏内部监督与控制从而造成严重后果的另一事例。①

1.2.3　1995 年大和银行纽约分行事件

1995 年 7 月 13 日，日本大和银行纽约分行执行副主席 Toshihide Iguchi，公开承认（在一封长达 30 页的致日本大和银行主席的信中）他在美国国债交易上损失了大约 11 亿美元。在事件发生之时，大和银行从资产规模来说是日本国内最好的 10 家银行之一，也是全世界最好的 20 家银行之一。事实上，该事件的发生真正让人感到震惊的是，Iguchi 所进行的非法交易已经持续了长达 11 年之久。大和银行纽约分行通过银行信托的二级委托保管账户来保管其所购买的美国国债以及为客户购买的美国国债。并且通过这个账户，收取和分发债券的利息，并根据客户或银行管理人员的意愿转让或卖出债券。

当 Iguchi 在其交易活动中损失几十万美元的时候，他开始卖出银行信托次级

---

① 有关此案的详细报道包括 L. Chew 所著的"Not Just One Man—Barings"、英格兰银行（1995 a）、英格兰银行（1995b）以及 Koernert（1996）。有关此案的书有：Rawnsley（1995）、Fay（1997）、Gapper 和 Denton（1996）、Leeson（1997）以及 Leeson 和 Tyrrell（2005）。另外，一部根据此案拍摄的、由 Rogue Trader 导演的电影已在 1999 年 7 月被搬上了银屏。

保管账户上的债券来掩盖他的损失，并伪造银行信托账户的账目，使人看不出债券已经被出售。在这 11 年间，他伪造了大约 30 000 份交易单据及其他文件。当需要对客户交付其并不知道已被出售的债券利息时，Iguchi 通过出售更多的债券来填补他们的账户，并进一步篡改更多的记录。Iguchi 先后总共卖掉了大和银行价值大约为 3.77 亿美元的客户债券以及大和银行自己拥有的价值为 7.33 亿美元的债券来掩盖他的交易损失。在 1995 年 11 月事情浮出水面后不久，联邦储备局要求大和银行在 90 天内结束它在美国的所有业务。到 1996 年 1 月，大和银行同意把它在美国的价值为 33 亿美元的资产中的大部分出售给 Sumitomo 银行，并卖掉了 15 个建在美国的办事处。

1996 年 12 月，Iguchi 被判处 4 年监禁以及为数 260 万美元的罚款。该丑闻致使标准普尔公司（Standard & Poors）将大和银行的信用等级由 A 级降至 BBB 级，并导致日本财政部强行限制该银行的活动达 1 年之久。2000 年 9 月，大阪的一家法院宣判要求大和银行的 11 位现任和前任董事会成员以及高级执行董事支付 7.75 亿美元来补偿股东的损失。这又是一个内部舞弊和非法交易并导致严重后果的事例。[①]

1.2.4　2002 年爱尔兰联合银行事件

2002 年 2 月 6 日，爱尔兰第二大银行爱尔兰联合银行（AIB），在其驻巴尔的摩的附属子公司 Allfirst 发现一起巨额的、被其称之为"复杂的和确定的舞弊行为"。对爱尔兰联合银行/Allfirst 估计总共造成了超过 7 亿美元的损失。事实上，曾有报道声称在 1997 年前后，一个名为 John Rusnak 的交易员由于所有权上的交易策略失误而造成了一笔很大数目的损失，为了补偿损失他再三地伪造银行账目。Rusnak 通过填写不存在的期权、登记一些虚假的溢价收益来作为收入，从而使他陷入进一步导致更大损失的恶性循环。某周末过后的星期一上午他没有上班，而他的失踪刚好导致了其实施舞弊的细节被曝光。Rusnak，一个美国公民，却被冠以 Nick Leeson 第二的绰号，同 Toshihide Iguchi 等一道被列入了臭名昭著的骗子交易员名单。他被判处于联邦监狱监禁 7 年半，同时禁止他终生再到任何金融服务公司工作。事实上，让我们感到惊讶的是，该事例表明我们仍旧没能从大约十年前的巴林银行倒闭事件中吸取教训。[②]

1.2.5　2001 年美国安然公司丑闻

安然公司的倒闭是迄今为止美国历史上最大的破产事件。安然公司曾是全世界最大的能源产品与能源服务公司之一。安然于 1985 年 7 月在得克萨斯州的休

---

① 更多有关 Daiwa 案件的资料能在 EDIC（1995）以及 lectric 法律图书馆（1995）中找到。1997 年，《时代》杂志发表了一篇对 Iguchi 的采访报道。Iguchi 也在狱中写了一本名为 The Confession 的回忆录。
② 对 AIB 案例的详细研究能在 Leith（2002）和各种互联网资源上找到。

斯敦成立，由休斯敦天然气公司和内布拉斯加州奥马哈市的 InterNorth 公司合并组成。最初作为一家天然气管道公司，安然在能源市场放松管制的时候迅速地进入了能源期货这一领域，并于 1995 年成功打入了欧洲的能源市场。

2001 年 1 月 25 日，安然的股价涨到了历史最高点，每股价格达到了 81.39 美元，之后开始下跌。事实上，仅仅在股价涨到最高点的两天前，也就是 1 月 23 日，从 1985 年以来就任职于安然公司的首席执行官 Kenneth Lay 辞职了。到 2001 年 8 月中旬，该公司的股价已跌至每股 43 美元的低位。恰逢其时，新任首席执行官 Jeffrey Skelling 刚上任 6 个月就以"纯粹的个人原因"为由辞掉了工作。11 月每股价格跌到了 10 美元以下，此时安然公司公开对外宣布从 1997 年到 2000 年间其损失累计达 6 亿美元。12 月 2 日，当其股价最终跌至零时，安然公司提出了请求破产保护的书面申请，成为美国历史上最大的破产案例。2002 年 1 月中旬，安然公司的股票从纽约证券交易所正式摘牌。

安然董事会将失败归咎为会计师和管理人员所提供信息的不足。证券交易委员会在 2002 年所做的调查表明，安然公司很可能由于其糟糕的会计结算而高估了 240 多亿美元的资产。

许多金融结构也先后被卷入安然事件之中。已为安然公司做了 16 年审计工作的安达信会计事务所，在接到联邦调查的通知之后，仍为保护安然公司而销毁了一些文件，结果因妨碍司法罪被起诉，并于 2002 年 8 月 31 日，被强制停止对上市公司的审计业务。由于这个案件他们的损失估计超过了 7.5 亿美元。Merill Lynch 公司也因企图帮助安然公司掩盖其真实财务状况而被起诉，并因此案导致了多于 8 千万美元的损失。此案涉及的银行包括 Natwest（损失超过 2 千万）、花旗集团、JPMorgan Chase & Co. 以及 Salomon Smith Barney 等，这些银行明明知道安然公司并没有在其资产负债表上报告这些负债，但仍然借给安然公司数十亿美元，最终因此而遭到起诉。这是一个由法律责任与舞弊行为共同作用而导致损失的案例。①

1.2.6　2005 年美国万事达卡国际集团事件

2005 年 6 月，美国万事达卡国际集团公司对外宣布总计 4 千万个信用卡用户的姓名、其信用卡的注册银行及账户号码等资料很可能已经被一个未授权的使用者所窃取。事实上，为了进行欺诈，电脑病毒劫获了客户数据，并且很可能已经对各种品牌的信用卡用户造成了不利的影响。这是近来一系列涉及安全防范失败与外部欺诈事件中的一个。在同一个月，花旗集团声称邮件联合服务处丢失了记录着来自 CitiFinancial（其为一家提供个人与家庭信贷的机构）的 390 万个客户机密信息的电脑磁盘。截至 2006 年，其所招致的最终影响（及可能损失）还

---

① 对安然丑闻的评论包括诸如 Eichenwald（2005）、Swartz 和 Warkins（2003）、Bryce（2002）、Fox（2003）、Mclean 和 Elkend（2003）等书。有关该事件及时更新的每日期刊也是一个很好的资料来源。

没有被估计出来。

1.2.7 2001 年 9 月 11 日发生在纽约和全世界的恐怖袭击事件

2001 年 9 月 11 日，美国金融中心的心脏——纽约世贸中心和五角大楼成为了大型恐怖袭击的目标。9 月 11 日上午，两架美国航空公司的喷气式飞机被劫持，以用来撞击世贸中心的双子楼，并使其在一个小时之后坍塌。另外两架被劫持的飞机一架撞击五角大楼，另外一架坠毁在宾夕法尼亚州。这起空前的戏剧性事件（被称为 9·11 事件），除去其民事损毁之外（例如，仅 Cantor Fitzgerald 一家公司就损失了 700 名员工），还造成了巨额的财产损失。仅纽约银行损失就已高达 1.4 亿美元。据报道，由 9·11 事件所导致的金融损失是历史上支付保险费用最高的财产损失，据当前估计其费用在 400 亿到 700 亿美元之间。其他后果还包括金融服务公司受其影响而发生的业务中断，以及对世界范围内的经济、政治所造成的巨大冲击。这是一个由于外部原因而导致实物资产被破坏、商业不得不中断并造成巨额损失的典型事例。

1.3 对冲基金中的操作损失

在金融行业，不仅仅只有银行业务会涉及操作风险。近年来，众多对冲基金的失败也都与操作风险有关。事实上，全世界范围内有将近 6 千亿美元被投资于大约 6 000 个对冲基金。在对冲基金中，操作风险被定义为"支持与基金操作环境相关的风险；操作环境具体包括中端办公操作环境和后端办公操作环境，例如交易过程、会计结算、行政管理、评估和报告等"。[①]

2002 年，Capco（资本市场公司）用近 20 年对冲基金的损失数据来研究导致其失败的真正原因。研究结果表明将近 50% 的损失是由操作风险引起的，38% 是由投资风险引起的，6% 是由商业风险引起的，余下的 6% 则为多种风险所共同导致的。

最常见的导致失败的操作损失如下：[②]

■ 对基金投资的虚假陈述（引起或促成有虚假或误导信息的报告的产生）。

■ 挪用投资者资金（投资管理人员直接盗窃或以掩盖先前所造成的交易损失为目的故意转出基金资金供私人使用）。

■ 未授权交易（进行基金计划规定之外的投资或在没有得到投资者同意的情况下改变基金的投资用途）。

■ 资源不足（技术、方法或者人员不能完全胜任处理操作量或者基金所参与的投资类型与活动）。

根据研究得知，所有导致对冲基金失败的案例中上述 4 种原因引起的损失分别占 41%、30%、14% 和 6%。

---

① 见 Kundro 和 Feffer（2003a）。
② 见 Kundro 和 Feffer（2003a）及 Kundro 和 Feffer（2003b）关于此问题更为详尽的研究。

下表（见表 1—1）列出了发生于 2005 年采取过强制措施的一些知名的对冲基金，并对其罪行作了简单的描述。

表 1—1　　　　　　　由于操作风险而导致对冲基金失败的例子

对冲基金名称	国家	数额	所定罪状
KL Group LLC	美国	8 100 万美元	自 1999 年以来当承受巨额交易损失时通过向投资者发送虚假会计报表来伪造相似收益
Phoenix Kapitaldienst	德国	8 亿美元	操纵会计报表、虚报资产
Vision Fund LP/DEN Ventures	美国	2 280 万美元	自 2002 年以来，虚报的投资回报和基于通胀实行并没有赚得的奖金支付，以及为个人目的挪用资金
Ardent Domestic/Ardent Research	美国	3 700 万美元	挪用资金投资于非流动性的实体证券，并且他们要么在这些实体中保有股本，要么在这些实体的股本中保有利息
Portus Alternative Asset Management	加拿大	5.9 亿美元	非常规销售、遵守惯例和资产分配以及支持对本金保证的承诺

资料来源：《Banga（2005，p.3）》。已获得 EDHEC 风险与资产管理研究中心授予的再版许可权。

1.4　重要概念总结

■ 金融机构每天承受着诸如由雇员失误、内部与外部舞弊、设备故障、自然灾害所引起的业务中断以及故意破坏等所导致的各种损失。

■ 操作风险影响着所有业务机构的操作效率。

■ 对金融机构来说，一直以来信用风险和市场风险都被视作两个最大的风险来源。操作风险则仅仅被看做"其他"风险中的一部分。

■ 操作风险在银行总风险中的权重已经被大大地提高了，其实质是放松金融管制以及全球化政策所带来的副产品。

■ 在过去的 20 年中，严重的银行损失已表明操作风险所带来的严重危害。事实上，自 20 世纪 80 年代末以来，全世界已发生过 100 起以上平均损失超过 1 亿美元的操作损失事件，而且还有许多操作损失事件其损失已超过 10 亿美元。对冲基金将近 50% 的损失事件也是由操作风险引起的。可见，管理操作风险的任务已经从应对一个小问题演变成关系到金融机构存亡与否的关键所在。

第**2**章　操作风险：定义、分类及其在其他风险中的地位

在第 1 章中我们列举了操作损失事件的一些案例，目的是为了让读者感受到什么是操作风险。我们还假定读者熟悉信用风险和市场风险的概念，并且我们提到了将操作风险宽松地定义为"其他"风险中的一部分。在本章中，我们将正式给出操作风险的概念以及它在其他金融风险中的地位。

2.1　风险是什么

在金融业中，风险是影响金融行为的一个基本因素。尽管目前关于风险还没有一个统一的定义，但是这并不会令人感到奇怪，因为定义往往取决于其所发生的背景以及人们对风险概念进行阐述的目的。广泛地说，一般有如下两种对风险所下的定义：

1. 风险是对不确定性的测度。
2. 风险是对潜在损失的测度。

第 1 种定义通常出现在经济学文献之中，它假定风险是对未来结果不确定性的测度，或者换句话说，是对其实际值与未来期望值的离差的测度。例如，在投资的背景下，风险是未来期望现金流的不稳定性（例如，通过标准差进行测度）。由于这种不确定性以及在基础价格上发生负向的或者正向的波动，用这种方法定义的风险并没有排除可以取正值的概率。因此，风险并没有必要被局限为只是一个负值的概念。

第 2 种定义表明风险是一个负值的结果。风险被认为是离差为负值的概率或持续的损失。更正式地说，风险是"与期望结果反向背离的概率条件"[1] 和 "有效的未来结果与期望结果或计划结果相偏离的危险程度的表达。"[2] 例如，保险公司面临着要对投保人支付大额保险赔偿的风险，银行由于市场条件发生反向变化而承受损失的风险（也就是市场风险），或者由于交易对象或者借款人无法履行义务而造成的损失（即信用风险）。

在讨论操作风险的时候，使用第 2 个定义更合适。当然，操作风险也有可能

---

[1]　见 Vaughan 和 Vanghan（2003）。
[2]　见 Geiger（1999）。

导致银行的盈利，例如，可能有雇员出错而引起这种情况发生。然而，为了操作风险建模，一般不考虑上述结果。本书中我们也不讨论这样的事例。

2.2　操作风险的定义

现在我们必须将操作风险与其他种类的金融风险区分开来。操作风险在很大程度上来说是公司所特有的、尚不成体系的风险。[1] 国际清算银行的早期出版物为操作风险所作的定义如下：[2]

■ 其他风险。
■ "不归类于市场和信用风险的其他任何风险"。
■ "由人为失误或技术上的错误等导致损失的风险"。

文献中提到的其他定义包括：

■ 风险是"由人或技术上的错误或事故所引起的"。[3]
■ "公司的业务活动与其业绩变化之间的联系的测度"。[4]
■ "与业务操作相关的风险"。[5]

现今被广泛接受的正式定义最先是由英国银行业协会于 2001 年提出的，并由国际清算银行于 2001 年 1 月开始采用。操作风险被定义为：

"由不恰当的或失败的处理方式，由人员或系统以及外部事件等导致直接或间接损失的风险。"

因缺乏对"直接"和"间接"损失的明确定义，业内对该定义尚持批评态度。在一条修正过的操作风险的定义中省去了这两个术语，因此操作风险被最终定义为：

"操作风险是指由不恰当或失败的内部处理，由人员或系统以及来自外部的事件导致损失的风险（国际结算银行（2001b，p. 2））。"

事实上，该定义囊括了法律风险，但是排除了战略风险以及声誉风险（接下来将给出其定义）。另外，该定义是基于因果关系的，且根据风险来源可以将操作风险细分为 4 部分：（1）人员；（2）处理方法；（3）系统以及（4）外部因素。依照英国巴克莱银行的解释，操作风险的主要来源包括操作方法的可靠性，信息技术安全，操作中的外包，对重要供应商的依赖度，战略变更的实施，收购的一体化，舞弊，失误，客户服务质量，规章的协调，员工的招募、培训与保留以及社会影响和环境影响等。[6]

---

　①　但是，操作风险并非完全特殊，在本章后面部分我们将就有关银行业的宏观经济因素对操作风险的影响所展开的研究调查进行讨论。
　②　见 BIS（1998）。
　③　见 Jorion（2000）。
　④　见 King（2001）。
　⑤　见 Grouhy、Galai 和 Mark（2001）。
　⑥　见巴克莱银行 2004 年年报，表格 20-F/A。

　　大银行和金融机构有时更喜欢使用它们自己对操作风险所下的定义。例如，德意志银行将操作风险定义为：

　　"因员工、契约条款和文件、技术、基础设施故障和灾难、外部影响和客户关系等招致损失的潜在可能性。"[①]

　　东京三菱银行将操作风险定义为：

　　"因忽略适当的操作程序、事故或由官员或员工的失误而导致损失的风险。"[②]

　　2003年10月，美国证券交易委员会将操作风险定义为：

　　"由于公司内部控制的失败，包括但是不限于未经确认的控制过度、未经授权进行交易、交易舞弊或后端办公舞弊、无经验的员工以及不稳定且可轻易进入的电脑系统等导致损失的风险。"[③]

2.3　操作风险暴露指标

　　随着日益增多的个性化服务（导致出错的概率增加）和日益增多的交易量，操作风险事件发生的概率也在不断增加。下面是有关操作风险暴露指标的举例：[④]

- 总收入。
- 交易量或新交易。
- 所管理资产的价值。
- 交易的价值。
- 交易的数目。
- 雇员的数量。
- 雇员的工作年限。
- 资本结构（资产负债率）。
- 历史操作损失。
- 因操作损失进行保险索赔的历史记录。

　　例如，银行的规模越大，则越可能产生操作损失。Shih、Samad-Khan和Medapa（2000）测度了银行规模与操作损失数量之间的相关性。结果发现，平均来说，银行规模每增加一个单位，预计操作风险大概在原来的基础上再增加1/4。[⑤]

[①]　德意志银行2005年年度报告，p. 45。
[②]　东京三菱银行的财务表现，表格20-F（2005），p. 124。
[③]　"监督投资银行控股公司"，证券交易委员会（2003），p. 62914。
[④]　由BIS（2001a，附件4）、Haubenstock（2003）和Allen、Boudoukh和Saunders（2004）所给出的有关操作风险暴露指标的例子。
[⑤]　这意味着当他们对银行损失与其规模的相关性进行回归分析时，估计其相关系数大约为0.25。但是在由Chapelle、Crama、Hubner和Peters（2005）所做的另外一项研究中，其估计的相关系数为0.15。

2.4　操作风险的分类

操作风险可以按如下几个方面进行分类：

■ 按损失的性质分为：由内部原因造成的损失、由外部原因造成的损失。

■ 按损失的影响分为：直接损失、间接损失。

■ 按预期的程度分为：预期损失、非预期损失。

■ 按风险类型、事件类型和损失类型划分。

■ 按损失规模（或者严重程度）和损失发生的频率划分。

下面，我们逐个对其进行讨论。

2.4.1　内部与外部的操作损失

操作损失可能由内部原因造成，也可能由外部原因引起。大多数内部原因引起的损失是由人、处理方法和技术失败等导致的。例如，人工失误、内部舞弊、未授权交易、受伤以及由于电脑故障或者长途通讯等问题导致的业务延误。外部原因包括人为事故，诸如外部欺诈、盗窃、受电脑黑客攻击、恐怖袭击以及由诸如台风、洪水和火灾等造成实物资产毁坏的自然灾害。

许多内部操作失误能通过适当的内部管理措施进行预防。例如，紧抓对员工的控制与管理能预防一些雇员的失误和内部舞弊，改善电信网络则能帮助预防一些技术上的失误。

外部损失是非常难以预防的。然而，我们可以通过一些保险或其他套期保值策略来减少或者消除由外部原因所造成的损失。

2.4.2　直接与间接操作损失

直接损失是指直接源于相关事故的损失。例如，由于汇率发生反向变动，一个能力缺乏的货币交易员将给银行带来损失。又如，银行本该对客户收取 150 000 美元却只收取了 50 000 美元，这样一个失误就导致银行损失了 100 000 美元。新巴塞尔资本协议（第 3 章的主题）设立的指导原则认为，银行监管资本所使用的估计方法往往只基于直接损失进行估计。表 2—1 罗列了新巴塞尔资本协议中直接操作损失的分类和定义。

间接损失一般是指机会成本以及处理操作风险问题的成本，例如，近失损失、潜在损失以及或有损失。在这里，我们先来讨论近失损失。

近失损失是指对那些可能发生但可以进行成功预防的事故的估计损失。内部数据应把近失损失包括在内的基本原理如下：风险的定义不应该仅仅基于过去实际发生的历史事件，而应该是一个向前看的概念，应该包括能导致实质损失的实际的和潜在的事故。基本的事实告诉我们，过去成功防止了的损失（由于运气或者有意识的管理行为）并不能保证其未来也能被成功地防止。因此近失损失显示银行内部系统存在着缺陷，所以应在内部模型中予以说明。反过来看，有关近失损失能在损失发生之前阻止其发生的能力也证明了银行风险管理实践的有效性。因此，那些事故如果真的发生将引起的损失不应该被包含在内部数据之中。

表 2—1　　　　　　　　**新巴塞尔资本协议中直接损失的类型和定义**

损失类型	内容
账面价值的减少	由盗窃、诈骗、未授权活动等引起的资产价值的直接减少，或作为操作事故结果的市场和信用损失
追索权的损失	对错误的各方进行支付或付款且未能回收
赔偿	通过赔偿的方式对客户本金和/或利息进行支付，或者支付客户以其他任何形式的补偿费用
法律责任	裁决、财产授予以及其他诉讼费用
规制与协调	税务处罚、罚金或其他任何惩罚的直接成本，如撤销营业执照等
资产的损失或破坏	由于意外事故，如疏忽、发生意外事故、火灾和地震等，导致包括执照在内的实物资产价值的直接减少

资料来源：《国际清算银行（2001a，p.23）》，部分有修改。本表已获得巴塞尔金融监管委员会授予的使用权。原表可从国际清算银行网站（www.BIS.org）上免费获得。

Muermann 和 Oktem（2002，p.30）将近失损失定义为：

"一个事件、一系列事件，或者对一些不寻常事件的观察，而这些事件或观察具有减少最终可能导致的严重损失并提高系统操作能力的潜在可能性。"

他们还认为内部操作风险测量模型中必须包括对近失损失的有效管理。

Muermann 和 Oktem 建议逐步形成一个金字塔形的 3 层结构的近失损失管理系统：

1. 公司层面。

2. 部门层面。

3. 个人层面。

就每家银行的公司层面来说，他们建议建立一个近失损失的管理策略委员会，且其基本职责如下：

■ 为公司和近失损失结构的现场管理建立指导方针。

■ 为近失损失的分类制定标准。

■ 为每一种近失损失级别建立优先次序。

■ 审计近失损失系统。

■ 整合质量和其他管理工具到近失损失管理实务中来。

■ 在分析高额损失（超过近失损失）事故的基础上找出近失损失管理结构中的缺口，并采取纠正行动。
■ 为近失损失系统所培训的现场管理人员及雇员制定指导方针。

在部门层面，他们建议为每个业务单位建立一个近失损失管理理事会。该理事会的关键责任如下：

■ 使近失损失管理策略委员会制定的标准与部门实务相适应。
■ 监督近失损失现场操作。
■ 完善程序。
■ 保证分析与纠错行动所需资源的可获得性，尤其是有关重大近失损失的。
■ 为进一步完善系统进行的定期分析所报告的近失损失。
■ 培训补充参与管理近失损失的员工。

最后，一个成功的近失损失管理系统主要依靠管理人员、监督人员及雇员的个人行为。对银行来说，有必要进行适当的培训，以使操作问题在演变成大问题并进而发展成操作损失之前能得到及时的控制。

2.4.3　预期与非预期操作损失

有些操作损失是能够预期到的，有些却不能。能够预期到的损失一般是指那些呈一定规律性发生（例如每天发生）的损失，例如小额的雇员失误以及信用卡舞弊。非预期损失是指那些一般不容易预见的损失，例如恐怖袭击、自然灾害和大额内部舞弊等。

2.4.4　操作风险类型、事件类型和损失类型

在有关风险类型（或者危险类型）、事件类型和损失类型如何相互区分的问题上，操作风险文献对其颇有争议。当银行记录它们的操作损失数据时，通常会根据事件类型和损失类型来分别记录，并正确地识别风险类型对其来说是至关重要的。[①] 事实上，这三者之间的差别类似于原因与结果之间的关系：[②]

■ 危险构成了增加事件发生概率的一个或多个因素。
■ 事件是直接导致一个或多个结果（如损失）的单一事故。
■ 损失构成事件导致金融损害的数额。

因此，危险可能导致事件的发生，而事件是导致损失的原因。也就是说，事件是危险产生的结果而损失又是由事件所引起的。

图2—1阐明了操作损失发生的机制。以下采用的源于 Mori & Harada（2001）

---

① 见 Mori 和 Harada（2001）、Alvarez（2002）关于这个问题的讨论。
② 见 Mori 和 Harada（2001）。

的例子进一步阐明了正确判断"事件类型"对于究竟将某个损失类型归因于市场风险、信用风险还是操作风险来说是至关重要的：

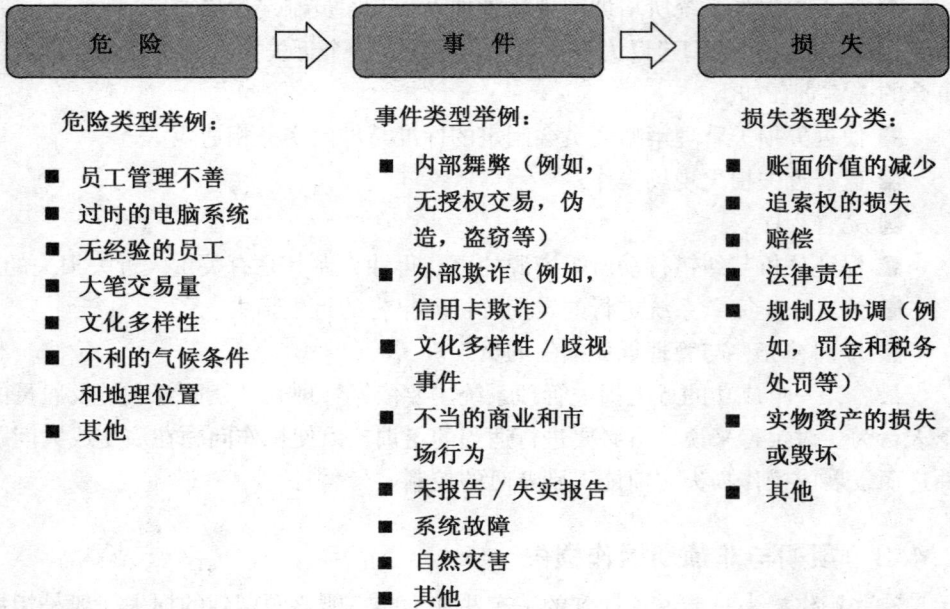

危 险	⇨	事 件	⇨	损 失

危险类型举例：	事件类型举例：	损失类型分类：
■ 员工管理不善	■ 内部舞弊（例如，无授权交易，伪造，盗窃等）	■ 账面价值的减少
■ 过时的电脑系统		■ 追索权的损失
■ 无经验的员工	■ 外部欺诈（例如，信用卡欺诈）	■ 赔偿
■ 大笔交易量		■ 法律责任
■ 文化多样性	■ 文化多样性／歧视事件	■ 规制及协调（例如，罚金和税务处罚等）
■ 不利的气候条件和地理位置	■ 不当的商业和市场行为	■ 实物资产的损失或毁坏
■ 其他	■ 未报告／失实报告	■ 其他
	■ 系统故障	
	■ 自然灾害	
	■ 其他	

图 2—1 操作损失发生的程序

资料来源：《Mori 和 Harada（2001，p. 3）》，部分有修改。本图的使用获得了日本银行的再版许可权。本信息以日本银行版权所有的资料为基础，并以自行负责的方式进行了修改。

■ 由于市场价格的改变而导致债券价值下降。

■ 由于发行者破产而导致债券价值下降。

■ 由于交货失败而导致债券价值下降。

在该例中，债券资产账面价值的下降（损失类型）分别是由市场风险、信用风险和操作风险所导致的。事实上，按照危害类型、事件类型、损失类型的分类来准确地描述操作风险，对于了解操作风险来说也是很重要的。

新巴塞尔资本协议将操作风险划分为 7 个事件类型（见表 2—2）和 6 个操作损失类型（见表 2—1）。

表 2—2	新巴塞尔协议所规定的操作事件类型及对其的描述
事件类型	定义和分类
1. 内部舞弊	至少涉嫌一个内部组织的舞弊，私吞财产或规避法规、法律或公司政策的行为。分类：未经授权的活动、盗窃以及舞弊行为
2. 外部欺诈	由第三方实施的一类旨在欺诈、私吞财产或规避法律的行为。分类：（1）盗窃、诈骗；（2）系统的安全性
3. 雇佣惯例和工作场所安全	不符合雇佣、健康或安全法规以及协议的行为，由人身伤害理赔或多样性/歧视事件等所引起的。分类：（1）雇员关系；（2）安全的环境；（3）文化多样性和歧视
4. 客户、产品和商业惯例	因无意或疏忽，或因产品的性质及设计等未能满足对特定客户（包括受托性和适用性的要求）的职业义务。分类：（1）适宜性、泄露机密与受托人；（2）不正当的商业或市场惯例；（3）产品瑕疵；（4）产品选择、赞助和风险暴露；（5）咨询活动
5. 对实物资产的损坏	由自然灾害或其他事故造成的实物资产损坏。分类：灾害和其他事故
6. 业务中断和系统故障	业务中断或系统故障。分类：系统
7. 执行、交付和过程管理	来自于贸易对手和经销商的失败的交易处理或流程管理。分类：（1）交易达成、执行及维护；（2）监测和报告；（3）顾客纳入和文件；（4）顾客/客户账户管理；（5）贸易对手；（6）经销商和供应商

资料来源：《国际清算银行（2001b，pp. 21 – 23）》。本表的使用权由巴塞尔金融监管委员会授予。原表可由国际清算银行网站（www. BIS. org）免费获取。

2.4.5　操作损失的严重程度和频率

如前所述，预期损失一般是指那些程度不太严重（或数额比较小）、发生频率比较高的损失。为了阐明上述观点，我们将操作损失大致分为如下 4 组：

1. 低频率/低严重程度。
2. 高频率/低严重程度。
3. 高频率/高严重程度。
4. 低频率/高严重程度。

图 2—2 的上半部分阐明了这个思想。

损失严重性

低频率 / 高严重程度	高频率 / 高严重程度
低频率 / 低严重程度	高频率 / 低严重程度

损失频率

损失严重性

低频率 / 高严重程度	N/A
N/A	高频率 / 低严重程度

损失频率

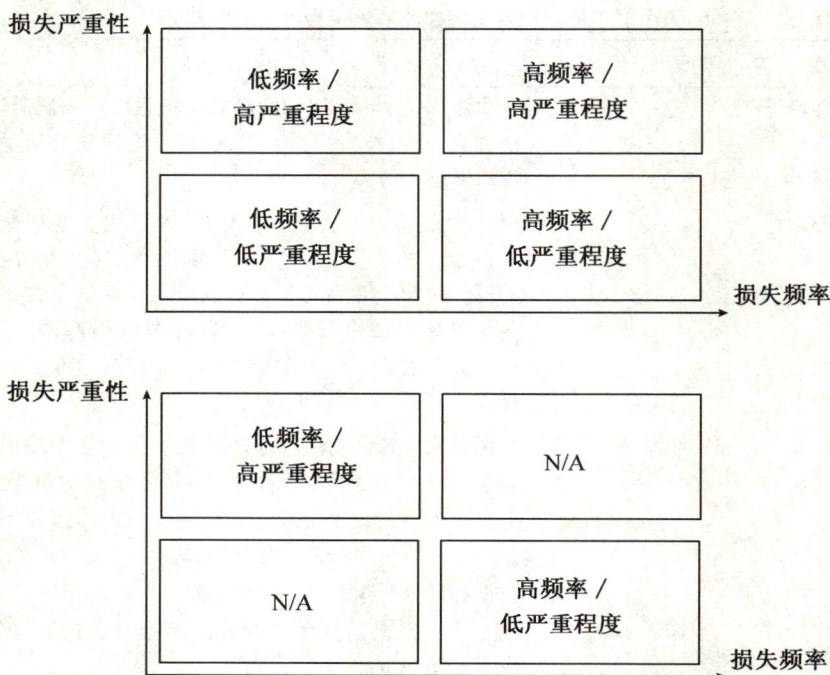

图 2—2　按照频率和严重程度对操作风险所做的分类：非理想化状态（除去 N/A 外，图的上半部分）与理想化状态（除去 N/A 外，图的下半部分）

根据 Samad-Khan（2005）的看法，第 3 组是难以置信的。① 近年来，金融业界还认为第一组也是不切实际的。因此，金融产业需要关注操作损失中剩下来的两组，即"高频率/低严重程度"和"低频率/高严重程度"。在表 2—2 的下半部分对上述观点进行了充分的说明。

对于一个机构来说，高频率/低严重程度的操作损失相对不重要，也常常能够预防。低频率/高严重程度的操作损失却能造成及其巨大的破坏。银行必须特别注意这类损失，因为其会给机构带来严重的经济后果，甚至包括潜在的破产。② 事实上，仅仅几次这样的事件就可能导致破产或银行价值的明显下降。因此，对银行来说，在其内部风险模型中能够捕获这些损失是至关重要的。

2.5　金融风险的拓扑结构

直到最近，信用风险和市场风险一直都被认为是银行风险中最大的两种风

---

①　准确地说，Samad-Khan（2005）认为，根据发生频率与严重程度，可以将操作风险分为 3 类：低操作风险、中等操作风险、高操作风险。这样就可以将不同的频率与严重性进行排列组合，并得出一个 3×3 矩阵。他还认为"中等频率/高严重程度"、"高频率/中等严重程度"以及"高频率/高严重程度"的操作损失是非理想状态下产生的。

②　导致遭受如此严重的损失的事件通常被称为"尾部事件（tail event）"。在本书后面的章节中，我们将会对其进行讨论。

险。我们主要使用 BIS 的定义来描述金融风险的拓扑方法，并在图 2—3 中进行了概括。①

- 信用风险：银行的借款人或交易对象不能按协议条款履行责任的潜在可能性。
- 市场风险：在诸如利率、汇率和股票价格等的市场价格的波动中发生损失的风险（包括账内的和账外的）。这是由于市场利率、基本价格等发生较大波动从而导致金融工具组合价值发生变动的潜在风险。市场风险主要是由利率风险、股票持仓风险、外汇风险以及商品风险等组成的。
- 操作风险：由于不适当或失败的内部处理、人员或系统，或由于外部事件等导致损失的风险。如前所述，操作风险包括法律风险，其包括但不限于由监管以及私下解决所导致的罚款、惩罚或惩罚性损害赔偿。
- 流动风险：当期限到时无能力注资以增加资产并履行义务的风险，如无能力在长期或短期债务资本市场筹集资金或无能力进入回购与证券借贷市场等。②
- 商业和战略风险：银行为应对其操作所面临的经济和金融环境的变化而不得不修正其行为和活动的风险。例如，一个新竞争者的加入可能改变整个行业的商业模式，或一个新战略的应用（如发展一种新的商业模式或改造一种现有的商业模式，例如网上银行等）往往会使银行暴露于战略风险之中。③ 事实上，许多战略风险包含时机问题，例如无法跟上快速升级的技术变化以及对因特网日益增加的使用频率。④
- 声誉风险：对于一个机构业务实践的负面宣传，无论是真还是假，都可能导致客户群的减少、费用高昂的诉讼或收益的削减。⑤ 该定义表明，声誉风险更多的是由银行过去的商业行为所导致的间接而不是直接形式的损失。声誉风险一般包括与客户相关的风险（例如，无法达到客户期望的风险）。根据国际结算银行（2000）的观点，声誉风险包括与对顾客数据和隐私的保护、网上银行和电子邮件服务、及时和合适的信息披露等有关的风险。因此拥有大量个人业务和网上银行业务的银行往往特别容易遭受声誉风险的影响。⑥
- 政策风险：由于国家和/或地方政策的改变或者出于经济上的压力，从而导致对银行活动形成反向冲击的风险，例如实施的货币控制。政治政策

---

① Grouhy、Galai 和 Mark（2001）、van Greuning 和 Bratanovic（2003）、Tapiero（2004）和 Frost（2004）均建议按细微变量对金融风险进行分类。
② Grouhy、Galai 和 Mark（2001）提出另外一种定义，认为流动性风险是机构在现行市场价格下无法执行交易的风险，这是因为在现行价格下市场暂时没有想进行交易的对象。
③ 见 Grouhy、Galai 和 Mark（2001）。
④ 见 BIS（2000）。
⑤ 联邦储备体系政府委员会（1995）。
⑥ Perry 和 de Fontnouvelle（2005, p. 6）认为对银行来说声誉风险会导致损失的几条途径：
- 现在或未来客户的损失。
- 组织中雇员或管理人员的损失、雇佣成本的上升或者工作人员进入停工期等。
- 现在或未来商业伙伴的减少。
- 通过信用或者证券市场融资的成本增加。
- 由于政府管制，罚金或其他惩罚等导致成本增加。

的改变将对在那个国家或地区的客户或交易对象获得外汇或贷款的能力产生反向影响，并因此对其履行对银行应负义务的能力产生影响。

■ 普通法律风险：由一个国家的法律制度或执法的改变所导致的银行不得不修正其活动的风险。如税法的改变所引起的潜在影响。事实上，在美国这样的例子比比皆是：遵守银行保密法案、爱国者法案和反洗钱规章，而违规则可能会导致严厉惩罚、高额罚款以及银行董事及高级职员被起诉等。[①]

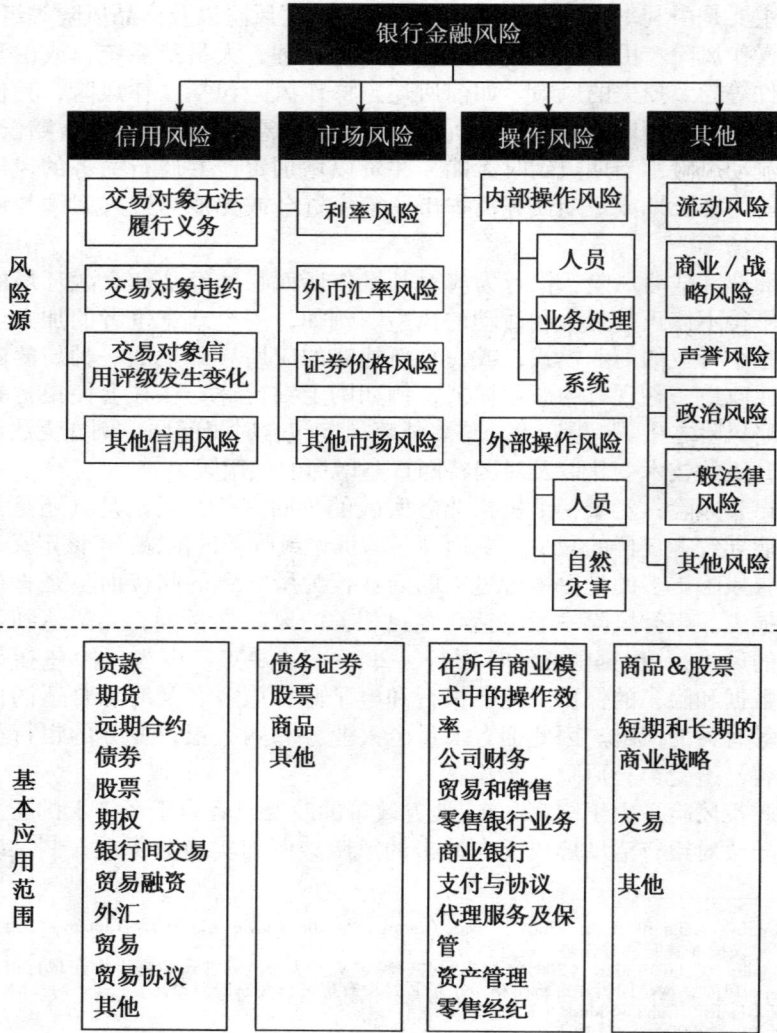

图 2—3 银行金融风险的拓扑结构

```
                          银行金融风险
        ┌──────────────┬──────────────┬──────────────┐
     信用风险         市场风险        操作风险          其他

风险  交易对象无法     利率风险        内部操作风险      流动风险
源    履行义务
                      外币汇率风险      人员            商业/战略风险
      交易对象违约
                      证券价格风险      业务处理        声誉风险
      交易对象信
      用评级发生变化   其他市场风险      系统            政治风险

      其他信用风险                     外部操作风险      一般法律风险

                                       人员            其他风险

                                       自然灾害

基本  贷款           债务证券          在所有商业模       商品&股票
应用  期货           股票             式中的操作效
范围  远期合约        商品             率               短期和长期的
      债券           其他                              商业战略
      股票                           公司财务
      期权                           贸易和销售          交易
      银行间交易                      零售银行业务
      贸易融资                       商业银行            其他
      外汇                           支付与协议
      贸易                           代理服务及保
      贸易协议                        管
      其他                          资产管理
                                    零售经纪
```

图 2—3 银行金融风险的拓扑结构

[①] 更多细节见美国联邦金融机构检查委员会于 2006 年 7 月出版的"银行秘密行为/反洗钱手册"。

2.6　操作风险、市场风险以及信用风险的资本分配

银行监管机构进行资本监管所发挥的主要作用就是作为一个缓冲器，以防止因各种风险所导致的损失。当然，它也可以被看作一种用于自我保险的工具。

事实上，在经济资本和监管资本这两种风险资本之间必须有一个清楚的界定。"经济资本"通常被定义为一家银行中资本市场力大小的风险指示。"监管资本"则是必须对银行的金融风险暴露提供足够保护的资本的数量。事实上，一年中的"最小监管资本（MRC）"据计算是所报告年度里风险权重资产的8%。

大型的跨国银行通常会将20亿～70亿美元分配用于操作风险领域。[1] 根据 Jorion（2000）的观点，目前的估计表明，在银行总的金融风险的资本分配中，大约60%的资本被分配在信用风险上，15%被分配在市场风险和流动风险上，剩下的25%则被分配在操作风险上。然而，Cruz（2002）却建议将50%的资本划分到信用风险上，15%划分到市场风险和流动风险上，其他35%划分到操作风险上。而 Crouhy、Galai 和 Mark（2001）建议的分配方案为分别分配70%、10%和20%在信用风险、市场风险与流动风险以及操作风险上。按照国际清算银行（2001a）的观点，经济资本被分配在操作风险上的比例在15%～25%的范围内变化。国际结算银行风险管理部门于2000年执行的一个有关损失数据的收集工作揭示了，在41家银行中对操作风险的所有最小监管/经济资本的分配见表2—3。

表 2—3　　2000 年 BIS 所执行的损失数据的收集工作中，操作风险经济资本/所有经济资本以及操作风险经济资本/最小监管资本

	中值	均值	最小值	25 分位数	75 分位数	最大值
操作风险资本/所有经济资本	0.150	0.149	0.009	0.086	0.197	0.351
操作风险资本/最小监管资本	0.128	0.153	0.009	0.074	0.170	0.876

资料来源：BIS（2001b，p. 26）本表已获得巴塞尔金融监管委员会授予的使用权。原表可从国际清算银行网站（www. BIS. org）上免费获得。

2.7　操作风险对银行股票市场价值的影响

如前所述，由操作风险引起的损失可能是直接的或间接的。一些关于操作风险的研究估算了操作风险对银行股票市场价值的间接冲击。一些研究还特别探讨了由操作损失事故引起的声誉风险，及其对银行股票市场价值的影响。由操作损

---

[1]　见 de Fontnouvelle、DeJesus-Rueff、Jordan 和 Rosengren（2003）。

失引起的银行声誉的损坏可以看成是一种间接的操作损失。Perry 和 de Fontnouvelle（2005）争论说，从股票持有者的角度来看，操作损失的公布传递了关于银行内部活动的负面信息，标志着将对银行未来的现金流产生直接的不良影响。因此，银行股价将受到这种公告的直接影响。[①]

例如，Cummins、Lewis 和 Wei（2004）调查了大额操作损失事故的公布对金融公司市场价值的影响。他们认为大额操作损失事件的公布（例如，损失超过 1 000 万美元）对股票价格有着数目显著的反向作用。他们发现有统计数目显著的证据来证明对公司价值的实际损毁要超过实际的操作损失。这反过来隐含的意思则表明大额操作损失的公开对公司声誉的毁坏。除此之外，他们还提出有强劲发展机会的公司由于操作损失的公布在市场价值上承受的损失往往更大。

在类似的一项研究中，Perry 和 de Fontnouvelle（2005）估量了一个银行公布操作损失对其声誉所产生的影响。他们的研究揭示了，各种损失类型的操作损失的公开会导致公司市场价值数目显著的下降。此外，因为内部舞弊事故的公开所导致的实际损失额，平均来说，是最初宣告的操作损失的 3 倍。这也就意味着，平均来说，一个公开了内部舞弊的银行其市场资产的减少额是其所公开损失的 3 倍。他们还提出相对于股东权益较小的银行，市场对股东权益较大的银行的内部舞弊事故反应更大。

2.8 宏观经济环境对操作风险的影响

虽然相当大一部分的操作风险内生于机构本身，但是也有可能是受宏观经济环境所影响。在一个相关的实证研究中，Allen 和 Bali（2004）调查了宏观经济环境中经济周期模式对操作风险的影响，他们将操作风险定义为考虑信用风险和市场风险后的剩余风险。

Allen 和 Bali 发现了操作风险参数分布与宏观经济环境的变化二者会同时发生变动的证据。宏观经济环境变量通常包括一般的美国宏观经济环境变量（比如 GDP 和失业率）、外国汇率、股票市场指数、消费价格指数、利率、货币供应数据和一些解释主要监管变化的监管变量。他们认为操作风险与上述每个宏观经济变量均强烈相关。例如，在经济衰退、股票市场繁荣、利率下降及高失业率时期，操作风险往往趋于增加。

2.9 重要概念总结

■ 银行操作风险被正式定义为，因内部业务管理、人员或系统以及外部事

[①] 相关研究包括 Palmrose、Richardson 和 Scholtz（2004）、Karpoff 和 Lott（1993）以及 Murphy、Shrieves 和 Tibbs（2004）。

件的不恰当或失败而导致损失的风险。该定义根据四个主要的起因来识别操作风险：处理方法、人、系统和外部因素。

■ 根据如下原则可以将操作风险进行分类：损失的性质（内部引起的或外部引起的）、直接损失或间接损失、预期程度（预期的或非预期的）、风险类型、事件类型或损失类型，以及损失的程度（严重性）和损失的频率。

■ 操作风险是 3 类首要银行风险之一，另外两类风险是信用风险和市场风险。其他风险则包括流动性风险、声誉风险、政治风险以及一般的法律风险。

■ 目前的估计表明分配于操作风险的银行资本大约占总经济资本的 15% ～ 25%，分配于市场风险和信用风险的银行资本的比重则大约分别为 15% 和 60% 。

■ 操作风险是导致声誉风险的一个原因。当市场对操作失误事故的反应使得银行市场价值的减少额大于初始损失时，就会出现信誉风险。大额操作损失事故的公布也会导致资产净值回报出现统计数字上的显著下降。

■ 宏观经济因素对操作风险有着强烈的影响：当经济出现衰退和股票市场比较繁荣的时期，操作风险则趋于增加。

第 **3** 章 新巴塞尔资本协议

在本章中，我们将回顾 2006 年 6 月终版的巴塞尔资本协议下具体的资本要求。并且我们尤其要关注与操作风险有关的方面。

3.1 巴塞尔银行监管委员会

巴塞尔银行监管委员会（BCBS）是金融风险控制系统中的关键角色，为来自全世界的金融机构制定风险管理规则。巴塞尔银行监管委员会是银行监管权威机构——由十国集团（G10）的中央银行总裁们于 1975 年组建。巴塞尔银行监管委员会由 13 国（比利时、加拿大、法国、德国、意大利、日本、卢森堡、荷兰、西班牙、瑞典、瑞士、英国以及美国）代表组成，并定期在它的常设秘书处——瑞士巴塞尔国际清算银行举行会议。

巴塞尔银行监管委员会在制定银行风险评估体系和管理指南中起着主导性作用。现行（2004）巴塞尔资本协议将信用风险、市场风险和操作风险作为目标。为加强资本协议在实际执行中的一致性，巴塞尔银行监管委员会还设立了许多下属委员会。主要的下属委员会如下：①

- 协议实施小组（AIG）的目标为加强资本协议实际执行中所遇到的困难及用于处理这些问题的策略等的信息交换。协议实施小组下属的操作风险附属小组则主要关注操作风险。
- 资本专责小组（CTF）独立负责对资本协议进行修改和解释。
- 风险管理小组（RMG）成立的目的即在于为资本配置模型建立新的操作风险管理标准和方法。
- 巴塞尔委员会组建了再保险透明集团来发展和回顾在资本协议的支柱 III（本章下文将提及）中提到的信息披露原则。

3.2 巴塞尔资本协议

1988 年 7 月，巴塞尔委员会发布了资本协议。1988 版的资本协议即是现在通常所指的巴塞尔资本协议 I。协议的主要目标是建立最小资本标准来抵御信用

---

① 附属委员会的描述由巴塞尔银行监管委员会给出。

风险。① 1993 年 4 月，资本协议讨论将市场风险纳入资本要求的风险范围中来，并且在 1996 年拓宽了资本协议的内容。②

两年之后，为了反映前些年金融业的发展，巴塞尔委员会决定全面修订巴塞尔资本协议Ⅰ，并对银行所面临风险的多样性进行说明。1998 年版的新的资本协议就是现在大家所说的巴塞尔资本协议Ⅱ。巴塞尔委员会于 1998 年发布了《操作风险管理》文件，该文件讨论了作为实质性的金融风险因素所具有的重要性。③ 直到 2001 年 1 月参考文件《操作风险》发布以后，才有关于抵御操作风险的资本要求的讨论出现。④

新巴塞尔资本协议经过大量的修改之后，于 2006 年 6 月定稿。⑤ 在新巴塞尔资本协议中，操作风险归由监管资本进行管理。这种监管资本（由每个银行分别进行估算）被用来反映每家银行自身所面临的操作风险。该协议定义并设置了如何对操作风险资本进行评估的详细说明，并提出了几条供银行参考的对操作资本要求进行评估的建议，还概括了必要的管理及信息披露要求。

资本协议暂定最迟于 2007 年 1 月起开始实施，过渡期的具体调整则取决于各国自身的情况。美国的银行被准予延长最后实施期限至 2008 年 1 月，以服从新巴塞尔资本协议的要求。此外，允许它们有 3 年的过渡期以便其可以平稳地采用资本协议。

新巴塞尔资本协议的适用范围主要是银行集团内母公司的控股公司、国际上比较活跃的银行及其包括证券公司在内的附属机构。对于美国的银行来说，资产达到 2 500 亿美元以上或者外汇风险暴露达到 100 亿美元以上的金融机构必须强制执行新巴塞尔资本协议。⑥

新巴塞尔资本协议组织使用了互相加强的三支柱结构来应对 3 种风险：信用风险、市场风险和操作风险（如图 3—1 上半部分所示）：

"支柱Ⅰ：最低风险资本要求。

支柱Ⅱ：对机构资本的充足性和内部评估方法的监督检查。

支柱Ⅲ：通过公开披露多种金融指标和风险指标来进行市场制约。"

---

① 虽然旧巴塞尔资本协议只讨论了贷款风险的资本要求，但是它使用了"粗略"方法，因此它是由暗中包含其他风险的方法所创立的。详见 BIS（1988）。
② 见 BIS（1996）以及 BIS（1998）。
③ 见 BIS（1998）。
④ 文件全文见 BIS（2001）。
⑤ 自 2001 年起，巴塞尔委员会先后提出了大量的对 2001 年建议的修正草案。BIS（2006b）提出了定稿协议。可登录 BIS 官方网站 www. BIS. org 下载出版物的全部目录。
⑥ 见 Silverman（2006）对于美国金融机构补充的可调整资本要求的讨论。

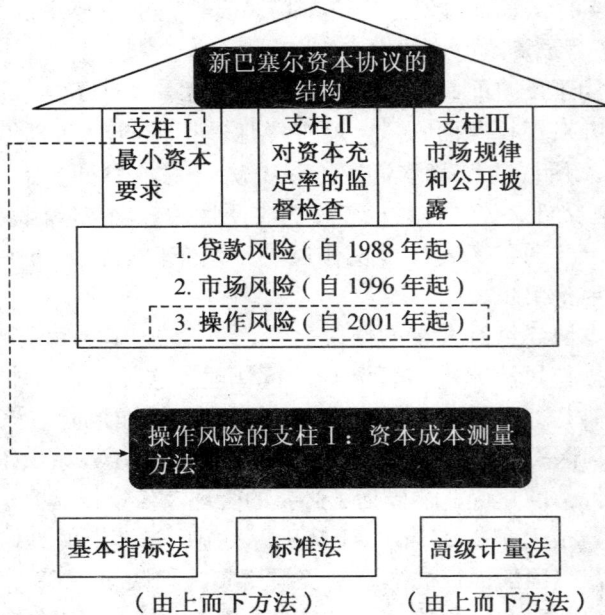

图 3—1   新巴塞尔资本协议的机构和操作风险的支柱 I

3.3   支柱 I：操作风险的最低资本要求

在支柱 I 中，操作风险的监管资本要求由银行单独进行估算。

3.3.1   资本分解

协议要求银行提供高于最低要求额的资本，即所谓的最低资本。该监管资本由 3 种类型组成：等级 I、等级 II、等级 III。

等级 I 具体包括：

1. 上交的股票资本/普通股。

2. 公布的准备金。

等级 II 由以下部分组成：

1. 未公开的公积金。

2. 资产重估准备金。

3. 一般准备金/一般贷款损失准备金。

4. 混合（债务/权益）资本工具。

5. 长期次级债。

等级 III，如果适用，则包括短期次级债。等级 II 资本总量的最大值被限定为等级 I 资本总量的 100%。等级 III 的资本仅仅适用于市场风险资本化的目的。

3.3.2　预期和非预期损失的资本

2001 年，国际结算银行建议，有关操作风险的资本要求应该包括由操作风险引起的非预期损失（UL），一般准备金则应该包括预期损失（EL）。这是因为许多银行业务活动出现预期规律损失的概率往往很大（比如信用卡业务的舞弊损失），所以预期损失应从本年度的报告收入中予以扣除。鉴于此，2001 年国际结算银行建议将基于预期损失和非预期损失的操作风险资本要求予以标准化，但是要从最低资本要求中扣除用作准备金和减值损失的部分（而非预期损失）。[①]

然而，许多国家的会计准则都没能提供一个健全明确的方法来设定准备金，例如只对涉及已发生事件的未来责任设置准备金。也就是说，它们无法准确地反映预期损失的真实范围。因此，2004 年版的资本协议提出首先用预期损失和非预期损失的总和来估计资本要求，然后在银行有能力通过其内部业务活动来控制预期损失的情况下再扣除预期损失部分。[②] 国际结算银行（2006c）进一步阐明了这一思想：

"要使对操作风险预期损失的估量达到让国家监管人员满意的程度，银行对预期损失的估量就必须与监管当局批准的用高级测量法（AMA）得出的预期加非预期资本的要求相一致……操作风险预期损失允许的补偿必须是明确的资本替代物，或者其可以弥补一年期以上的、具有高度确定性的预期损失。当这种补偿不是准备金时，它的可用性就应该只限定于那些发生具有高度预测性的常规损失的业务部门和事故类型。既然非常规的操作风险损失不属于预期损失的范围，因此对任何已发生事件设置特殊准备金作为预期损失补偿都不合适。"

操作风险的范围，如图 3—2 所示。灾难性损失是指超过非预期损失已估计上限的那部分损失，例如 99.9% 的在险价值。[③] 虽然它不要求资本保证金，但是必须将承保范围考虑在内。因此，灾难性损失经常被叫作重点损失。

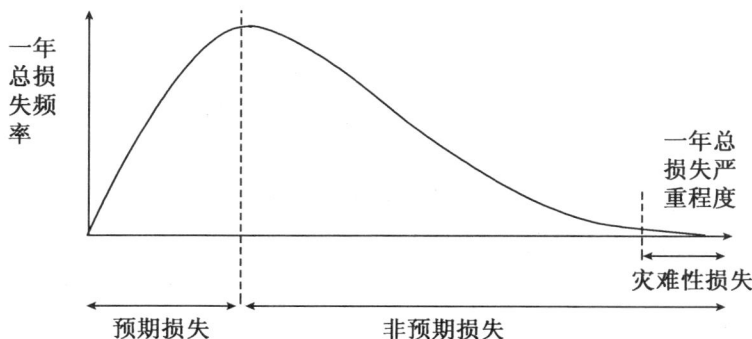

图 3—2　总损失分布：非预期和预期损失

---

①　见 BIS（2001a）的讨论。
②　见 BIS（2004）、BIS（2006b）和 BIS（2006c）。
③　在险价值的概念将在第 11 章中进行讨论。

3.3.3 估算操作风险资本要求的 3 种方法

以下 3 种方法最终被确定下来用以估算操作风险的资本要求：

1. 基本指标法。

2. 标准法。

3. 高级计量法。

由于资本要求是根据固定收入比例进行分配的，因此基本指标法和标准法常常被称为"自上而下法"。而资本要求则是根据实际的内部损失数据估算出来的，因此高级计量法也被称为"自下而上法"。[①] 图 3—1 的下半部分对上述方法之间的关系进行了充分的说明：从左到右其复杂程度逐渐增加。为了使银行能够满足特定客户的要求，允许银行根据它的操作风险暴露程度及管理惯例来采用其中一种方法。有多种业务活动、在国际上很活跃的银行通常采用高级计量法；而较小资本规模的国内银行，至少在其实施的初级阶段，一般采用基础指标法或标准法。另外，一旦银行采用了某种较先进的方法，就不允许其再改用较简单的方法。

现在，我们逐个地对这 3 种主要方法进行描述。

1. 基本指标法

"基本指标法（BIA）"是上述方法中最简单的。在该法中，总收入代表着银行操作风险的暴露程度。[②] 巴塞尔委员会定义总收入为净利息收入加上净非利息收入。根据 2006 年 6 月出台的准则，在基本指标法中，操作风险资本要求被表示为前 3 年正的年度总收入平均值的一个固定百分比，且该固定百分比用字母 α 来表示。[③] 总资本要求（K_{BIA}）则可以用下式来表示：

$$K_{BIA} = \alpha \times \frac{\sum_{j=1}^{n} GI_j}{n}$$

其中，GI = 总收入；n = 前 3 年中总收入为正的年数；α = 正总收入的固定百分比。

目前委员会通常将 α 设置为 15%，目的在于根据指标的行业水平来反映行业的最低要求监管资本（MRC）的水平。

基本指标法有如下 4 个优点：

■ 易于执行。

■ 不需要时间和资源来开发其他高级模型。

[①] 见第 4 章有关由上至下和自下而上模型的讨论。

[②] BIS（2006b）（详见第 217 页）阐明了总收入可能是操作风险暴露的次佳度量，并且可能低估了操作风险资本的需要量。银行应和其他有着相似规模和相似商务结构的银行就操作风险的真实暴露情况进行比较。

[③] 见 BIS（2001）依据基本指标法使用银行内部损失数据对 α 进行的实证分析。

■ 它适用于新巴塞尔资本协议执行的最初阶段，特别是当损失数据不足以建立更复杂的模型时。

■ 它尤其适用于中小规模的银行。

基本指标法的 3 个缺点如下：

■ 鉴于其并没有将对银行操作风险的暴露与控制、业务活动结构、贷款利率和其他指标等细节问题纳入考虑之中，因此基本指标法缺乏风险敏感性。

■ 它常常会导致对操作风险资本所要求的资本额过高的估计。

■ 它不适用于大型的和国际性的银行。

有关基本指标法的使用，新巴塞尔资本协议并没有就其数量与质量方面提出具体的要求，尽管如此，我们仍鼓励银行遵照国际结算银行（2003b）和国际结算银行（2006b）中所提出的指南进行操作。在实施新巴塞尔资本协议的初期阶段，该法尤其适用于中小型银行。

2. 标准法

在一般"标准法（TSA）"下，银行的业务被分为 8 个业务部门。在每个业务部门中，总收入（GI）是代表业务运转规模和操作风险暴露程度的一个比较宽泛的指标。每个业务部门的资本要求等于总收入乘以每个业务部门对应的 β 因子。[①] β 代表了已知业务部门的经验操作风险损失与此业务部门的总收入水平之间的关系。总资本要求为（a）各个业务部门监管资本要求的总和与（b）零中最大者的 3 年平均值。总资本开支（K_{TSA}）的计算表达式为：

$$K_{TSA} = \frac{\sum_{j=1}^{3} \max\{\sum_{k=1}^{8} GI_{jk} \times \beta_k, 0\}}{3}$$

其中，β 为委员会根据 8 个业务部门中各业务部门总收入水平所需的必要资本而设定的固定比例。具体 β 值的应用情况见表 3—1。

2004 年 6 月，新巴塞尔资本协议指南建议采用标准化方法另一个可替代的版本。[②] 一旦银行被获准使用该版本，则若没有监管当局的允许就不能再使用标准法。在"代替标准法（ASA）"下，零售银行业务（RB）和商业银行业务（CB）的资本要求以总贷款（CL）与预付款项的总和来代替总收入作为操作风险的暴露指标，β 因子被进一步乘上一个被记作 m（等于 0.035）的比例因子。对于上述业务部门，资本开支额（K_{RB} 和 K_{CB}）的计算如下：

$$K_{RB} = \beta_{RB} \times m \times \frac{\sum_{j=1}^{3} LA_j, RB}{3}$$

[①] 见 BIS（2001）根据银行业内部损失数据，使用一般标准法对 β 的实证分析。
[②] 在 2006 年 6 月的指南中，该选择权依然有效。

$$K_{CB} = \beta_{CB} \times m \times \frac{\sum_{j=1}^{3} LA_j, CB}{3}$$

表 3—1   标准法下的 β 因子

业务部门	β
1. 公司金融	18%
2. 交易和销售	18%
3. 零售银行业务	12%
4. 商业银行业务	15%
5. 支付和清算	18%
6. 代理服务	15%
7. 资产管理	12%
8. 零售经纪	12%

资料来源：《国际清算银行（2006b, p. 147）》。本表已获得巴塞尔金融监管委员会授予的使用权。原表可从国际清算银行网站（www. BIS. org）上免费获得。

由于考虑了不同业务部门间操作风险暴露程度上的差异，因此标准法和代替标准法模型与基本指标法模型相比，其优点在于更加准确。

下面是标准法和代替标准法的 4 个缺点：

■ 它们的风险敏感度不够：取业务部门总收入的某个固定部分时并没有考虑某特定银行的该业务部门的明确特点。

■ 有不同业务部门之间完全相关联的迹象。

■ 它们可能导致高估资本化操作风险所需资本的真实数额。

■ 它们并不适用于大型的和国际性的银行。

为了使自己符合标准法或者代替标准法的标准，银行必须能够把它们的商务活动划分到不同的业务部门中去。采用这种方法的银行必须主动地监测和控制银行操作风险的概况及其变化情况。具体包括操作风险暴露的定期报告、内部和/或外部审计以及有效的操作风险自我评估和监管。[①]

3. 高级计量法

在高级计量法（AMA）下，银行可能使用自己的方法来评估操作风险暴露情况，只要该方法具有足够的综合性和系统性。银行必须证明它的操作风险估量是持续一年的评估，并且具有高置信水平（比如 99.9%）。[②] 高级计量法是最复杂、最先进的，因为其所引起的资本要求是直接从银行内部历史损失数据中估量

---

① BIS（2003b）和 BIS（2006b）中设置了附加的限定条件。
② 见 BIS（2006b）。

得出的,并且涉及了银行风险估量系统中质量与数量两个方面。为确保评估方法的可信度,除了内部数据以外,银行还利用外部数据进行了恰当的尺度调整以补充数据库,也利用了诸如因子分析、重点测试、贝叶斯法等若干方法。在不久的将来,预计所有的银行将会统一采用高级计量法。[①]

2001 年,在高级计量法下又提出了 3 种方法:内部衡量法、损失分布法、记分卡法。最新的监管资本指南(2006 年 6 月出台)中不再给出高级计量法下具体方法的名称,但允许银行设计出它们自己的、可替代的,甚至是既先进又稳健的高级计量法模型。但是这些高级计量法模型必须能够经得起足够的后验测试,同时还应反映出所要求的操作风险资本。我们简短地讨论一下这 3 种方法,其中关于损失分布法的部分将讨论得更为详尽一些。

(1)内部衡量法

在内部衡量法(IMA)下,对于 56 个组合中的每一个来说,资本要求都是由 3 个参数的乘积所决定的:

■ 暴露指标(EI)(比如总收入)。

■ 事件发生的概率(PE)。

■ 事件带来的损失(LGE)。

用乘积 EI × PE × LGE 来计算每个业务部门/损失类型组合的预期损失。通过使用参数 γ 将预期损失重新调整为非预期损失。对于不同的业务类型/损失类型组合,监管当局预先设定了不同的参数 γ。一年总可调整资本要求(K_{IMA})的计算公式如下:

$$K_{\text{IMA}} = \sum_{j=1}^{8} \sum_{k=1}^{7} \gamma_{jk} \times \text{EI}_{jk} \times \text{PE}_{jk} \times \text{LGE}_{jk}$$

该方法的缺点在于以下假设:(1)业务类型/损失类型间具有完全相关性;(2)预期和非预期损失间具有线性关系。[②]

(2)记分卡法

记分卡法(ScA)是一种高度定性的方法。在该法下,银行在公司或者业务部门层面来决定操作风险资本(比如基于基本指标法或标准法)的初始水平,然后随着时间的推移根据记分卡再对其数量进行修正。此法具有前瞻性,因为它反映了风险控制环境的改善,而这些改善能降低未来操作风险损失的频率和严重程度。记分卡一般依靠许多指标来表示业务部门中特定风险的类型。记分卡由业务部门的人员分期完成,例如每年度,并且要通过中央风险函数的复查。一年的资本要求(K_{ScA})计算公式如下:

$$K_{\text{ScA}} = \sum_{j=1}^{8} \text{初始 } K_j \times R_j$$

① 有关高级计量法实际执行各方面详尽的讨论见 BIS(2006c)。
② 更多关于内部衡量法的讨论详见 BIS(2001a)、Alexander(2002)、Alexander 和 Pezier(2001a)、Alexander 和 Pezier(2001b)、Alexander(2003a)以及 Mori 和 Harada(2001)。

其中，*R* 是风险分数，通过它来重新调节所给业务部门的初始资本要求 *K*。[①]

（3）损失分布法

损失分布法（LDA）是利用精确的操作风险损失频率和严重程度分布进行操作损失估量的一种比较先进的测量方法。2001 年巴塞尔委员会推荐了这种方法，并且使用精算模型来评估操作风险。

在损失分布法下，根据银行结构的复杂性，用业务部门和事件类型的实际数量，将银行活动分为业务部门/事件类型的组合矩阵。一般情况下，如果有 8 个业务部门和 7 种事件类型，该银行就得处理具有 56 个元素的矩阵。对于每对组合来说，关键任务是如何估计损失的严重程度和损失频率的分布。基于这两种估计的分布，银行就可以计算出累积操作损失的概率分布函数。

对每种业务部门/风险类型组合的一年在险价值测量[②]（比如具有 99.9% 的置信水平）进行简单求和即可求得操作资本要求。99.9 分位数即意味着资本要求足够补偿除了最严重的 0.1% 的负面操作损失事件之外所有的损失。也就是说，有 0.1% 的可能性遭受负面开支操作损失。

一般情况（8 种业务部门和 7 种事件类型）下，资本要求（K_{LDA}）可以用如下公式表示：

$$K_{LDA} = \sum_{j=1}^{8} \sum_{k=1}^{7} VaR_{jk}$$

注意损失分布法与内部衡量法在两个方面有着比较重要的区别。第一，损失分布法的目标是直接评估非预期损失，并且未假设预期损失与非预期损失之间具有线性关系。第二，银行监管主管没必要决定乘积因子 γ。

损失分布法有如下 4 个优点：

■ 直接利用银行内部损失数据，具有较高的风险敏感性。
■ 没有假设预期损失和非预期损失之间具有联系。
■ 对于具有可靠数据库的银行来说，损失分布法是十分适用的。
■ 如果预算方法正确，损失分布法能提供一个准确的资本要求。

人们通常批评损失分布法通过在险价值测量的简单求和来估计资本要求暗示了"业务类型/事件类型"组合之间具有完全的相关性。修正的损失分布法将考虑相关性。近来的指南也提及了这个问题，并建议合并相关性的影响和其他可能会影响资本要求计算精度的因素。

损失分布法包括的 4 个缺点如下：

■ 损失分布难以估算。因此，该方法可能会导致模型风险（例如，由于模型不具体导致的错误估计）。
■ 在险价值的置信水平与上述内容不同，考虑采用 99.9% 或更高/更低的分

① 有关 ScA 的讨论详见 BIS（2001a）和 Blunden（2003）。
② 有关在险价值的概念详见第 11 章。

位数对资本要求进行了明显的区分。

- 损失分布法要求具有扩展的内部数据集（最少 5 年）。
- 该法之所以缺乏具有前瞻性的元素，是因为其风险评估仅仅基于过去的损失历史。

（4）使用内部衡量法模型的要求

为了使用内部衡量法，银行必须满足特定的要求。一个关键要求是能够获得最少 5 年的内部数据（在采用内部衡量法的初期阶段，3 年的数据也可接受）。当有理由相信银行处于罕见的和潜在的严重损失暴露风险之中时，可用外部数据（如公开可得的数据和/或收集的行业数据）补充内部数据，因为银行缺乏这些损失数据，人们在任何时候都有理由相信银行会遭受不经常发生的、潜在的重大损失。这和另一个重要的数量条件有关——银行模型以 99.9% 的置信水平捕捉潜在严重的尾部事件的能力，以及通过后验测试证明模型合理的能力（比如，预测情景分析和压力测试）。

另外，量的标准必须和质的标准保持平衡。质的标准包括负责操作风险测量方法设计和实施的风险管理小组的建立，确保定期报告和损失事件与常规性管理工作文件的收集以及保证内部或外部审计的健全等。为了建立具有前瞻性的风险评估结构，银行必须抓住可以改变操作风险概况的关键业务环境和内部控制因素。

在一些异常的情况下经由监管层的同意，银行可以对其操作的不同环节联合使用内部衡量法和其他方法（基本指标法和标准法）。

3.4 支柱 II：资本充足性和监管原则

支柱 II 的作用是建立足够的监管政策来概述银行的资本充足性。在支柱 II 中，监管检查包括如下 4 个核心原则：

1. 建立（a）与总体风险相关的银行总体资本充足性的评估方法和（b）维持资本水平的策略。这包括董事会和高级管理层的监督、合理的资本评估和风险评估方法、监测和报告以及内部控制检查。

2. 内部控制检查：监管检查对银行内部资本充足性评估方法与策略的评价，监测和确保银行遵从监管资本比率要求的能力。这包括现场检查或审查、非现场检查、与银行管理层进行讨论、外部审计（假设聚焦于必要资本议题）以及定期报告。假如监管层对该程序的结果不满意的话，他们应该采取合适的监管行动。

3. 监管响应：银行在监管层提出的最小监管资本比率要求水平（例如，底限）之上进行运营。遵从最新原则的目的在于创造一个缓冲器以抵御监管资本要求（在支柱 1 下）没能覆盖到的可能损失和可能的风险暴露的波动。人们期望这个缓冲器能为合理的银行活动提供很好的保护。

4. 适时的监管干预阻止资本跌落到最小水平以下，并且在资本没有维持或复位的情况下确保有一个快速的弥补行动。假如意识到资本数量不足，银行必须采取行动来承担责任。可能的处理包括加强银行监测、限制红利分配和检查资本支出评估模型。[①]

3.5 支柱 III：市场原则和公开披露

支柱 III 的目的在于用市场原则中的公开披露机制来完善支柱 I（例如，资本要求）和支柱 II（例如，资本充足性检查）。有关市场披露的要求包括允许市场参与者参与金融机构资本、风险暴露、资本充足性、风险评估和管理实践等重要方面的评估。操作风险的披露要求包括两部分：质的披露和量的披露。[②]

质的披露要求银行提供资本结构描述、风险管理策略、风险减缓和对冲政策以及对银行使用的资本要求评估方法的描述（当使用内部衡量法时，需要更为详尽的描述）。

量的披露，要求银行披露高层部门及主要子公司每种业务资本开支数量的信息。这包括衡量资本开支是否超出底限的指标、对等级 I 和等级 II 资本的描述以及对资本扣减的描述。

3.6 损失数据收集工作综述

自 2001 年起，国际清算银行的风险管理小组实施了若干有关操作损失数据的收集工作（OLDC），也叫定量影响测算。该测算的目标旨在调查有关银行内部操作损失的各方面的数据。

2001 年，30 家银行参加了定量影响测算 2（QIS2）。它们被要求提供 1998 ~ 2000 年所有的内部季度数据。[③] 2001 年 5 月，国际清算银行发布了第 2 份调查报告——定量影响测算 3（QIS3），其结果于 2002 年发布。这次有 89 家银行参加，它们被要求提供 2001 会计年度的内部数据。与之前的调查相比，第 2 份调查生成了更为全面和精确的调查结果。[④] 第 3 份调查——定量影响测算 4（QIS4），是

---

① 关于支柱 II 的详细描述见 BIS（2006b）。
② 有关支柱 III 的详细描述，见 BIS（2006b），第 4 部分。
③ 2001 年的调查细节详见 BIS（2001b）和 BIS（2002a）。
④ 2002 年的调查细节详见 BIS（2002b）和 BIS（2003c）。

由一些国家（如日本、德国、美国）分别开展的,[①] 各个国家的调查成果也不尽相同。第 4 份调查——定量影响测算 5（QIS5），是在 2005 年 10 月~11 月由国际清算银行指导完成的，总计有 31 个国家——除美国之外，十国集团（共 146 家银行）和其他 19 个国家（共 155 家银行）参加了这次调查。由于银行业前几年的发展已日趋完善，现今主要的研究目标则是在新巴塞尔资本协议的框架下发现最低资本要求水平的潜在变化。[②]

　　图 3—3 是 QIS3 调查结果所显示的按照各种业务部门和事件类型中的损失严重程度（例如，损失数量）和损失频率（如损失的次数）占总操作损失数量和总损失次数的百分比。其数据表明，不同的业务部门和事件类型的损失数量和频率（数值摘自《国际清算银行（2003c）》）的分布具有不一致性。

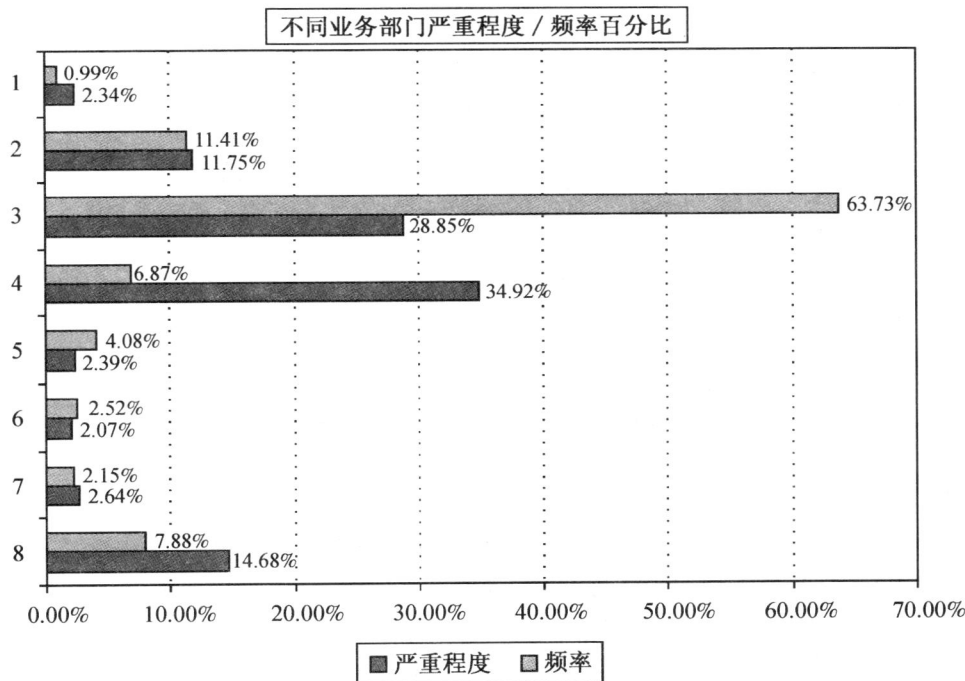

不同业务部门严重程度 / 频率百分比

业务部门	严重程度	频率
1	2.34%	0.99%
2	11.75%	11.41%
3	28.85%	63.73%
4	34.92%	6.87%
5	2.39%	4.08%
6	2.07%	2.52%
7	2.64%	2.15%
8	14.68%	7.88%

■ 严重程度　□ 频率

1. 公司金融
2. 交易和销售
3. 零售银行业务
4. 商业银行业务
5. 支付和清算
6. 代理服务
7. 资产管理
8. 零售经纪

---

① 有关美国的数据收集调查的说明详见 Dutta 和 Perry（2006）。
② QIS5 的结果见 BIS（2006a）。

不同事件类型严重程度／频率百分比

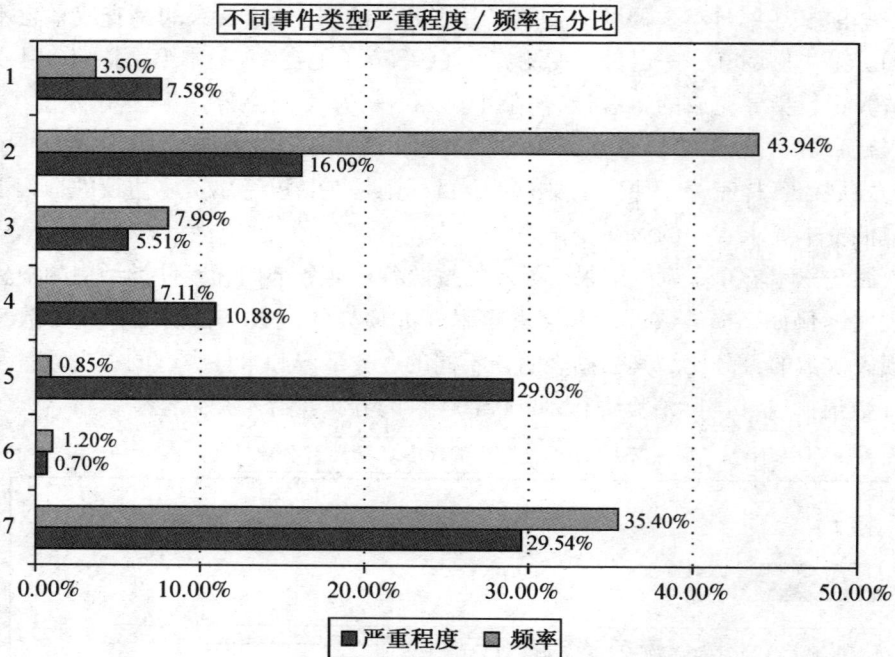

1. 内部舞弊　　　　　　　5. 实物资产损失
2. 外部欺诈　　　　　　　6. 业务瓦解和系统失败
3. 就业培训和工作场所安全　7. 执行、转让和过程管理
4. 客户、产品和业务培训

图3—3　不同业务部门（上）和事件类型（下）的操作损失严重程度／
频率百分比的图示，资料来自于2002年损失数据的收集工作

　　例如，商业银行的业务部门遭受了低频率但最高严重程度的损失。根据事件类型进行分类的损失中，"危及实物资产"范畴（比如自然灾害）的损失占总损失的比例不到1%，但却几乎占损失总量的30%。[①]

3.7　保险的作用

　　在资本协议下，参加风险转移活动（比如保险）的银行有资格从操作风险资本开支中扣除一部分。这一条款仅限于使用高级计量法的银行。这样设计的目的在于鼓励银行完善风险管理实践，并从中获益。现在，保险分流被限定为通过高级计量法计算出的总操作风险调整资本开支的20%。巴塞尔委员会的风险管理小组仍然致力于发展一种统一的框架，该框架可以用于识别保险在操作风险资

　　[①]　调查结果的进一步说明详见 BIS（2003c）。

本开支中的风险缓和作用。在不久的将来，这些政策都可能会被重新审视并着手改变。

为了识别保险的作用，银行必须有一个合理并可记录的框架。为了遵从支柱 III，银行必须披露为缓和操作风险而使用的保险的具体情况。另外：

"风险缓和计算在某种程度上必须反映银行的保险总额。这些保险金额明显与实际发生损失的可能性及其影响有联系，并且与其保持一致。发生实际损失的可能性及其影响常常被用于银行进行操作风险资本的全面决定（《国际清算银行（2006b）》，p. 155）。"

《国际清算银行（2003b）》定义具有以下 3 个特征的资产和突发风险可投保：

1. 风险必须满足大数定律的要求。

2. 特定事件的发生会引起未预期损失。

3. 事件和损失的发生应该是由客观条件所决定的。

实际风险无法显示上述所有的特征，保险公司要利用扣减、排除和其他手段来进行补偿。

银行须符合经由保险的资本扣减要求，具体包括：

■ 保险公司必须至少是 A 级或其同级。

■ 保险承保范围必须与银行操作风险资本全面决定过程中使用的实际损失概率和影响相一致。

其他要求涉及披露程序和特定的保险合同条款。[①]

然而不幸的是，大部分操作损失是不可承保的。可以对操作风险进行承保的传统保险产品如下：[②]

■ "员工信用保险"。该产品对银行雇员的不诚实和舞弊行为、抢劫或无法解释的财产失踪、伪造及其伪造物所造成的损失进行保险。它也叫作金融机构总括保证保险或银行总括保证保险承保范围。[③]

■ "董事和经理责任保险"。该保险策略能覆盖因董事和经理的错误行为所造成的损失并覆盖金融机构为保护他们免受伤害而支出的费用。

■ "财产保险"。该策略能使公司免受火灾、偷盗、险恶的天气等导致的损失。

■ "电子和计算机犯罪保险"。该保险涉及计算机操作、通信、交易中蓄意和偶然的事件。

■ 其他保险。

---

① 更多细节详见 BIS（2006b）。
② 见 BIS（2003d），p. 12。
③ Lewis 和 Lantsman（2005）中讨论了可以用于抵御法律风险和舞弊的保险。

3.7.1 哪种操作损失应该被转移

许多银行对使用风险转移机制来对付尾部风险（例如，低频率/高严重程度的损失）很感兴趣。低频率/高严重程度的损失经常被叫做"灾难性损失"。它超出由较高置信水平（比如99%）所决定的在险价值。而这意味着有1%的可能性使得损失超过最大可能的总损失。虽然银行被期望持有足够数量的准备金以抵御超过在险价值的损失，但是其仍然很可能无法吸纳灾难性损失。尽管如此，根据《国际清算银行（2001a）》的表述，假如银行获得抵御操作风险的保险，那么它至少能吸纳一部分灾难性损失：

"特别地，保险可以使潜在的'低概率/高严重程度'的损失风险，比如错误和遗漏（包括过程损失）、证券物理损失和舞弊等具体化。委员会原则上同意，这种缓和应该被操作风险的资本要求所反映。"

3.7.2 瑞士再保险公司提出的 FIORI 保险政策

1999年，瑞士再保险公司和伦敦保险经纪人 Aon 引入了"金融机构操作风险保险（或简称 FIORI）"。瑞士再保险公司还提供了综合的一揽子政策。在该政策下，操作风险的多个来源被集中在一个单一的合同之中。该政策还能抵御实物资产风险、技术风险、关联风险、人为风险和监管风险。我们回顾一下 van den Brink（2002）中所描述的保险承保范围。

FIORI 承保范围包括许多操作风险来源：

■ 法律责任：

——由于金融机构或其子公司、它的管理层或员工、代理人或金融机构的外包公司等忽视法律责任而带来的损失。

——罚金包括在承保范围之中。

■ 忠实和未授权活动：

——保险政策对不诚实进行了详细地说明。

——覆盖了所有的贸易业务。

——承保范围包括潜在的收入。

——覆盖了补偿成本。

■ 技术风险：

——覆盖了自建应用系统中的意外和无规律的失败。

——不包括正常情况下的过程错误。

■ 资产保护：

——覆盖了涉及建筑物和财产在内的所有风险。

——承保范围包括自有的和委托的资产。

■ 外部欺诈：

——对外部欺诈的承保范围进行了广泛且详细的说明。

——承保范围包括现有的客户。

——在这种情况下，潜在收入并未被排除。

每次索赔保险都有 5 千万美元~1 亿美元的较高的可扣除资本。保费范围是承保数额的 3% ~8%，这意味着假如投保的风险理赔数额为 1 亿美元，保险费将是 3 百万美元~8 百万美元。对于小型金融机构来说，这是不太容易负担的。

3.7.3　2002 年损失数据收集工作中的保险索赔数据

作为 QIS3 中的一部分，银行要提供有关操作损失的保险索赔信息。

银行对所有损失实际发生额的 2.1% 提出索赔，但是只有 1.7% 能得到赔付。这也就意味着有大约 20% 的索赔得不到保险公司的赔付。在某一特定业务部门的所有损失中，大约有 0.7% ~2.7% 的损失将产生保险索赔。实物资产类损失事件引起的损失中产生保险索赔的大约有 34%，而其他类型事件的比例大约在 0.6% ~6%。

有关各种业务部门和事件类型的索赔（保险索赔和非保险索赔）情况如下：商业银行业务类型（67%）、实物资产损失事件类型（58%）以及执行、转让与过程管理事件类型（23%）。表 3—2 总结了各种业务部门/事件类型组合的总索赔数量分布。在所有的索赔中，只有 11.8% 是由保险索赔提供的，88.2% 则归功于其他索赔。

表 3—2　**各种"业务部门/事件类型"组合的总索赔数量的分布**

	内部舞弊	外部欺诈	就业培训和工作场所安全	客户、产品和业务培训	实物资产损失	业务瓦解和系统失败	执行、转让和过程管理	所有事件类型
公司财务	0.0	0.0	0.0	1.7	0.0	0.0	0.1	1.8%
贸易和销售	0.2	0.4	0.4	0.7	2.1	0.1	0.7	1.7%
零售银行业务	1.9	5.0	0.2	1.1	0.7	0.5	1.0	10.3%
商业银行业务	0.0	1.2	0.0	0.2	45.7	0.2	19.7	67.0%
支付和清算	0.2	0.2	0.0	0.0	0.6	2.5	0.6	4.1%
代理服务	0.0	0.0	0.0	0.0	3.3	1.3	0.4	5.0%
资产管理	0.0	0.1	0.0	0.4	0.1	0.0	0.4	1.0%
零售佣金	0.4	0.0	0.0	0.1	5.2	0.0	0.5	6.2%
所有业务部门	2.7%	6.9%	0.6%	4.0%	57.7%	4.6%	23.4%	97.1%

资料来源：《国际清算银行（2003c，p.24）》，部分有修改。该表格获得了巴塞尔金融监管委员会授予的使用权。原表格可由国际清算银行网站（www.BIS.org）免费获得。

3.7.4　保险的局限性

实践中，将操作风险保险作为风险管理工具加以应用尚存在一些顾虑。接下来我们将要详细讨论这个问题。

1. 政策局限

在保险政策的可扣除性被满足之后，进一步的操作损失还可被政策所覆盖，直到超过政策限度为止。事实上，银行也可以承受超过政策限度的损失，但可能会危及银行的偿付能力。图3—4对可扣除性和政策限制进行了说明。根据Allen、Boudoukh和Saunders（2004），相对高的扣除性（最高可达1亿美元）和相对低的政策限制导致只有10%～13%的操作损失可以得到保险政策的覆盖。

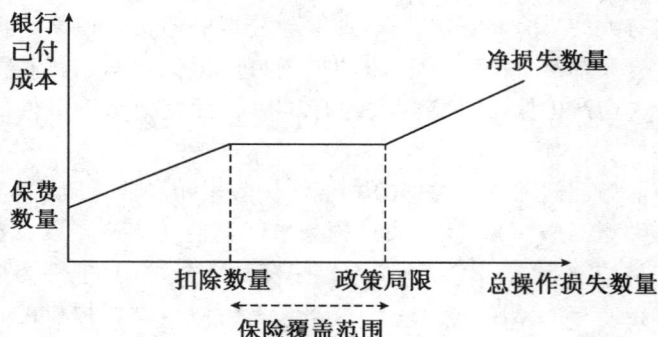

图3—4　可扣除性及其在银行所付成本中的作用的图示

2. 保险的高成本

保险的成本是很高的。根据Marshall（2001），少于65%的银行保险费用以结算的形式支付。因此识别关键领域中操作风险的暴露，努力缓和已识别的具体风险，使保险费用最小，对一个银行来说是十分重要的。[①]

3. 道德风险

虽然保险提供了集合与分散行业中操作风险的方法，但是道德风险的问题仍旧存在并且还可能提高保险费用和谈判成本。道德风险是指由于保险保护的存在，可能会导致银行不采取积极的措施来阻止损失事件发生的可能性。事前道德风险可能以操作风险管理中失职行为增多的形式产生。由于衡量实际损失很困难，因此事后道德风险被有偏报告所关注。[②]

人们开始批评由保险而引发的资本费用扣减中的20%的比例限制。Kuritzkes和Scott（2005）中指出，该限制可能会降低银行对获得保险的期望，并会潜在地导致银行损失的增加。而保险机构却能使用多种方法来缓和道德风险所产生的

---

① 有关该问题的讨论见Allen、Boudoukh和Saunders（2004）。
② 见Muermann和Oktem（2002）。

影响。当银行蒙受高额损失时,它们可能会提高保险保护的成本。它们也可能利用高扣除性,强迫保险购买者分担道德风险的成本。

一些与保险及其效用有关的问题还包括流动性(例如,保险支出的速度)、损失调整和规避能力、产品范围的限制和内部损失数据中有关保险支出的结论。①

3.7.5 其他方法

可通过使用诸如巨灾期权和巨灾债券等衍生工具来规避灾难性损失。②

1. 巨灾期权

巨灾期权(或简称为 cat 期权)于 1994 年被引入芝加哥商品交易所(CBOT)。巨灾期权与财产索赔服务(PCS)事务所全国自然灾害损失索赔指数紧密相关。巨灾期权主要针对由灾难性损失给公司声誉所带来的损害,由诉讼、地震、天气变化等所带来的后果。巨灾期权的交易类似于跨期认购期权:它们使远期认购期权与更高行权价格的近期认购期权相结合。如果 PCS 指数在两种行权价格之间,那么期权的持有人将获得正的收益。

2. 巨灾债券

在美国,巨灾债券(或简称为 cat 债券)于 1995 年在芝加哥商品交易所(CBOT)开始交易,并通过发行结构化债券来规避灾难性操作风险。对于巨灾债券而言,本金与定期的息票支付相交换,而息票的支付与债券本金的收回与具体灾难事件的发生相联系。

相对巨灾期权而言,巨灾债券的一大优点在于具有灵活的结构。有 3 种类型的巨灾债券:保赔债券、指数化债券、参数债券。保赔债券与银行内部行为引起的特殊事件相关。指数化债券与整个行业的损失相联系,并能用类似 PCS 的特定指数来衡量。参数债券一旦被发行,相关的收益与特定事件的发生情况相关联,并服从特定的公式。

与巨灾期权相比,巨灾债券的另一个优点即在于它给发行公司提供更加广泛的投资者。虽然部分投资者(如养老基金、共同基金)被限制进行衍生品(如PCS 期权)交易,但是他们也可以进行权益证券(如债券或短期债券)投资。③

银行同样可以利用巨灾期权与巨灾债券来分散它们的资产组合风险。除极少数情况外④,市场风险与灾难风险(由 PCS 指数来衡量)的相关性接近于零。Canter、Cole 和 Sander(1996)的研究发现,每年的 PCS 指数变化与 S&P 500 的

---

① 见 BIS(2001a)。
② 有关操作风险保险的著作具体包括 BIS(2003d)、Cruz(2002)第 14 章、Mori 和 Harada(2001)、Hadjiemmanuil(2003)、Leddy(2003)、Allen、Boudoukh 和 Saunders(2004)、Brandts(2005)和 Lewis 和 Lantsman(2005)。
③ 见 Canter、Cole 和 Sander(1996)中有关该问题的讨论。
④ 例外包括一些人为的灾难性事件,比如 9·11 恐怖袭击事件。

指数变化是负相关的，但也接近于零。在另一个类似的研究中，Hoyt 和 McCullough（1999）发现每季度的灾难损失与 S&P 指数、美国国库券、公司债券之间并没有明显的统计上的关系。

3.8 在实践中遵从新巴塞尔资本协议

我们举两个例子来说明，为了遵从新巴塞尔资本协议，银行在它们的业务结构中是如何设计以及实施操作风险管理框架的。

3.8.1 摩根大通银行

摩根大通银行是全球金融服务行业的领头羊之一，其资产超过 1.3 万亿美元，业务遍布 50 多个国家。摩根大通银行着手构建及实行风险管理框架的工作开始于 1999 年。

摩根大通银行使用高级计量法来评估操作风险，这与新巴塞尔资本协议的框架是相统一的。并且每种业务类型的风险资本均通过自下而上法进行评估。其操作风险资本模型是基于实际损失和潜在的情景压力损失构建的。资本计算的进一步调整是为了反映控制环境和风险转移产品使用中质的变化。[①] 在年报中披露风险资本数量则是为了履行新巴塞尔资本协议支柱 III 的要求。表 3—3 披露了 2004 和 2005 年度的操作风险、信贷风险、市场风险以及其他风险的风险资本数量。

操作损失数据的收集过程始于 2000 年，且内部数据更多地来自于外部数据——操作风险数据交换数据库。[②]

"关键风险指标（KRI）"被并入摩根大通银行的操作风险监控框架之中，用于风险发生前检测并进行阻止。摩根大通银行管理着 2 700 多个以半年为基础的自我评估数据。它们主要被用来评估和评价 80 000 多个控制目标，其目的在于识别缓和操作风险的行为。

对管理操作风险承担责任的特定人员如下：[③]

- 涉及每日业务的业务员。
- 负责分析收益与损失、风险资本以及账目核对的首席财务官和金融分析师。
- 检查层面的业务控制委员会。
- 策略层面的操作风险委员会。

---

① 摩根大通银行 2005 年度财务会计报告，p. 57。
② Operational RiskData Exchange（ORX）是一个总部位于苏黎世的非营利性行业协会，其目的在于帮助成员间交换与操作风险有关的信息。截至 2006 年，其成员已发展到 25 家金融机构，其中包括诸如摩根大通银行、荷兰银行、德意志银行和美国银行等在内的主要银行。
③ 见《摩根大通银行（2004）》。

表3—3	摩根大通银行 2004 年和 2005 年的经济资产评估	单位：十亿美元

| 经济风险资本 | 年平均额 | |
	2005	2004
信贷风险	22.6	16.5
市场风险	9.8	7.5
操作风险	5.5	4.5
业务风险	2.1	1.9
私人股权风险	3.8	4.5
经济风险资产	43.8	34.9
信誉	43.5	25.9
其他ª	18.2	14.8
普通股股权总数	105.5	75.6

注：a. 包括用于匹配内部债务和评级目标的相关资产。

资料来源：摘自摩根大通银行 2005 年年报，p. 56。

2000 年，为了监督操作风险管理过程，成立了公司操作风险委员会（ORC）。该委员会包括操作风险高级经理、首席财务官、审计师、法人代表等。它的任务在于讨论公司范围内的操作风险问题和实施议题。且 ORC 的成员每季度集合一次。另外，摩根大通银行拥有着 130 多个业务控制委员会（BCC），其包括各业务单位的高级管理层。BCC 参与监督、报告及讨论有关操作风险的议题。

在摩根大通银行看来，全面的、具有前瞻性的操作风险管理应包括如下内容：[1]

■ 减少巨额损失发生的可能性。

■ 降低预期损失的水平。

■ 改善操作风险过程的生产率。

■ 提高经济资本的效率。

3.8.2　哈里法克斯银行

哈里法克斯银行（HBOS）是英国抵押及储蓄业务的最大提供者之一，拥有着超过 5 400 亿英镑的资产。以下 4 个风险执行委员会是由其集团风险董事领导的：[2]

■ 集团信贷风险委员会。

---

[1]　见《摩根大通银行（2004）》。
[2]　哈里法克斯银行 2005 年度报告，p. 55。

■ 集团市场风险委员会。
■ 集团保险风险委员会。
■ 集团操作风险委员会。

操作风险委员会一年至少召集 6 次，商讨有关操作风险的暴露、操作风险资本要求、政策与标准的批准等事项。操作风险管理框架的主要组成部分包括风险和控制评估、内部损失报告和风险信息的收集、关键风险指标监督以及外部事件评价。[①]

哈里法克斯银行应用两个核心的操作风险系统：AspectsOR 和 Algo OpData。AspectsOR 是哈里法克斯银行开发的、用于自我评估的一整套方案，它将来自多种不同水平业务单位自下而上的风险总和纳入考虑的范畴。Algo OpData 是由 Algorithmics 经营的，且为公共操作损失数据的提供者，存储着世界范围内的操作损失事件及关键风险指标等信息。

3.9 完善新巴塞尔资本协议：一些一般性的关注点

仍然有许多有关完善新巴塞尔资本协议的未决问题存在，其中一部分将会在下一章中进行讨论。

一般性的批评都集中于操作风险缺乏清楚明确的定义，以往的定义被称作主观的、模糊的并且有争议的。根据 Paletta（2005），我们对于操作风险的理解仍然处于低级阶段。

此外，根据 Financial Guardian Group（2005）和 S&P（2003），当前未明确系统化的模型中仍存在着模型风险。例如，损失分布法中，可调整的资本开支可以根据总损失分布的第 99.9 个百分数进行估计。根据较大数据集的不可得性，第 99.9 个（或更高）百分数的使用看起来是过高（比如，过于保守）并且不实际的。正如 Lawrence（2003）中所提到的，99.9% 的损失分布需要 99.9999% 的损失严重程度分布数据——在如此高的百分数中，任何数据的缺失都将导致估计的严重不精确。依靠一个不能得到足够数据支持的假定模型，将对资本开支的估计产生严重的影响。

外部因素（比如，过高或过低的观测值）的存在往往也会导致模型风险。如前所述，灾难性损失（例如，在损失分布法下超过在险价值的损失）不能被资本开支所覆盖。事实上，对于银行而言，有如下两种处理办法：

1. "风险转移"：银行通过保险或共同保险来覆盖这些损失。
2. "稳健方法"：若银行能够证明灾难性损失是"局外人"，则可以从数据

---

① 哈里法克斯银行 2005 年年度报告，p. 60。

库及模型分析中剔除该损失。[①]

　　另一个争论则是有关可调整资本数额与真实经济资本之间的差异。与经济资本相比，可调整资本数额相对较高，[②] 尤其是在使用基本指标法和标准法时。因此，Currie（2005）建议，采用新巴塞尔资本协议即意味着调整模型而非操作风险的现实。Financial Guardian Group（2005）指出，增加的资本要求即意味着降低了基金对金融的需求和投资的可得性，并且在风险管理系统中，使有限的资源脱离了必要的投资，使金融系统的安全性降低。[③] 然而，我们不同意这种观点：当前银行的破产说明用于操作风险的经济资本已严重不足。而且，假如历史损失数据足够全面的话，它们就是银行操作风险真实暴露情况的可靠指标。

　　最后，采用新巴塞尔资本协议必须承担永久性的改变。由于新巴塞尔资本协议并不容易实施，所以很可能会引发市场扭曲。例如，进入或退出某新业务领域，或者进行合并与收购（M&A）——在资本紧缩政策下其一旦被实施，这些改变就将是永久性的。而且如果政策有误的话，银行则很有可能承受永久性损失。

　　尽管存在批评，但是我们仍然坚信采用新巴塞尔资本协议对银行有利。银行应当继续收集数据，同时开发能够反映内部操作风险格局的操作风险模型。联邦储蓄系统董事会副主席 Roger W. Ferguson 说道：

　　"现在我们面临着 3 个选择：否决新巴塞尔资本协议；推迟新巴塞尔资本协议；通过在国际和国内进行公开宣传，促使新巴塞尔资本协议能更有影响地、更有效地实施。前两个选择都要求继续老巴塞尔资本协议，对于许多大银行来说是不可行的。而第 3 个选择承认国际资本框架是符合我们自身利益的，因为我们的机构是健全的国际金融系统的主要受益人。联邦政府也强烈支持第 3 种选择。"[④]

3.10　重要概念总结

- 巴塞尔资本协议提供了有关信贷风险、市场风险和操作风险资本要求的指南。
- 老巴塞尔资本协议参考了 1988 年的资本协议，它决定了信用风险的资本要求。新巴塞尔资本协议参考了 1996 年的资本协议，修改了市场风险方面的内容。2001 年，操作风险被纳入到金融风险之中。对于金融风险，可调整资本开支是必需的。新巴塞尔资本协议最终定稿于 2006 年 6 月。

---

　　① 这是一个风险管理小组正在进行的讨论。银行必须提交有效的证据来证明能像局外人一样对待和消除模型中的数据点。例如，若银行能够证明（基于时间背景的核查）某损失不会重复，或者若类似资本规模和/或操作风险暴露的银行在其内部数据库中并没有类似性质的损失，则局外人会将其当作损失处理。
　　② 见上一章中有关可调整资本和经济资本的定义。
　　③ 其他人也持有该观点，如 Silverman（2006）。
　　④ 摘自美国参议院银行业、住宅和都市事务委员会 2003 年 6 月 18 日的听证会。

- 新巴塞尔资本协议遵循三支柱结构：最小的资本要求（支柱 I）、对资本充足性进行的监督（支柱 II）以及市场规则与公共披露（支柱 III）。

- 在支柱 I 下，完成了估量操作风险的 3 种方法。自上而下法包括基本指标法与标准法。自下而上法包括高级计量法。前两个简单的方法适用于具有有限内部操作损失数据库的中小型银行。高级计量法比较复杂精确，需要庞大的数据库。为使银行得以应用上述方法，还必须使其满足一些具体的要求。

- 2001 年以来，巴塞尔委员会基于检查不同银行内部损失数据的目的，指导了 4 次量化影响测算。结果显示不同银行间的损失频率和严重程度往往并不一致，在不同的业务类型和损失事件类型中也不一致。

- 银行可能运用不同的机制来转移操作风险：保险、自保以及衍生工具。新巴塞尔资本协议允许采用高级计量法的银行利用保险来减少高达 20%的操作资本开支。一种有关全面操作风险的保险产品 FIORI 由瑞士再保险公司提供。

- 操作风险管理是每个从事银行活动人员的工作：风险经理、董事和员工个人。由于每家银行操作风险的性质都不尽相同，因此每家银行都应该开发出适合自己的操作风险管理结构。

- 一些对新巴塞尔资本协议实施的关注至今仍然存在。它们往往涉及操作风险的定义、数据收集和建模议题等。

第 **4** 章 操作风险建模中 所面临的主要挑战

确定引起操作风险过程的主要原则是进行最优模型选择的基石。这一章我们主要概述前面提到过的操作风险度量模型，其主要包括自上而下模型和自下而上模型。

由于操作风险与市场风险、信用风险之间存在着差异，造成了新巴塞尔资本协议指南与战略规划实施过程中出现的困难。而操作风险与市场风险、信用风险的主要区别即在于，损失事件的到达过程、损失的严重程度、操作损失在银行不同业务类型之间的独立性结构等。

最后，在本章里我们将重新研究正态假设——一个金融建模中常用的假设——并讨论它在操作风险建模中的具体应用。

4.1 操作风险模型

总的来说，操作风险模型源自如下两种基本方法：自上而下法和自下而上法。图 4—1 给出了其大致的分类。

采用自上而下法计量操作风险时，不必确认损失事件或损失原因。[①] 也就是说，损失是从一个宏观的角度来进行简单衡量的。这种方法的主要优点在于不需花费很多精力来收集资料和计算操作风险。自下而上法则是基于识别内部事件并将其纳入总资本要求的计算之中的一种方法，其是从微观角度来计量操作风险的。自下而上法相对于自上而下法的主要优点在于其能够解释一个金融机构的操作风险是怎样形成和为什么形成的。银行可以在开始的时候暂时引用自上而下模型来估算资本开支，然后再慢慢过渡到使用更先进的自下而上模型；或者也可以一开始就使用自下而上模型，不过这需要强大的数据库支持。

4.1.1 自上而下模型

在这一部分，我们将简要说明图 4—1 中的 7 种自上而下模型。[②]

---

① 有一个例外是情景分析模型，在该模型中特定事件是被明确识别的，并被囊括在有关压力测试的内部数据库之中。然而，这些事件是可以想象得到的，且不能出现在银行的原始数据库之中。
② 这些模型中的一些在 Allen、Boudoukh 以及 Saundwes（2004）中均有描述。

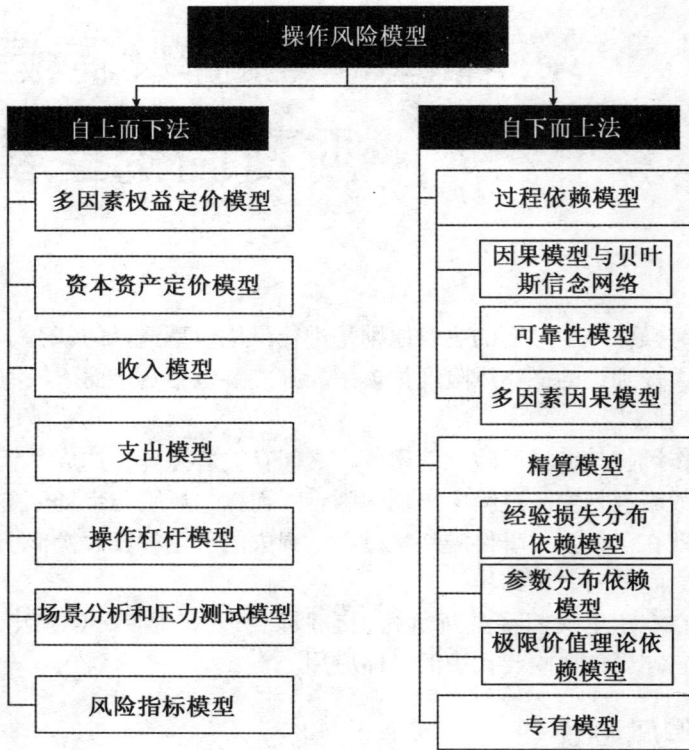

图4—1 操作风险模型的拓扑结构

1. 多因素权益定价模型

多因素权益定价模型，也叫多因素模型，能够对银行风险做出全面分析和进行全面的风险管理，特别是对那些公开交易的公司。股票回报过程 R_t 可通过大量涉及市场风险、信用风险及其他非操作风险（比如利率波动、股价波动和宏观经济的影响）的外部风险因素 I_t 的股票回报的回归分析来进行估计。然后用残差项的波动率来衡量操作风险。事实上，此模型依赖于这样一个假设，即操作风险是除去市场风险与信用风险之后余下的银行风险。[①]

$$R_t = a_t + b_1 I_{1t} + \cdots + b_n I_{nt} + \varepsilon_t$$

其中，ε_t 是残差项，代表操作风险。

上述模型依赖于 Fama（1970）提出的广为人知的有效市场假设，即在有效的资本市场中，所有相关的历史的、公开的与内幕信息都反映在当前的股价之中。

---

① 在第2章中，我们举了一个有关经验研究的例子，该研究旨在利用上述模型来评估操作风险对宏观经济因素的敏感性。

2. 资本资产定价模型

在资本资产定价模型（CAPM）下，所有的风险都被假设可以用此模型来衡量，并用 β 来表示。CAPM 是由 Sharpe 于 1964 年提出的，它是一个计算资产价格的均衡模型。该模型的基本思想是证券期望的风险收益（证券的期望收益减去无风险收益）等于 β 乘以期望的市场风险收益（市场期望收益减去无风险收益）。

在 CAPM 下，有关操作风险的计量就是从总 β 值中减去市场风险、信用风险与其他风险的 β 值。Hiwatashi 和 Ashida（2002）与 van den Brink（2002）均论述了 CAPM 在操作风险计量中的应用。根据 van den Brink（2002）的观点，CAPM 有一些限制条件导致其在计量操作风险的实际应用中并没有得到广泛的认可，但是大通银行曾使用过该模型。

3. 收入模型

收入模型类似于多因素期权定价模型：将除去市场、信用以及其他风险影响后的历史收入（或收益）波动的残差作为操作风险的估计值。Allen、Boudoukh 和 Saunders（2004）对该模型进行了描述，并把它叫做在险收益模型；Hiwatashi 和 Ashida（2002）则把它叫做波动率法。根据 Cruz（2002）的研究，金融机构收益与损失（P&L）的波动，50% 归结于信用风险，15% 归结于市场风险，其余 35% 则归结于操作风险与其他风险。

4. 支出模型

支出模型利用历史支出（而不是收入）的波动来度量操作风险。事实上，非预期操作风险损失就是通过因银行结构改变而发生的直接支出（其与非直接费用相反，诸如机会成本、信誉风险、策略风险等非直接费用均不属于操作风险的范畴)[1] 的波动来体现的。

5. 操作杠杆模型

操作杠杆模型用来度量操作费用与总资产之间的关系。操作杠杆通过一定比例的固定资产与一部分操作费用的加权组合来进行计算。例如，每个业务类型的操作杠杆数值是固定资产的 10% 加上 3 个月操作费用的 25%，或是每月固定费用的 2.5 倍。[2]

6. 情境分析与压力测试模型

情境分析与压力测试模型可以被用于在假设不属于银行实际内部数据库的潜在事件发生时，从货币层面测试损失模型的健全财产。情境分析与压力测试模型，也叫专家评判模型（van den Brink，2002）。它是基于情景形成假设分析来进行估计的。情景形成假设分析涉及了专家意见、外部资料、发生于其他银行的灾难性事件或设想的非常重要的事件。专家评估了期望风险的数值及相关事件的

---

[1] 见第 2 章中有关多种风险类型的讨论。
[2] 见 Marshall（2001）。

发生概率。对于任何银行来说，通常都包括如下情景：[①]

- 银行不能整合新、老结算体系。
- 由于不完全的信息披露而被提出集体诉讼。
- 大量的技术性事故。
- 大规模非授权交易（例如，在英国巴林银行倒闭之前发生的非授权交易，加大了数据库中的总损失，[②] 并且需要对模型进行重新评估）。
- 损失达到历史损失数额最大值的两倍以上。

另外，压力测试主要被用于查看由于消除控制而增加的风险暴露或由于加强控制而减少的风险暴露。

7. 风险指标模型

风险指标模型依赖一些（一个或者更多）操作风险暴露指标[③]来追踪操作风险。在有关操作风险的文献中，风险指标模型又叫指标方法模型[④]、风险预测模型[⑤]和对等组比较[⑥]。检验风险因素之间的相关性是此类模型的必要步骤。模型假设指标与目标变量之间有着直接而显著的联系。例如，Taylor 和 Hoffman（1999）指出培训费用对员工失误与客户投诉的数量具有反作用。Samad-Khan 和 Medapa（2000）指出银行的规模与操作风险损失有关联。[⑦]

风险指标模型可以依赖于一个独立的指标或多重指标。前者被叫做单指标法[⑧]；如由新巴塞尔资本协议所提出的用于计量可调整操作风险资本的基本指标法。后者被叫做多指标法，如标准法。

4.1.2　自下而上模型

一个理想的内部操作风险评估程序将使用一种平衡的方法，且其分析中包括自上而下模型与自下而上模型的元素。[⑨] 例如，情境分析对后验较为有效，而多因素因果模型在进行操作在险价值[⑩]敏感性分析时是有效的。自下而上模型包括3类：[⑪] 过程依赖模型、精算模型（或统计模型）和专有模型。

1. 过程依赖模型

过程依赖模型，可分为如下3种：（1）因果模型与贝叶斯信念网络；（2）可靠性模型；（3）多因素因果模型。

---

① 前4个情景归属于 Marshall（2001）。
② 见第1章中有关该事件的描述。
③ 见第2章中有关潜在操作风险暴露指标的清单。
④ 见 Hiwatashi 和 Ashida（2002）。
⑤ 见 Allen、Boudoukh 和 Saunders（2004）。
⑥ 见 van den Brink（2002）。
⑦ 在第2章中我们给出了有关该研究的描述。
⑧ 见 van den Brink（2002）。
⑨ 内部测量法（见第3章和 BIS（2001）中的相关描述）融合了自上而下法和自下而上法中的一些元素：资本开支公式中的参数表面上是由管理者设置，然而预期损失却是基于内部数据所决定的。
⑩ 参见第11章中有关在险价值的讨论。
⑪ 见 Allen、Boudoukh 和 Saunders（2004）。

第 1 类过程依赖模型是因果模型与贝叶斯信念网络。因果模型也叫因果网络模型，是主观性的自我评估模型。因果模型形成记分卡模型的基础。[①] 这些模型将银行的活动分为许多简单的步骤；对于每一个步骤来说，银行管理者都可评估其所需的完成时间、产生失误与错误的数量等，然后再把上述结果汇成一个流程图（或记分卡），以分析操作周期中的潜在弱点。具体分析包括构建关联事件树，以探测一系列将导致操作损失的事件或行为。[②] 对于每一个步骤来说，银行管理者估计其发生的概率，也叫作主观（或先验）概率。而最终事件发生的概率则由后验概率来度量。另外，先验与后验概率均可由贝叶斯信念网络来估算。[③]"连通性模型"是因果模型的一种变形，其主要关注操作损失事件的事前原因，而不是事后影响。

第 2 类过程依赖模型包括可靠性模型。该模型是以操作损失事件的频率分布和间隔时间为基础的。可靠性模型主要测量某一特定事件在某个时间点或某个时间段发生的可能性。

如果 $f(t)$ 是损失数额在 t 时的密度函数，那么系统可靠性就是从现在到 t 时的存续概率，用 $R(t)$ 表示，且

$$R(t) = 1 - \int_0^t f(s)\,ds$$

危险率（或失败率）用 $h(t)$ 表示，以表示单位时间的损失比率，即

$$h(t) = \frac{f(t)}{R(t)}$$

在实际应用中，使用泊松到达模型来描述操作损失事件的发生是很方便的。[④] 在密度比率为 λ（代表任何时间点的平均事件个数）的一般泊松分布模型中，事件间的间隔时间服从一个密度函数为 $f(t) = \lambda e^{-\lambda t}$、间隔时间均值等于 $1/\lambda$ 的指数分布。参数 λ 就是一般泊松分布过程的危险率。

最后，第 3 种过程依赖模型是多因素因果模型。此模型可用于操作风险的因子分析。这是检测总操作损失（也可选择在险价值）对各种内部风险因素（或风险驱动因子）敏感性的回归模型。在险价值与操作风险文献中记载着有关多因素因果模型的讨论。[⑤] 控制因子具体包括系统每天的停机时间、后勤部门工作人员的数量、数据质量（例如，无输入错误时的交易量与总交易量的比率）、总交易量、技术水平、产品复杂性、自动化水平、客户满意程度等。Cruz（2002）还建议使用可控制解释因子。[⑥] 在多因素因果模型中，t 时刻每一特定业务类型的操作损失 OR 或在险价值是对一系列控制因子做回归分析后得到的：

$$OR_t = a + b_1 X_{1t} + \cdots + b_n X_{nt} + \varepsilon_t$$

---

① 2001 年 2 月，巴塞尔委员会建议将积分卡法作为一种可能的高级测量法来测量操作风险的资本要求。详见第 3 章中有关积分卡法的描述。

② 例如，见 Marshall（2001）中的"鱼骨分析"。

③ 适用于操作风险的有关贝叶斯信念模型的讨论详见 Alexander 和 Pezier（2001）、Neil 和 Tranham（2002）以及 Giudici（2004）等。

④ 见第 5 章中有关多种频率分布的讨论。

⑤ 也见 Haubenstock（2003）和 Cruz（2002）。注意在第 2 章中我们曾描述 Allen-Bali 的经验研究，在该研究中他们检查了操作在险价值对宏观经济而不是银行内部风险因素的敏感性。

⑥ 也见第 2 章中有关可能风险指标的描述。

其中，X_k 是解释变量，$k=1$，2，…，n，b 是估计系数。由于操作风险驱动因子对未来损失具有预测性，因此该模型具有前瞻性（或事前性）。一般回归模型的范围包括自动回归模型、规则转换模型、自回归移动平均模型（ARMA）／广义自回归条件异方差模型（GARCH）和其他模型等。

2. 精算模型

"精算模型（或统计模型）"是一般参数统计模型。它有两个关键的组成部分：损失频率和历史操作损失数据的损失严重程度分布。操作风险资本通过一年总损失的在险价值来度量。事实上，本书的主要关注点就是发展和检验这些模型。[1]

假设损失数据频率服从泊松过程具有一般的普遍性，如 Cox 过程。[2]

精算模型不同于损失分布类型。[3]"经验损失分布模型"没有限定损失分布的特定种类，而是直接利用从历史数据中得到的经验分布。"参数损失分布模型"利用了损失（或部分损失）的特定参数分布，如对数正态、Weibull、Pareto等分布。基于"极值理论（EVT）"[4] 的模型严格关注尾部事件（例如，在严重性分布上四分位数的损失）。在险价值或其他分析方法使广义的 Pareto 分布适用于超过固定高极限值点的数据。Van Den Brink（2002）建议同时使用 3 种模型；图 4—2 正是受其观点的启发，阐明了可能使用的模型。然而，另一个可能就是使 ARMA／GARCH 模型适用于高极值点以下的损失以及使广义的 Pareto 分布适用于高极值点以上的数据。

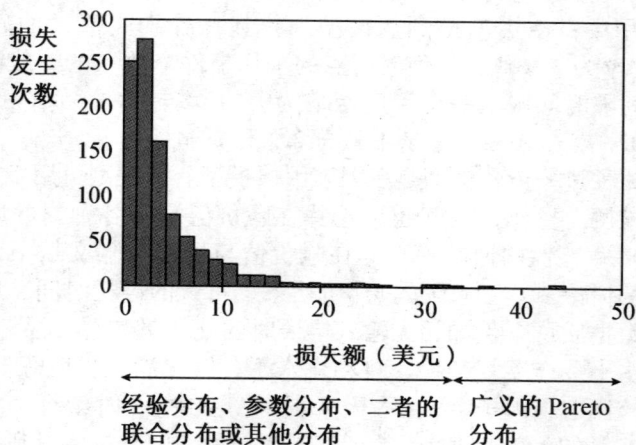

图 4—2　操作损失严重程度分布直方图

---

① 精算模型形成损失分布模型——一种衡量操作风险的高级测量法——的基础。见 BIS（2001）和本书的第 3 章。
② 有关频率模型详见本书的第 5 章。
③ 有关操作损失分布于本书第 6 章被重新回顾。
④ 本书第 8 章提供了有关极限价值理论的重新回顾。

3. 专有模型

操作风险"专有模型"是由一些主要的金融服务公司开发，并运用一系列自上而下及自下而上的数量方法（与数量分析一样）来估计操作风险。银行把它们的数据输入到准备好的、系统化的电子表格中，并进行进一步的分类。系统进行有关数据的质与量的分析，并且执行诸如计算可调整资本、合并内外部数据、进行贝叶斯网络分析等多重任务。

通常可得的专有软件包括：

■ 由 Algorithmics 公司开发的"ALGO OpVantage"。该产品提供操作风险自我评估框架、数据绘图、建模与合并内外部数据以及资本建模等。

■ "Six Sigma"，由美国通用电气公司研发、经花旗银行和美国通用电气资本金融集团修改用以衡量操作风险。

■ 由摩根银行和安永会计师事务所提供的"Horizon"。

4.2　操作损失数据的特性

操作风险与市场风险和信用风险有着很大的本质区别。事实上，操作损失与保险赔偿有着很大的相似性，这正暗示了大多数精算模型都可以作为操作风险模型的自然选择，且由保险业所研发出来的模型也几乎可以非常精确地应用于操作风险领域。在这一部分里，我们将讨论有关操作风险的一些关键性的问题。这些问题必须在进行数量分析之前加以考虑。

4.2.1　可得历史数据的稀缺性

银行在开发全面的操作风险模型中遇到的一个主要障碍就是可得历史操作损失数据的稀缺性，甚至连那些最大的银行也只有不超过 5 ~ 6 年的损失数据。相关数据的缺乏即意味着从这些有限的样本中得出的模型和结论缺乏足够的说服力。反过来，这也意味着我们对期望损失和在险价值的估计是高度不稳定和不可靠的。另外，复杂的统计和计量经济模型都不能用小样本来检验。

当给一些高操作损失建模时，问题往往会变得更加严重。当内部损失数据库中只储存了为数不多的数据时，我们不能对尾部事件建模。为此，我们提出了如下 3 种解决方法：（1）合并内外部数据；（2）用几近错误损失来补充实际损失；[①]（3）用情境分析和压力测试（本章之前讨论过的）。

合并内外部数据的目的在于用外部银行数据来扩充已有的内部数据库。基本原理有如下两重：（1）扩充数据库，提高统计估计的精确性；（2）对银行尚未发生的、但根据其他银行的历史经验又不是完全没有可能发生的损失负责。根

---

① 有关于几近错误的讨论详见本书第 2 章。

据 BIS：

"银行的内部评估体系必须基于内部与相关的外部损失数据的联合使用，来适当地估计非预期损失……（BIS（2006，p. 150））。"

Baud、Frachot 和 Roncalli（2002）提出用统计的方法来合并内外部数据。他们的方法表明外部数据从低点被截断（银行通常向外部团体报告它们超过 100 万美元的损失数据），并且银行的规模可能与损失的程度有关。他们还主张合并内外部资料可以避免低估资本开支。我们将在第 9 章对其展开讨论。

4.2.2 数据到达过程

在给操作损失建模时，一个难题即在于损失事件到达过程的不规则性。在市场风险模型中，根据盯市及实体情况，每天需要多次记录市场价格。每日报价是可得的，或者对于交易不是很活跃的证券，模型计算出来的过程理论价格也可以作为市场价位予以参考。至于信用风险，则由评级机构来提供信用评级。另外，评级机构还提供信用检查以鉴定候选人是否应该降级。相反地，操作损失发生于不规律的时间间隔正暗示了其离散的本质过程。这使它和信用风险缩减形式模型相类似。在该模型中，违约频率（例如，未满足信用协议）是不用予以关注的。因此，在操作风险中，损失严重程度和频率分布是很重要的；然而在市场风险中，为了获得在险价值，仅对回归分布建模则是很必要的。

另一个问题与时间测定和数据记录有关。在市场风险和信用风险模型中，相关事件的影响几乎会立即在市场和信用回报中反映出来。在理想的情况下，当事件发生时，银行就已经知道会产生多少操作损失，并立即将其记录下来。但是，从实践的角度来讲，这几乎是不可能的，因为在事件发生之后，损失的积累往往需要一定的时间。[1] 因此，评估一个特殊事件的全面影响可能需要花费几天、几个月甚至几年的时间。也就是说，事件的发生时间和记录引起损失的时点二者之间存在着一定的时间差（比如，时间延迟）。

这个问题直接影响着银行选择记录操作损失数据的方法。当银行记录操作损失数据时，他们记录损失量和对应时间。我们可以确认银行记录时间的如下 3 种可能性方案：[2]

1. "发生时间"。银行选择导致操作损失事件实际发生的时间。
2. "识别出事件存续的时间"。这个时间是当银行权威认识到导致操作损失的事件已发生或持续发生的时间。在这个时间记录损失可能是因为真正损失的发生时间是不能或难以追踪的。
3. "会计结算日"。当银行能够识别和完全测量出由过去的事件所引起的操作损失的总量时，且事件已经结束或即将结束，银行才会使用此时间。

---

[1] 回顾本书第 2 章中有关由操作风险所引起的风险、事件和损失之间的区别的讨论。
[2] 3 种类型数据的鉴别依赖于与 Marco Moscadelli（意大利银行的银行业务监管部门）的讨论。

使用上述 3 种不同的时间，得出的操作风险模型和结论可能会相差很大。例如，在第 3 种会计结算日下，在连续的损失数据中，我们很可能会观察到循环性/周期性的影响（例如，许多损失事件都被记录在 12 月底附近），然而在第 1 和第 2 种情况下，这样的影响几乎不可见。然而幸运的是，频率分布的选择对资本开支的计算结果并没有严重的影响。[①]

4.2.3　损失严重程度过程

操作风险分析师必须注意到有关操作损失数据严重性的 3 个主要的问题：（1）数据非负性；（2）数据的高度离散性；（3）数据形态。

有关损失严重程度数据的第 1 个问题为处理数据的符号问题。由于利息和汇率的变动，市场回报和指标的震荡可正可负。而这在信用风险和操作风险模型中是不同的——通常，我们仅仅假设损失（即负现金流）是会发生的。[②] 因此，对操作损失建模，应该既考虑适合只在正值中有定义的损失分布，也考虑在除了零点的所有的正值和负值中都有定义的分布。

第 2 个问题为处理损失数据的高度离散性。历史观察表明市场指标的变动一般相对较小，较大的损失则往往来自于信用风险。最后，虽然大部分操作损失发生在日常的基础上且数额较小，但是金融机构的过度损失通常是由操作损失而不是与信用风险或市场风险相关的损失所引起的。我们在第 1 章提供了有关金融行业高额操作损失的例子。实证数据表明操作损失的高度离散性，范围从接近零到数十亿美元。一般我们用方差或标准差来衡量其离散程度。[③]

第 3 个问题为关注损失分布的形态。操作风险与市场风险或信用风险的数据形态并不相同。例如，在市场风险模型中，市场回报的分布被假定是关于零对称的。非对称的情况则包括左偏分布（例如，分布具有长左尾）或右偏分布（例如，分布具有长右尾）或有两个或几个不同高度的峰的分布。事实上，操作损失具有高度不对称性，实证数据表明它是高度右偏的，这也可通过"低频率/高严重性"事件来部分地加以说明。[④] 图 4—2 给出了操作损失的规范直方图。

如前所述，实证数据表明操作风险的大部分观测值接近零，只有小部分观测值的数值很大。前一种现象叫做数据的高峰度（峰），后一种现象则叫做重尾（或厚尾）。此种数据通常被叫作"尖峰态"。

高斯（或正态）分布常用于对市场风险与信用风险的建模。它有两个关键参数，均值 μ 和标准差 σ。图 4—3 给出了一个正态密度函数的例子。尽管高斯

---

① 见 Carillo Menendez（2005）。
② 当然，由操作风险所引起的事件对银行产生非预期的益处是可能的，但是通常这个可能性是不予考虑的。相关讨论见本书第 2 章。
③ 诸如重尾 Weibull 分布、Pareto 分布或 α-稳定分布等重尾分布，厚尾可能有无限的变化。在上述情况下，必须使用分布的稳健性估计。
④ 有关"低频率/高严重性"损失的概念详见本书第 2 章中的相关描述。

分布易于使用并具有一些优良的特性（如在线性变换下，依然对称和稳定），但它对损失数据有如下重要的假设：

■ 高斯分布常用于对有关均值对称的事件分布建模。实证表明，操作风险的分布不对称，严重右偏，即损失分布的右尾很长。

■ 在大多数情况下（除去均值很高的情况），高斯分布的使用需考虑有负值发生的情况。这对于损失严重程度建模来说并不必要，因为负的损失是不可能出现的。[①]

■ 更重要的是，高斯分布的尾部是以指数的形式衰减的（这个性质使高斯分布归入轻尾分布）。这意味着尾部事件（例如，过高或过低的损失事件）发生的可能性几乎为零。但我们在第 1 章中已经看到，巨额损失事件往往会危害到一个金融机构的生存。因此，用一个不包括高影响独立损失的分布给操作损失建模是不适当的。实证数据强烈支持操作损失分布实际上是尖峰态分布——具有高峰值和重尾（例如，极端事件具有正概率）——的猜测。本书稍后将提供支持性数据。

基于以上原因，高斯分析在评估操作风险的应用中所起的作用并不是很大。[②] 我们应该对诸如对数正态分布、Weibull 分布甚至 Pareto 分布和 α-稳定分布等重尾分布予以考虑。[③]

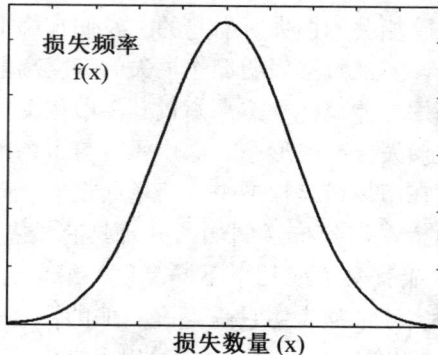

图 4—3　高斯密度函数的例子

4.2.4　业务类型之间的独立性

为了增加操作风险评估的精确度，专家们建议银行将操作损失数据归入具有不同操作风险暴露程度与性质的小组之中。根据这一原则，由新巴塞尔资本协议

---

　　① 　当然，使用截断（在零点）的高斯分布去适用操作损失是可能的。有关截断分布的描述详见本书第 9 章。
　　② 　当然，一个特例是使损失数据自然对数适合于高斯分布。这与使原始损失数据适合于对数正态分布是等同的（以获得最大似然参数估计的方式）。
　　③ 　大类有关 α-稳定分布的讨论详见本书第 7 章。

提出的量化操作风险资本开支的高级计量法[①]建议分别针对每个"业务类型/事件类型"组合来估计其操作风险资本。这样的程序对于市场风险与信用风险来说较为少见。

合并这些不同业务类型/事件类型组合的风险测量值的最直观的方法就是将其直接相加。[②] 但这会导致高估总资本开支，因为这种方法隐含了不同小组之间的完全正相关关系。为了阻止上述情况的发生，检验这些组合之间的独立性是必不可少的。协方差与相关系数是检验独立性最简单的方法，但它们假设独立性是具有线性关系的。也就是说，如果线性假定不成立，就可能得出错误的结论。另一种可选择的方法则涉及 Copulas。对于不同小组之间存在的独立性结构形式来讲，Copulas 更为灵活。Copulas 的另外一个优点在于能体现出随机变量分布尾部的独立性。并且这两个性质，在变量经过线性变换后仍然保留。[③]

4.3 重要概念总结

- 操作风险计量模型分为自上而下模型与自下而上模型。
- 自上而下模型是测量操作风险和决定资本开支的一种宏观的方法。它包括多因素权益定价模型、收入与支出模型、操作模型、情境分析与压力测试模型以及风险指标模型等。
- 自下而上模型从微观层面分析银行的损失数据和损失事件的原因及过程，从而决定资本开支。它包括过程依赖模型（如因果网络与贝叶斯信念模型、连通模型、多因素因果模型、可靠性模型）、精算模型和专有模型等。
- 内部操作损失数据的稀缺性及可靠性是银行建立全面统计模型时的一个障碍。在对低频率高严重性事件建模的过程中，足够大的数据集是非常重要的。有如下 3 种方法可以扩充内部数据库：合并内外部数据、考虑几近错误、压力测试。
- 操作风险与市场风险和信用风险有着很大的本质区别。操作损失过程的特性包括数据到达过程的离散性、事件发生与损失检测/累积的时间延迟、正的损失数据、损失数据的高度离散性、损失数据分布右偏及重尾特征、不同业务类型及事件类型之间的独立性等。
- 虽然一些市场风险和信用风险模型，在市场回报或股票回报中应用高斯分布假设十分方便，但高斯分布对于操作风险建模而言用处不大，因为它并没有体现出损失数据的对称性和重尾性。

---

① 有关高级计量法的描述详见本书第 3 章。
② 这是 BIS（2001）建议的方法。
③ 有关 Copulas 和操作风险模型的应用将在本书第 13 章中进行检验。

第 **5** 章　频率分布

绝大多数操作损失的存在和发现多以天为基准。频繁的操作损失与经验欠缺的员工所犯的微小错误、产品质量问题、信用卡舞弊、因计算机问题导致的处理缓慢和耽搁等因素有关。但是有些损失的发生以 5 年、10 年甚至 50 年为基准。例如，由于自然灾害或者恐怖袭击造成的实物财产损失。尽管有些损失潜伏在相当长的时期内，但是也很可能在数月甚至数年的时间里都未被发觉。比方说，持续的未授权交易活动。在上述两种情形下，被观测到的损失就会在一定的时间范围内（范围从几个小时到几年或者十几年）以一种不规律的形式出现。鉴于此，将操作损失出现过程的细节合成为操作损失模型，并把每一种损失类型建模为一个过程，一个以事件的随机频率及其影响的随机货币量为特征的过程是适合的。

建立固定的操作风险模型的一个基本前提条件是系统化的数据记录规则，特别是银行应在记录每一损失事件发生时间的方法上保持前后一致。如今，似乎还不存在一种标准的损失事件的记录方法。本书第 4 章叙述了损失事件发生时间的 3 种可能的记录方法。

在这一章，我们回顾了可用于操作损失频率建模的分布。另外，本章的附录还简要地回顾了独立随机变量有用的性质，供读者直接参考。其中泊松计算过程及其变形是本章要重点讲述的模型。[①] 独立分布的拟合优度检验将在第 10 章讲述。

5.1　二项分布

二项分布是最简单的分布之一,它可用于固定时间间隔中的损失事件的频率建模。它建立在如下 4 个主要的假设条件之上:

1. 每次试验只能产生两种可能的结果,即成功和失败。

2. 等可能试验的总数 n 是确定的, $n > 0$。

3. 每次试验成功的概率为 p, p 为常量 $(1 \geqslant p \geqslant 0)$。

---

① 有用的统计与概率文献包括 Casella 和 Berger（2001）、Ross（2002）、Klugman、Panjer 和 Willmot（2004）、Bickel 和 Doksum（2001）和 Cizek、Hardle 和 Weron（2005）。参考随机变量的模拟包括 Ross（2001）、Ross（2002）和 Devroye（1986）。泊松和 Cox 过程的高级参考包括 Bening 和 Korolev（2002）、Grandell（1976）、Grandell（1991）、Grandell（1997）、Haight（1967）和 Kingman（1993）。

4. 所有的试验相互独立。

例如,在发生操作损失的情形下,试验成功即意味着操作损失在一天之内至少发生了一次。而试验的次数则可以是与损失事件有关的总天数,比如,250 个工作日(也就是1年)。也就是说,在这些工作日的每一天中至少有一个损失发生了或者没有发生,并且在任意一天里发生损失都是等可能的。在这个例子中,我们把至少一个操作损失发生的天数定义为随机变量。

那么二项随机变量 X 从可能的最大值 n 中取值 k 的概率为(例如,人们在一年中有 k 天观察到操作损失):

$$P(X = k) = \binom{n}{k} p^k (1-p)^{n-k}, \quad k = 0, 1, 2, \cdots, n$$

有关 X 的均值和方差计算如下:

$$mean(X) = np, \quad var(X) = np(1-p)$$

例如,如果风险管理者平均每 10 天中有 7 天能观察到一个特殊的损失(也就是说,$p = 0.7$),那么他一年中应期望看到的损失总天数为:

$$250 \times 0.7 = 175$$

其标准差为:

$$\sqrt{250 \times 0.7 \times 0.3} = 7.25$$

二项随机变量的柱状示意图,如图5—1所示。需要注意的是,简单地说,当 p 很小且 n 很大时,二项分布就近似于泊松分布,参数为 $\lambda = np$。此外,当 n 无穷大时,二项分布则近似于正态分布,参数为 $\mu = np$、$\sigma = \sqrt{np(1-p)}$。

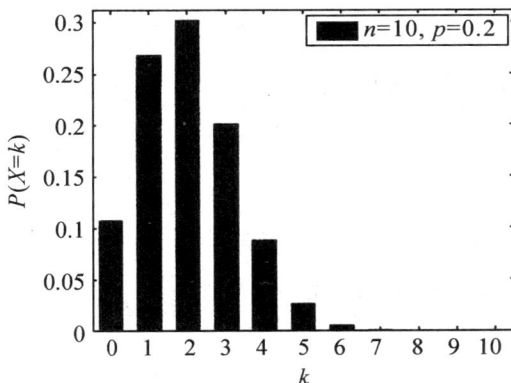

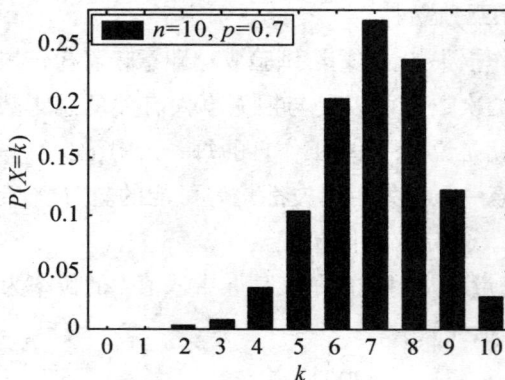

图 5—1 二项分布随机变量的柱状图

5.2 几何分布

假设一个事件以前从未发生过,那么该事件首次发生的概率适用于用几何分布来建模。几何分布假定事件与常数概率值 P 之间是相互独立的。在一个特定的时间范围内,如果事件成功发生的概率为 p, $0 \leq p \leq 1$,则事件第 k 次首次成功发生的概率为:[①]

$$P(X = k) = (1-p)^{k-1}p, \quad k = 1, 2, \cdots$$

上式意味着事件在 $k-1$ 次试验中都是失败的,到第 k 次试验才成功。服从几何分布随机变量的均值和方差分别为:

$$mean(X) = \frac{2}{p}, \quad var(X) = \frac{1-p}{p^2}$$

例如,如果风险管理者每10天中就有7天(也就是说,$P = 0.7$)观测到一个特别的损失,那么他应该期望在 $\frac{1}{0.7} = 1.42$ 天后看到一个损失事件,其方差为 $\frac{1-0.7}{0.7^2} = 0.61$ 天。

图 5—2 给出了几何随机变量的柱状图示例。

---

① 另一种参数化有时用如下分布律来表示:$P(X = k) = (1-p)^k \cdot p, \quad k = 0, 1, \cdots$ 则其均值和方差分别为 $mean(X) = \frac{1-p}{p}, var(X) = \frac{1-p}{p^2}$。

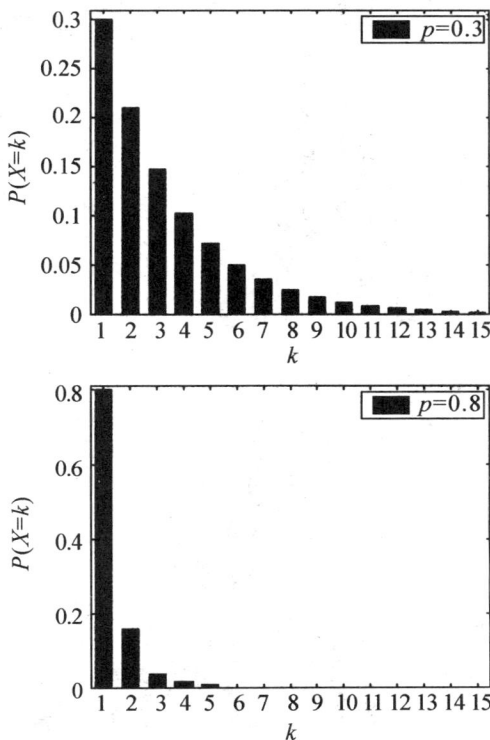

图 5—2　几何随机变量的柱状图

5.3　泊松分布

泊松分布和二项分布的主要区别在于泊松分布没有试验总数的假设,二项分布却有试验总数的假设。泊松分布常常被用于寻找一定数量的事件在确定的时间范围内发生的概率。如果在一个单位时间的范围内事件的平均数用 λ 来表示,那么在这个时间范围内将会有 k 个事件发生的概率能通过下列表达式来估算:

$$P(X = k) = \frac{e^{-\lambda}\lambda^{k}}{k!}, \quad k = 0,1,\cdots$$

泊松分布随机变量的均值和方差分别为:

$$mean(X) = \lambda, \quad var(X) = \lambda$$

泊松分布假设存在一个常数均值(也称为强度等级或强度因素),因此它也叫作齐次泊松过程。如果用泊松分布来拟合数据,就需要在先前具体的时间间隔内估计事件发生的平均数,即 λ 的取值。图 5—3 给出了泊松随机变量的柱状图示例。

需要注意的是,由于所考虑的时间范围长短不一,因此事件的平均数往往各不相同。为了重新度量更长期限内的泊松分布,只需用 λ 乘以时间期限即可。例如,假

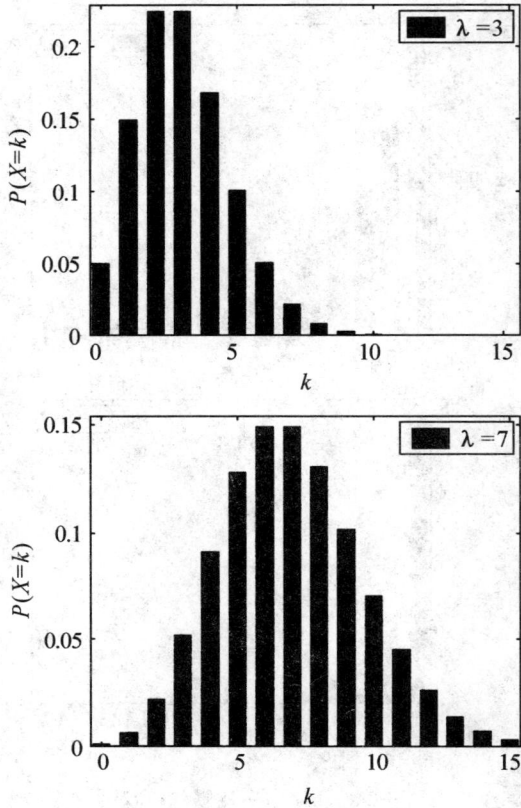

图5—3　泊松分布随机变量柱状图

设一天内操作损失事件的平均数是5,泊松分布过程相应的均值和方差也是5,那么我们期望在一周(5个工作日)期限内损失事件的数量等于 $5 \times 5 = 25$。

作为一种检验某个计算过程是否具有泊松分布特征的简易方法,人们可在坐标轴的水平轴上标出相等的时间间隔,坐标轴的垂直轴上标出每一时间间隔内损失事件的总数,则柱状图看起来应像以均值为中心、呈水平状的直线。如果柱状图陡然地增加、减少或者发生显著的摆动,这也许表明常数强度等级的假设是不成立的,那就应该去寻找可供选择的模型。另一种检验方法就是将事件数量的均值和方差进行比较,看它们是否完全相等。

泊松分布有一个便利的性质:如果 X 和 Y 是两个独立的泊松随机变量,它们的参数分别为 λ_X 和 λ_Y,那么变量 $X + Y$ 也服从泊松分布,其参数为 $\lambda_X + \lambda_Y$。例如,两个独立的业务部门或者银行所有的业务部门损失的频率分布,适用于泊松分布的上述性质。因为分析不会改变泊松分布的结构。

泊松分布另一个重要的性质与事件间相联系的间隔时间分布有关。两个连续事件的间隔时间长短服从参数为 λ 的指数分布,[①]λ 与定义在这个时间间隔内相应的泊松分布参数 λ 是一致的。泊松分布的均值与间隔时间的均值互为倒数。例如,如果在一个 10 天的时间间隔内我们预期能看到 7 件损失事件($P = 0.7$),那么我们期望两事件间间隔时间的均值为 $\frac{10}{7} = 1.4$ 天。

5.4　负二项分布

负二项分布是泊松分布的一种特殊归纳形式,在负二项分布中,强度等级 λ 不再是常数,而是服从伽玛分布。[②]负二项分布就是泊松 — 伽玛的混合分布,它放宽了常量均值的假设(因此也放宽了关于事件独立性的假设),并考虑了损失事件的数量在某个时期内有着更大的灵活性。

假设一个特定值 λ,X 服从参数为 λ 的泊松分布。随机变量 λ 服从参数为 n 和 β 的伽玛分布($n > 0,\beta > 0$),随机变量 X 的分布律为(用其他参数化是可行的):

$$P(X = k) = \binom{n + k - 1}{k} p^k (1 - p)^n, \quad k = 0,1,\cdots$$

其中,$p = \dfrac{\beta}{1 + \beta}$。

为了用负二项分布拟合数据,人们可以用伽玛分布来拟合表示强度等级的随机变量,并获得 n 和 β 的值。[③]那么事件的均值和方差分别为:

$$mean(X) = n\beta \qquad var(X) = n\beta(1 + \beta)$$

将上述数据与二项分布的矩进行比较就可以看出负二项分布的方差大于它的均值。图 5—4 给出了负二项分布随机变量的柱状图示例。

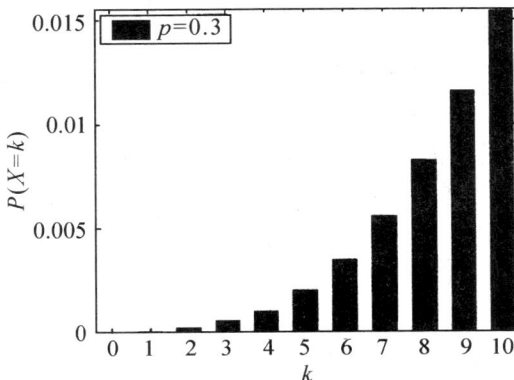

---

①　本书第 6 章回顾了指数分布的性质。
②　有关伽玛分布的讨论详见本书第 6 章。
③　参见第 6 章用最大似然估计法来估计伽玛分布的参数。

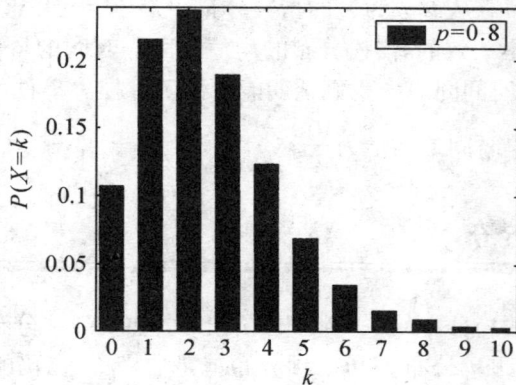

图 5—4　负二项分布随机变量柱状图

5.5　非齐次泊松过程(Cox 过程)

期望事件数量的均值在规定的时间间隔内发生变化貌似正确,然而事实上它总是随机地发生变化或随着时间的变化而变化。在本章后续的内容当中,我们会提供相关的实证证据来论证这种推测。如前所述,Cox 过程是对有常数强度等级的简单泊松过程的归纳。它假设在某个特定的时间间距内(也因此是特定的强度等级 λ 的取值),服从参数为 λ 的泊松分布的非齐次过程。

需要强调的是,使用像 Cox 过程这样复杂的模型的基本要求就是要有大量的数据集。下面我们来区分一下 Cox 过程中各种频率模型之间的差别。

5.5.1　混合分布

在混合分布中,强度等级 λ 服从某一特定分布,λ 只取正值(也就是说,在实数的正数部分,因为任意两个事件之间的时间间隔只取正值)。该模型通过参数取值的变化考虑了潜在的泊松随机变量的额外变化。先前讨论的负二项分布就是一个泊松——伽玛混合分布的例子,参数 λ 服从伽玛分布。确切地说,其他归纳方法也是可能的。混合分布的种类经常被归类到非齐次泊松过程的种类中去。

5.5.2　随机强度的非齐次泊松过程

不像混合分布,λ 服从它自身特定的分布,在非齐次泊松过程中,随机强度 λ 随时间不断变化,这种变化的形式可用数学函数 $\lambda(t)$ 来表示。例如,在损失事件数量的时间序列中,可用正弦函数来表示具有周期性的时间部分,用二次函数来表示不断向上的倾斜趋势等。另外,强度等级的噪音行为可用诸如布朗运动的一个随机游走过程来表示。

我们建议采用下面的算法,以方便人们为操作损失的频率分布确定一个最优的随机模型。我们将一年设定为时间单位。在本章后续的内容中,我们举了两个有关损失数据的例子来阐述这些算法的成功之处。

1. 算法 1

(1)将总时间框 $[0, t]$ 分成 m 个长度相等的时间单位,比如日、月、季;[①]并以年为期限来表示时间单位。

(2)计算每一时间单位内已发生的损失事件的数量。

(3)构建下图:

a. 水平轴代表时间,标出数 $1 : m$。

b. 纵轴代表事件发生的数量,标出损失事件发生的累积数量。

(4)结果图表示积分函数 $\Lambda(t) = \int_0^t \lambda(s)ds$ 的近似值。

(5)用均方误差法(MSE)或平均绝对误差(MAE)最小化法来选择最适合图形的函数。

2. 算法 2

(1)将损失事件发生的日期按升序排列。

(2)计算单位时间内间隔时间的天数(也可以用其他时间单位)并除以 365,以便以年为单位来表示时间单位。[②]

(3)假设有 n 个损失事件,构建下图:

a. 将代表时间框 $[0, t]$(t 为一年)的水平轴分成 $n-1$ 个小的时间单位,它表示损失事件总数 n 个的累计到达间隔时间。

b. 纵轴代表损失事件的数量,标出数 $1 : n$。

(4)结果图代表了累积强度函数 $\Lambda(t) = \int_0^t \lambda(s)ds$。

(5)用均方误差法或平均绝对误差最小化法来选择最适合图形的函数。

5.6 可供选择的方法:到达间隔时间分布

检验损失频率可供选择的方法是研究到达间隔时间的性质。这种方法似乎与齐次泊松过程或混合分布最相关。例如,我们已经指出到达间隔时间的齐次泊松过程服从指数分布。但是,如果指数分布的拟合度检验不成立,那么就应该寻找可供

---

① 注意频率分布将依据选择的时间间隔而变化。
② 在本例中,之所以选用 365 天,是因为我们对损失事件发生间隔的实际天数感兴趣。若对工作天数感兴趣的话,就应该选用 250 天。

选择的方法。①

用定义在正值范围内的连续分布对到达间隔时间分布建模是可行的。这部分内容将在下一章的连续分布中进行讨论。

5.7 基于操作损失数据的实证分析

现在我们来回顾一下有关频率分布的实证研究。事实上,这些研究均使用了简单泊松假设条件。根据 Chapelle、Grama、Hübner 和 Peters(2005),年总损失的简单泊松假设更接近于实际损失事件的频率分布。类似这样的假设已经在许多研究中被使用过。②更为复杂的模型也已用于实证分析。按实证研究中所使用数据的性质,可以将实证研究分成两组:一组是用真实数据来估计频率分布的参数;另一组则是用模拟数据进行估计。

5.7.1 基于真实数据的实证研究

下面,我们来回顾一些近期使用真实数据来估计频率分布的实证研究。

1. Cruz 基于欺诈损失数据的研究

Cruz(2002,第 5 章)检验了 3 338 件操作损失事件的频率分布,这些损失数据是从英国一家重要的零售商业银行(匿名)的欺诈数据库中获得的。上述数据收集于 1992—1996 年。③他用泊松分布和负二项分布来拟合这些数据,并且平均每天能观察到 3 件欺诈损失。表 5—1 中的第一组数据描述了已观察到的每日损失事件数量的频率分布以及泊松分布与负二项分布的参数估计。④图 5—5 显示了实际频率分布与拟合频率分布。如图 5—5 所示,尽管负二项分布更容易达到试验分布的顶峰,但是泊松模型似乎更善于拟合表示整个数据。因此,Cruz 得出结论,用两个模型中较为简单的泊松分布模型来拟合损失数据也许更加合理。

同样是上一组数据,Cruz 汇总了年损失事件数量,也分别检验了损失超过 10 万英镑的高风险事件的发生频率。还注意到了以年为基准的泊松参数的变化。表 5—1 中的第 2 组数据表示每年欺诈损失的数量和泊松强度等级。⑤

---

① 有关拟合检验的讨论详见本书第 10 章。
② 例如,查看 Ebnöther、Vanini、McNeil 和 Antolinez-Fehr(2001)、Cruz(2002)、Baud、Frachot 和 Roncalli(2002b)、Chernobai、Menn、Rachev 和 Trück(2005a)、Lewis 和 Lantsman(2005)以及 Rosenberg 和 Schuermann(2004)。
③ 月度总损失数据见 Cruz(2004)第 4 章第 69 页列表。
④ 参数值 $P = 0.4038$ 是基于 β 值 $= 0.67737$ 得出的。
⑤ 需要注意的是,每年损失事件的数量日趋增加。这表明齐次泊松过程可能不是用以分析数据的最好的模型:频率会随着时间而日趋增加。然而,对短时间范围内的数据,我们得不出上述结论。

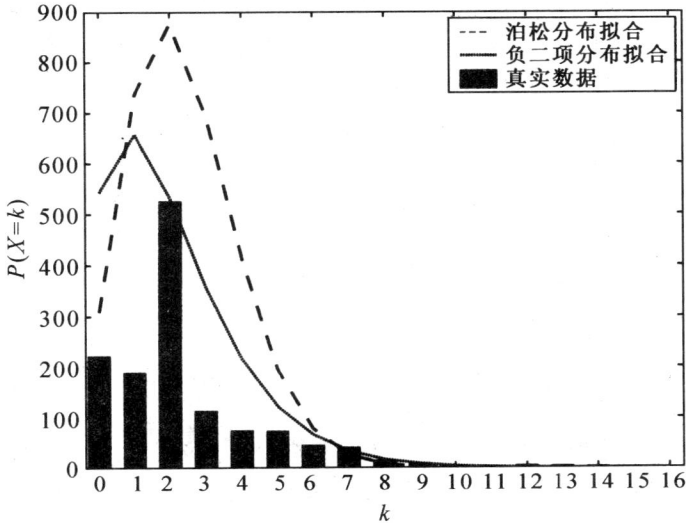

图 5—5　Cruz 研究中用泊松分布和负二项分布拟合欺诈损失数据的频率

资料来源：Cruz　（2002，p. 95），部分有修改。

表 5—1　　　　　　　　**Cruz 研究中欺诈损失数据的频率分布**

1. 日频率																
损失次数	0	1	2	3	4	5	6	7	8	9	10	11	12	13	14	15 16 +
频率	221	188	525	112	73	72	44	40	14	7	2	2	4	3	2	1 0

参数估计

泊松分布	$\lambda = 2.379$
负二项分布	$n = 3.51, p = 0.4038$

2. 年频率

						参数估计
	年份					
	1992	1993	1994	1995	1996	
欺诈总次数	586	454	485	658	798	$\lambda = 596.2$
欺诈额 > 100 000 英镑的次数	21	17	17	19	21	$\lambda = 19$

资料来源：Cruz(2002，p. 82 和 p. 94)，部分有修改。

2. Moscadelli 基于 2002 年 LDCE 操作损失数据的研究

Moscadelli(2004)检查了巴塞尔委员会风险管理部（RMG）于 2002 年 6 月发

布的文件 LDCE 上所收集的数据。[1]来自全球 19 个国家的 89 家成员银行提供了其各自 2001 年度的银行内部损失数据。这些数据按业务部门被分为 8 大类,并将所有银行的同类数据收集在一起:

　　部门 1:公司金融。

　　部门 2:贸易与销售。

　　部门 3:零售银行。

　　部门 4:商业银行。

　　部门 5:支付结算。

　　部门 6:代理服务。

　　部门 7:资产管理。

　　部门 8:零售经纪。

　　Moscadelli 用泊松分布和负二项分布来拟合各业务部门年损失事件的数量,并于 2004 年得出结论:负二项分布对数据的拟合性比泊松分布要好。并且仅报告了负二项分布的参数估计值以及结论性的期望频率值。具体结果见表 5—2。

表 5—2　　Moscadelli 研究中拟合 LDCE 操作损失频率数据的频率分布参数

	负二项分布的参数(n、p) 以及均值(μ)							
	部门 1	部门 2	部门 3	部门 4	部门 5	部门 6	部门 7	部门 8
n	0.59	0.45	N/A	0.52	0.61	0.47	0.60	0.34
p	0.04	0.01	N/A	0.01	0.02	0.01	0.03	0.00
μ	12.67	74.45	347.45	43.90	32.00	35.03	20.02	75.55

资料来源:Moscadelli(2004,p.65)。

　　3. De Fontnouvelle、Rosengren 和 Jordan 基于 2002 年 LDCE 操作损失数据的研究

　　De Fontnouvelle、Rosengren 和 Jordan 于 2005 年检查了 Moscadelli 2004 年分析过的同样一组数据。他们分析的数据局限于 6 家银行,并一家接一家地进行分析,而不是像 Moscadelli 那样收集所有银行同类业务的数据。

　　他们用泊松分布和负二项分布模型来考虑年损失事件的数量。出于机密,他们并没有公开其参数估计。相反,他们使用了横截面回归模型。单独一家银行 i 的损失数量为 n_i,在泊松分布函数中回归成 X_i,其均值用 bX_i 来表示;在负二项分布中也回归成 X_i,其均值为 b_1X_i,方差为 b_2。X_i 代表了单独一家银行的资产规模(数十亿美元),b、b_1 和 b_2 为系数,它们的估计值分别为 $b=8.2$,$b_1=7.4$,$b_2=0.43$。

　　他们得出结论:以泊松分布为基准,平均每 10 亿美元资产与每年 8.2 件损

---

① 　见本书第 3 章对新巴塞尔资本协议的回顾。又见 BIS(2003) 中就 QIS2 研究所使用数据的描述。

失事件相关。这个结论与他们早期的研究是一致的，详见 de Fontnouvelle、Dejesus-Rueff、Jordan 和 Rosengren（2003）。他们还报道了一家在国际上比较活跃、规模很大、有代表性的商业银行平均每年遭受 50～80 次价值超过 100 万美元的损失。中小银行几乎不会遭受这样的损失，而业务偏重于风险领域的大银行所遭受的损失往往会大一些。他们还在研究中提出对于每年遭受 30～100 次价值超过 100 万美元的损失来说，其泊松分布的参数 λ 应有一个较广的取值范围。[1] Rosenberg 和 Schuermann（2004）采用了上述结果，他们用 50 和 80 的平均值 65 并得到 $\lambda = \frac{65}{365}$ 为日损失发生的泊松强度。

4. Lewis 和 Lantsman 基于未授权交易数据的研究

Lewis 和 Lantsman（2005）检测了金融服务公司 1980—2001 年间由于未授权交易导致的全行业损失。事实上，这些数据是 OpVantage 从 OpVar 操作风险数据库中购买到的。为了只检验"重大"的未授权交易损失，他们排除了损失低于 10 万美元的中小型公司和损失低于 100 万美元的大型公司，[2] 剩下的数据由 91 起损失事件所组成。然而由于缺少数据，分析不允许使用复杂的频率模型，因此采用了齐次泊松模型，其年平均频率被估计为 λ = 2.4。

5. Chernobai、Burnecki、Rachev、Trück 和 Weron 基于美国自然灾害保险理赔数据的研究

Chernobai、Burnecki、Rachev、Trück 和 Weron（2006）检测了 1990—1999 年 10 年间美国自然灾害保险损失数据。数据来源于美国保险服务公司财产理赔部门，它们能代表由自然灾害所导致的外在操作损失数据。

由季度损失数量的时间序列，我们看不出任何发生损失的趋势（如图 5—6（a）所示），但是用周期图则可以很好地观测到年度季节性损失量（如图 5—6（b）所示），在周期图频率为 0.25 处，即 $\frac{1}{0.25} = 4$ 个季度（即一年），有一个明显的顶峰。[3] 这意味着用随时间变化的正弦等级函数校准齐次泊松过程可提供一个较好的模型。最小平方估计则被用于校准季度总损失的强度等级函数。表 5—3 列示了非齐次泊松过程的强度等级函数，并将齐次泊松过程的均值平方误差和均值绝对误差估计值与拟合的齐次泊松过程所获得的均值平方误差和均值绝对误差值进行比较。[4] 结果表明，在常数强度等级下较大的误差损失数据的拟合性较差。

6. Chernobai、Menn、Rachev 和 Trück 基于 1980—2002 年公开的操作损失数据的研究

①　见 De Fontnouvelle、DeJesus-Rueff、Jordan 和 Rosengren（2003）。另外，他们还提到泊松分布的假设也许不是最合适的，因为大额损失的发生可能随时间而变化。
②　原始损失数额被转换成美元计价，并以 2001 年为基准年调整了通货膨胀。
③　见 Burnecki 和 Weron（2005）中有关数据集的描述与分析。
④　用指数分布拟合一年中到达间隔时间来估计泊松分布的参数。也可以采用另一种方法，即 λ 能通过每季度上的点数乘以 4 并平均，求得 λ = 31.7143，并得到结果 MSE = 38.2479，MAE = 5.3878。

Chernobai、Menn、Rachev 和 Trück（2005b）检测了 1980—2002 年间操作损失的数据。这些数据是从欧洲一家重要的数据提供商处获取的，且其被分成如下 5 种损失类型：

① "关系"：这类损失事件与法律诉讼、玩忽职守以及与销售有关的舞弊事件等有关。

② "人"：这类损失事件与员工失误、身体受损、内部舞弊等有关。

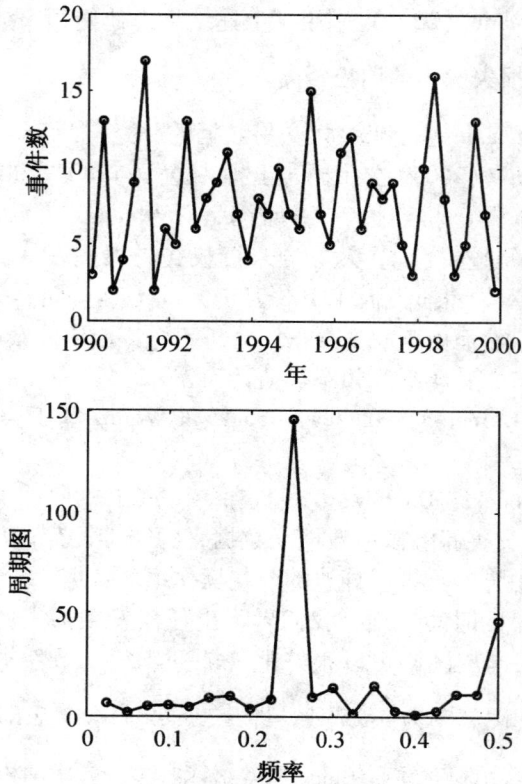

图 5—6 Chernobai、Burnecki、Rachev、Trück 和 Weron 的研究中保险索赔季度数据的时间序列图（顶部）和周期图（底部）

资料来源：经 Springer Science and Business Media 授权后再版。

表 5—3 Chernobai、Burnecki、Rachev、Trück 和 Weron 的研究中用齐次泊松过程和非齐次泊松过程拟合自然灾害保险索赔数据

NHPP	$\lambda(t) = a + b \cdot 2\pi \cdot \sin 2\pi(t-c)$	MSE = 18.9100	MAE = 3.8385
Poisson	$\lambda = 33.0509$	MSE = 115.5730	MAE = 10.1308

资料来源：Chernobai、Burnecki、Rachev、Trück 和 Weron（2006）。

③ "过程"：这类损失事件与业务失误、监管、安全和交易等有关。

④ "技术"：这类损失事件与技术、计算机问题和通讯等有关。

⑤ "外部原因"：这类损失事件与自然或人为灾害及外部欺诈等有关。

　　他们根据本章先前叙述的算法 1，以年为基准汇总了损失事件。直观图表明了年总的损失事件与连续累计类似过程一样，[①] 所以他们用两个有确定强度函数的非齐次泊松过程模型来拟合上述 5 组数中的每一组：

　　模型Ⅰ：对数正态连续累计类似过程的形式

$$\Lambda\ (t)\ = a + b\exp\left\{ -\frac{(\log t - d)^2}{2c^2} \right\} (2\pi)^{-\frac{1}{2}} c^{-1}$$

　　模型Ⅱ：对数-Weibull 连续累积类似过程的形式

$$\Lambda\ (t)\ = a - b\exp\ \{ -c\log_t^d \}$$

　　表 5—4 表示外部原因类损失的参数估计和误差估计，并将拟合连续累计类似过程与齐次泊松过程进行比较。

　　图 5—7 表示拟合损失事件年实际频率和模型Ⅰ与模型Ⅱ的外部原因类损失数据的非齐次过程。很明显，非齐次过程拟合性最好。

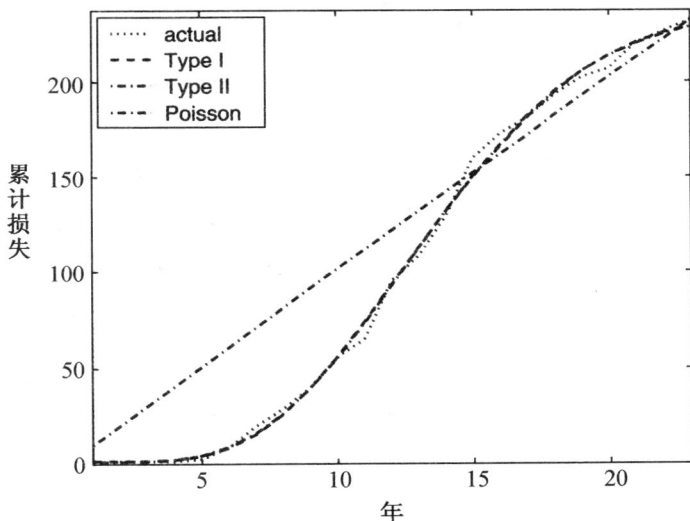

图 5—7　Chernobai、Burnecki、Rachev 和 Trück 的研究中对外部类型损失数据的
经验年度频率和拟合泊松过程，以及非齐次泊松过程

表 5—4　　　　Chernobai、Menn、Rachev 和 Trück 的研究中用齐次和
非齐次泊松过程拟合外部操作损失数据

过程	参数估计				MSE	MAE
类型Ⅰ	a	b	c	d		
	2.02	305.91	0.53	3.21	16.02	2.708
类型Ⅱ	a	b	c	d		
	237.88	236.30	0.00026	8.27	14.56	2.713
泊松过程				λ		
				10.13	947.32	24.67

资料来源：Chernobai、Menn、Rachev 和 Trück（2005b）。

[①]　上述模型对这些特殊的数据和时间范围来说似乎可行。

7. Chernobai 和 Rachev 基于 1950—2002 年公开操作损失数据的研究

Chernobai 和 Rachev（2004）检测了 Chernobai、Menn、Rachev 和 Trück（2005b）所使用的数据。只是时间范围是 1950—2002 年。他们考虑了齐次强度过程，并研究了到达间隔时间分布。表 5—5 列示了拟合连续分布的 KS 和 KD 检验统计值。[1] 用柯西分布和对称稳定分布拟合了关于零对称的数据。从表 5—5，可以清楚地看到 α-稳定分布和对称 α-稳定分布是到达间隔时间分布的合理模型，因为二者的 KS 和 KD 统计值最低。

表 5—5　Chernobai 和 Rachev 的研究中用到达间隔时间分布来拟合操作损失频率数据

分布		关系	人	过程	技术	外部原因
指数分布	KS	0.3447	0.2726	0.2914	0.2821	0.3409
	AD	1.6763	13.592	2.3713	3.4130	2.0864
对数正态分布	KS	0.3090	0.2550	0.2575	0.2821	0.3409
	AD	1.1354	0.9823	1.2383	2.8887	1.5302
Pareto 分布	KS	0.3090	0.2222	0.2649	0.2821	0.3409
	AD	1.1127	0.4614	1.3883	2.3497	1.9164
α-稳定分布	KS	0.1020	0.0944	0.1090	0.1153	0.1013
	AD	0.2256	0.2149	0.2740	0.3318	0.2302
柯西分布	KS	0.2643	0.2630	0.3252	0.3924	0.3157
	AD	1.8138	1.4750	2.5744	4.7790	2.5338
对称 α-稳定分布	KS	0.1234	0.1068	0.0899	0.0931	0.1084
	AD	0.2469	0.2144	0.1798	0.1882	0.2169

资料来源：Chernobai 和 Rachev（2004，p. 162），部分有修改。

5.7.2　基于模拟数据的实证研究

我们现在来回顾用模拟数据而非真实数据所作的实证研究。

1. Laycock 基于行为不当损失和处理过失的数据的研究

Laycock（1998）用假想的数据分析了金融交易中由于现金或证券交易来不及结算所造成的行为不当损失和处理过失。他拟合了具有合理拟合性的泊松分布。然而，对拟合频率分布和实际频率分布的进一步检测表明，各损失事件的发生之间有一定的相关性，许多损失事件实际发生的"坏"的天数比泊松分布中所模拟的要多；同样，没有损失事件发生的"好"的天数也比泊松分布模拟的要多。

---

[1]　有关 α-稳定分布的讨论详见本书第 7 章。

2. Cruz 基于内部舞弊数据的研究

Cruz（2002，第5章）模拟了一个假想的商业银行的内部舞弊数据。以天为单位，平均每天发生4.88个损失事件，得出泊松分布参数 $\lambda = 4.88$。表5—6列示了每天实际的损失量和拟合泊松分布损失量。[1] 履行数据研究的卡方检验表明模型具有良好的拟合性，正如表中低的卡方分布值和高的概率值所显示的那样。

Lewis（2004，第8章）和 King（2001，第7章）做了类似的模拟研究。例如，King（2001）为一家名叫 Genoa 的假想银行使用了模拟数据。[2] 结果在一年的时间里共发生了25起损失事件，平均每月损失数量为2，得出相应的泊松参数 $\lambda = 2$。

表5—6 **泊松分布拟合内部舞弊损失频率数据**

损失数	0	1	2	3	4	5	6	7	8	9	10	11	12	13 –
真实数	2	3	3	5	7	2	1	1	2	3	2	1	1	0
泊松数	0.25	1.23	2.99	4.86	5.93	5.78	4.70	3.28	2.00	1.08	0.53	0.23	0.10	0.04

卡方检验

$X^2 = 0.000112521$	P 值 $= 1$

资料来源：Cruz（2004，p.93），部分有修改。

5.8 重要概念总结

- 操作损失事件的出现是随机的，事件发生的时间也是无规律可循的。因此为了弄清楚下列损失事件出现的过程，关键是要检验损失事件的频率分布。
- 常用的频率分布包括二项分布、几何分布、泊松分布和负二项分布。在这些分布中，泊松分布是最常用的，它假设分布强度等级为常数。
- 许多复杂模型允许随机强度等级或依时间变化的强度等级。这些模型构成了 Cox 过程的基础（或非齐次泊松分布）。
- Cox 过程可有一个分布（混合分布），也可用一个确定性的函数或者随机分布函数来建模其分布。
- 可供选择的方法就是检验连续事件之间的间隔分布，可用的常用分布将在下一章进行讨论。
- 用操作损失数据所做的实证研究主要强调使用简单泊松过程或负二项分布。然而，一些研究已经成功使用复杂的模型来拟合损失数据。

---

[1] 泊松分布是通过乘以泊松频率33，也就是总的观察数后得到的。
[2] 一年的数据样本详见 King（1997）第7章第133页。

5.9 附录：离散型随机变量的基本描述方法

假设我们观察独立同分布的随机变量 X 的 n 个样本取值，则这些取值就构成了一个随机样本。基于样本 $x = \{x_1, x_2, \cdots, x_n\}$，我们能够推断出其总体 X 的分布。离散型随机变量 X 取 0、1、2 等离散值。

1. 样本

■ 用"柱状图"来构造数据样本的分布是很有用的。对于离散型分布来说，通过构建一个柱状图就可以获得对应于每一个 X 值的观测数。相对的柱状图标出了数据的比例而不是数据的取值。

样本的中心可用均值、中位数和众数来衡量。

■ "样本均值"的公式为样本值的平均数：

$$\bar{x} = \frac{\sum_{j=1}^{n} x_j}{n}$$

■ "样本中位数"表示一组有序样本数据的取值，以便半数以下的数低于样本中位数且半数以上的数高于样本中位数：若样本容量 n 为奇数，则中位数就是有序数据的中间数；如果 n 为偶数，则中位数就是有序数据当中居中两个数的平均数。

■ "样本的众数"表示数据中取值最频繁的数，也就是说，是与柱状图的顶点相一致的 x 的取值。需要注意的是，在顶点处不止一个众数。

衡量离散型数据分布的方法有很多种，具体包括极差、四分间距极差、方差、标准差以及平均绝对离差。在这些方法中，方差和标准差是最常用的。

■ "样本方差"的公式为：

$$S^2 = \frac{\sum_{j=1}^{n} (x_j - \bar{x})^2}{n-1}$$

■ "样本标准差"（用 s 表示）为样本方差的平方根：

$$S = \sqrt{\frac{\sum_{j=1}^{n} (x_j - \bar{x})^2}{n-1}}$$

2. 总体

■ 离散型随机变量 X 的"分布律"被表示为：$p(x) = P(X = x)$。"累计分布"$F(x)$ 与分布律相关，其表达式为：

$$F(x) = \sum_{k=0}^{x} p(R)$$

■ 分布的右"尾"用 $\bar{F}$ 来表示，其表达式为：

$$\bar{F}(x) = 1 - F(x)$$

从图上看，累计分布函数看起来像一个梯形图。图 5—8 表示了离散型随机变量累计分布以及右尾的含义。

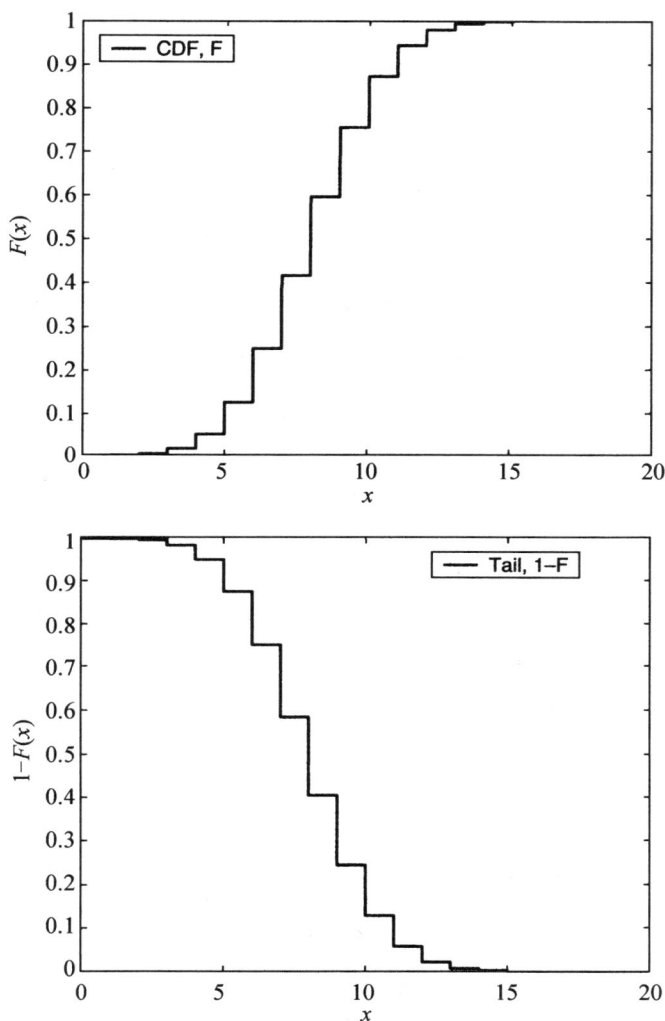

图5—8 经验累计分布以及右尾的图示

■ "分位数" 表示随机变量 X 的一个取值 a,则百分数 p 的取值在 X 以下,即 $F(a) = p$。例如,分位数为 95% 表示 95% 的取值在 X 以下,均值的分位数为 50% ,1/4 的分位数为 25% ,3/4 的分位数为 75% 。

总体中心有 3 种常用的度量方法,分别为均值、中位数以及众数。在实际中,最常用的是均值。

■ 随机变量 X 的"总体均值"(常用 μ 来表示)用 X 的数学期望来度量:

$$\text{mean}(X) = \mathbb{E}(X) = \sum_{k=0}^{\infty} kp(k)$$

■ 随机变量 X 的"总体均值"是分位数 50% 。

■ "总体的众数"是 X 最频繁的取值。

总体分布最常用的衡量方法是方差和标准差。

■ "总体方差"（常用 σ^2 表示）被表示为：

$$\mathrm{var}(X) = \mathbb{E}\left[(X - \mathrm{mean}(X))^2\right] = \sum_{k=0}^{\infty} (k - \mathrm{mean}(X))^2 p(k)$$

■ "总体标准差"（常用 σ 表示）是总体方差的平方根：

$$\mathrm{stdev}(X) = \sqrt{\mathbb{E}\left[(X - \mathrm{mean}(X))^2\right]} = \sqrt{\sum_{k=0}^{\infty} (k - \mathrm{mean}(X))^2 p(k)}$$

第 6 章 损失分布

　　用一个具体的模型来表示一系列不确定的操作损失是一件困难的事情，因为数据记录可能有误、不完整（例如，被截断或检查过的数据）或者仅仅是因为数据不足。模拟操作损失的方法主要有如下两种：

　　1. "非参数法"。这种方法可以直接使用数据的经验密度或者它的平滑曲线形状。[1] "非参数法"与下列两种情形有关：第 1 种情形，可用的数据不服从任何常用的分布；[2] 第 2 种情形，手头可用的数据组非常复杂。[3]

　　2. "参数法"。如果我们能用满足某些特性且具有简单解析式的曲线来拟合操作损失，那么任务就被简化了。"参数法"总的目的即在于找到某个损失分布，使其能够非常近似地表示样本数据的损失量。

　　图 6—1 是用拟合的连续曲线来表示操作损失数据的常见图表。如图所示，几乎绝大多数损失都接近于零，正如图中零周围的高峰一样。一部分不太重要的数据则占据了图表长长的右尾。很明显，如果我们选择参数法，如果合适的曲线代表已经选择好的参数分布的密度，那么能够用作操作损失建模的分布是那些右偏的、可能有尖峰的并且取正值的分布。

　　图 6—2 概括了对操作损失严重性建模的"可能"方法。本章主要讲述非参数法以及参数法中的常用损失分布和混合分布。本章先回顾操作损失建模的非参数法，接下来是参数法并回顾了一些与操作损失建模有关的常用连续分布。就每一种分布而言，我们关注模型的密度、分布、尾部行为、均值、方差、众数、偏度、峰度等主要特征，这些特征在使用操作损失建模数据时非常重要。另外，我们还讨论了怎样模拟这些分布。熟悉这些分布及其性质的读者可以继续回顾一下近来一些用真实操作损失数据所做的实证研究。

　　在后续章节中，我们还提到了其他非标准法：厚尾的种类、α-稳定分布（第 7 章）、极值理论（第 8 章）、截尾分布（第 9 章）。在这里，我们先假设读者熟悉基本的概率和统计概念。另外，本章的附录部分还补充了对有关专业术语的简要回顾。[4]

---

　　① 一个例子是采用立方线性近似法来做该曲线，详见 Rosenberg 和 Schuermann（2004）。有关这种方法有用的参考包括 Silverman（1986）和 Scott（1992）。
　　② 见 Rosenberg 和 Schuermann（2004）。
　　③ 见 Cizek、Härdle 和 Weron（2005）。
　　④ 有用的统计与概率文献包括 Casella 和 Berger（2001）、Ross（2002）、Klugman、Panjer 和 Willmot（2004）、Cizek、Härdle 和 Weron（2005）。有关随机变量模拟的参考包括 Ross（2001）、Ross（2002）和 Devroye（1986）。

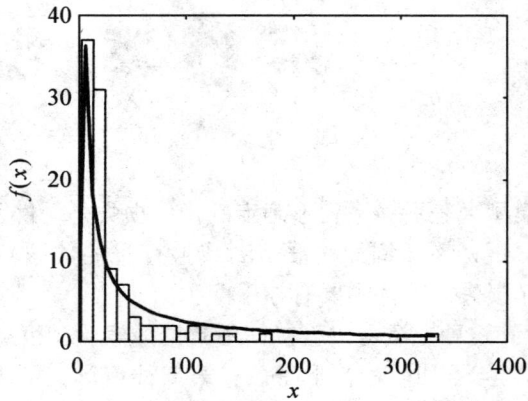

图6—1 损失数据柱状图和拟合连续概率密度的示例

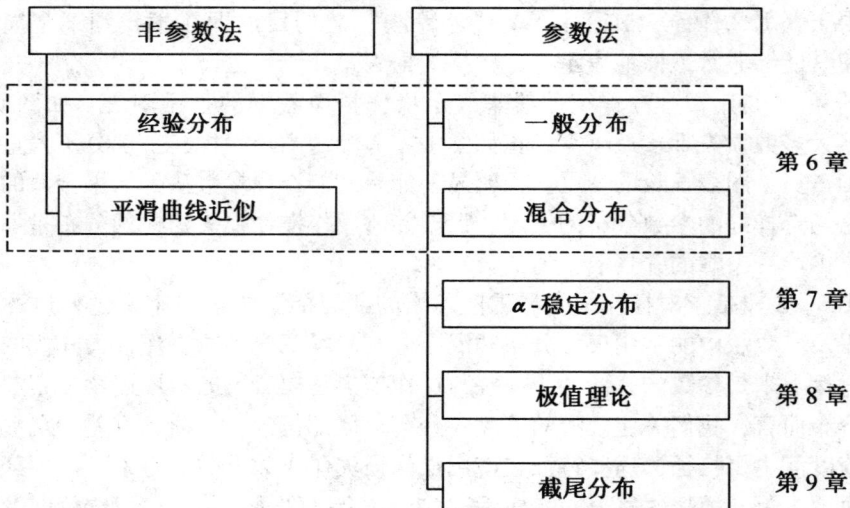

图6—2 损失严重程度建模方法

6.1 非参数法：经验分布函数

用经验分布函数进行操作损失建模是一种非参数法，因为它不涉及损失分布的参数估计。从这个意义上说，它是最简单的方法。事实上，经验分布函数有如下两个有关未来损失数据的假设条件：

1. 历史损失数据是很全面的。

2. 所有过去的损失都有可能在未来重新出现，过去未发生的损失（例如，不属于现存数据库的潜在极端事件）则不可能发生。

如果我们想找到随机变量 X 的经验分布函数，则可以由下式得到：

$$P\ (X \leqslant x)\ = \frac{损失数量 \leqslant x}{总的损失数量}$$

经验分布函数看起来像一个阶梯函数，每一处观测值对应一个不断上升的阶梯，如图6—3所示。密度函数[①]只是在每一处观测数据值带柱状的相对频率图，每条柱的高度表示这种等级的损失在总损失中所占的比重。

值得我们注意的是，经验分布函数常被用于拟合优度检验，人们还可以将其与拟合损失分布作比较。如果拟合的损失分布函数非常接近经验分布函数，就表示其为一个好的拟合度；如果它不完全服从经验分布函数，那么这种损失分布就不是最优的。

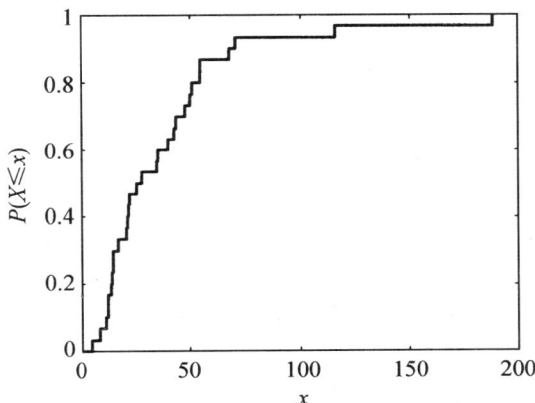

图6—3 经验分布函数的图示

6.2 参数法：连续损失分布

在这一节，我们回顾了几个常用的损失分布。确切地讲，通过转换原始数据，并用一个分布来拟合这些转换来的数据，就可以建立各种各样的损失分布。常用的数据转换法就是对数据取自然对数。然而值得注意的是，如果原始数据是严格向右倾斜的，那么对数数据的分布呈"铃形"且几乎是对称的。例如，用正态分布来拟合对数数据等同于用对数正态分布拟合原始数据。

6.2.1 指数分布

随机变量 X 的指数分布由它的密度函数 f 以及分布函数 F 来表示：
$$f\ (x)\ = \lambda e^{-\lambda x}, \quad F\ (x)\ = 1 - e^{-\lambda x}, \quad x > 0$$

指数分布的特征是只有一个参数 λ （$\lambda > 0$），λ 代表尺度参数。

指数分布的概率密度函数的具体形状如图6—4所示。λ 的"最大似然估计

---

① 准确地说，对离散型随机变量而言，它被叫做分布律。

（MLE）"为：

$$\hat{\lambda} = \frac{1}{n} \sum_{j=1}^{n} x_j$$

原点矩为：

$$\mathbb{E}(X^k) = \frac{k!}{\lambda^k}$$

且其均值和方差分别为：

$$\text{mean}(X) = \frac{1}{\lambda}, \quad \text{var}(X) = \frac{1}{\lambda^2}$$

指数分布的众数位于零处，偏度和峰度系数分别为 $\gamma_1 = 2$，$\gamma_2 = 6$。

指数分布的反函数有一个简单的形式 $F^{-1}(p) = -\frac{1}{\lambda}\log(1-p)$，$p \in (0, 1)$，因此指数随机变量能用转换方法 $X = -\frac{1}{\lambda}\log U$ 来模拟，这里 U 是均匀地分布于 $(0，1)$ 之间。另一种常用的模拟方法是范德蒙算法。

指数密度朝右单调减少，右尾 $\overline{F}(x) = e^{-\lambda x}$ 其值不断减少，这也就意味着高风险事件发生的概率接近于零。正因为这个理由，指数分布不太可能被大量地用于操作损失建模，因为其主要关注的是高频的操作损失（除非考虑一些概括的指数分布或混合模型）。[①]

值得注意的是，确定指数分布参数的其他方法也是可行的，其指数的密度函数为 $f(x) = \frac{1}{\lambda}e^{-\frac{1}{\lambda}x}$。

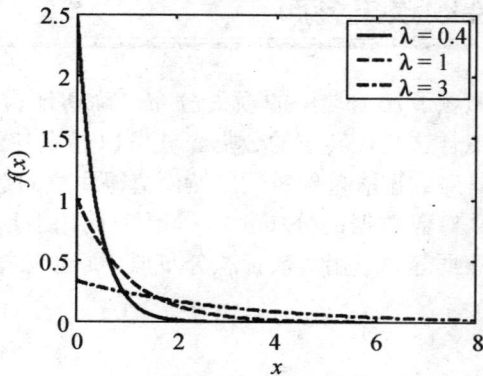

图6—4 指数分布概率密度的图示

---

① 见图6—12 及其后面的例子。

6.2.2 对数正态分布

若随机变量 X 服从对数正态分布，则它有如下的密度函数和分布函数：[1]

$$f(x) = \frac{1}{\sqrt{2\pi}\sigma x} e^{-\frac{(\log x - \mu)^2}{2\sigma^2}}, \quad F(x) = \Phi\left(\frac{\log x - \mu}{\sigma}\right), \quad x > 0$$

在这里，$\Phi(x)$ 服从标准正态分布 $N(0, 1)$，且是随机变量，通过查阅标准正态分位数表可以得到 $\Phi(x)$ 的值。

有关对数正态密度的示例如图6—5所示，参数 $\mu(-\infty < \mu < +\infty)$ 和 $\sigma(\sigma > 0)$ 分别为定位参数和尺度参数，它们可以通过最大似然估计得到：

$$\hat{\mu} = \frac{1}{n}\sum_{j=1}^{n}\log x_j \qquad \hat{\sigma}^2 = \frac{1}{n}\sum_{j=1}^{n}(\log x_j - \hat{\mu})^2$$

原点矩为：

$$\mathbb{E}(X^k) = e^{\mu k + \frac{\sigma^2 k^2}{2}}$$

总体均值和方差为：

$$\text{mean}(X) = e^{\mu + \frac{\sigma^2}{2}}, \quad \text{var}(X) = (e^{\sigma^2} - 1)e^{2\mu + \sigma^2}$$

众数位于 $e^{\mu - \sigma^2}$ 处，偏度和峰度系数分别为：

$$\gamma_1 = \sqrt{e^{\sigma^2} - 1}(2 + e^{\sigma^2}), \quad \gamma_2 = e^{4\sigma^2} + 2e^{3\sigma^2} + 3e^{2\sigma^2} - 6$$

分布函数的反函数为 $F^{-1}(p) = e^{\Phi^{-1}(p)\sigma + \mu}$，因此对数正态分布的随机变量能用 $X = e^{\Phi^{-1}(U)\sigma + \mu}$ 来模拟，这里 Φ 为标准正态分布。需要注意的是，对数正态随机变量能从正态变量 Y 以及参数 μ 和 σ（经常写作 $N(\mu, \sigma)$）通过转换 $X = e^Y$ 来获得。因此，如果 X 服从对数正态分布，那么 $\log x$ 也服从正态分布，且参数相同。

对数正态分布有轻微的厚尾特征，右尾 $\overline{F}(x) \sim x^{-1}e^{-\log^2 x}$。为了用对数正态分布来拟合数据，人们可先对数据组取自然对数，然后再用正态分布来拟合对数数据组。需要注意的是，最大似然估计会产生相同的参数估计，但矩估计将会产生不同的参数估计。

6.2.3 Weibull 分布

Weibull 分布是指数分布的概括，它有两个参数，而指数分布只有一个参数，因此 Weibull 分布具有更大的灵活性和厚尾，其密度和分布函数分别为：[2]

$$f(x) = \alpha\beta x^{\alpha-1}e^{-\beta x^\alpha}, \quad F(x) = 1 - e^{-\beta x^\alpha}, \quad x > 0$$

其中，$\beta(\beta > 0)$ 为尺度参数，$\alpha(\alpha > 0)$ 为形态参数。

概率密度函数的图示如图6—6所示，参数的最大似然估计不存在确定的形式，且应该从数量上进行估计。原点矩为：

---

① 对数分布也叫科布道格拉斯分布，它是巴塞尔委员会于2001年就操作风险建模所提出的。

② $\Gamma(a)$ 是一个完整的伽玛函数，且 $\Gamma(a) = \int_0^{+\infty} t^{a-1}e^{-t}dt$。当 a 表示整数时，$\Gamma(a) = (a - 1)!$。

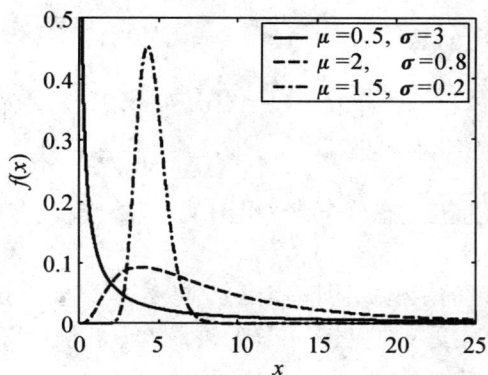

图 6—5 对数正态分布概率密度的图示

$$\mathbb{E}(x^k) = \beta^{-k/\alpha}\Gamma\left(1 + \frac{k}{\alpha}\right)$$

则总体均值和方差为：

$$\text{mean}(X) = \beta^{-\frac{1}{\alpha}}\Gamma\left(1 + \frac{1}{\alpha}\right), \quad \text{var}(X) = \beta^{-\frac{2}{\alpha}}\left[\Gamma\left(1 + \frac{2}{\alpha}\right) - \Gamma^2\left(1 + \frac{1}{\alpha}\right)\right]$$

众数位于 $\beta^{-1}\left(1 - \frac{1}{\alpha}\right)^{\frac{1}{\alpha}}$，$\alpha > 0$ 且 $\alpha \neq 0$。偏度和峰度系数公式分别为：

$$\gamma_1 = \frac{2\Gamma^3\left(1 + \frac{1}{\alpha}\right) - 3\Gamma\left(1 + \frac{1}{\alpha}\right)\Gamma\left(1 + \frac{2}{\alpha}\right) + \Gamma\left(1 + \frac{3}{\alpha}\right)}{\left[\Gamma\left(1 + \frac{2}{\alpha}\right) - \Gamma^2\left(1 + \frac{1}{\alpha}\right)\right]^{3/2}}$$

$$\gamma_2 = \frac{-6\left[\begin{array}{l}\Gamma^4\left(1 + \frac{1}{\alpha}\right) + 12\Gamma^2\left(1 + \frac{1}{\alpha}\right)\Gamma\left(1 + \frac{2}{\alpha}\right) - 3\Gamma^2\left(1 + \frac{2}{\alpha}\right) \\ -4\Gamma\left(1 + \frac{1}{\alpha}\right)\Gamma\left(1 + \frac{3}{\alpha}\right) + \Gamma\left(1 + \frac{4}{\alpha}\right)\end{array}\right]}{\left[\Gamma\left(1 + \frac{2}{\alpha}\right) - \Gamma^2\left(1 + \frac{1}{\alpha}\right)\right]^2}$$

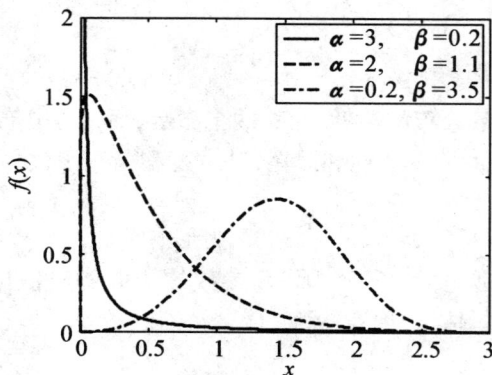

图 6—6 Weibull 分布概率密度的图示

Weibull 随机变量的反函数不存在确定的形式,要构造 Weibull 随机变量,首先要构造指数随机变量 Y 及参数 β,然后令 $X = Y^{\frac{1}{\alpha}}$,即可得到 Weibull 分布。

Weibull 随机变量的右尾行为服从方程 $\overline{F}(x) = e^{\beta x^{\alpha}}$。所以当 $\alpha < 1$ 时,Weibull 分布是厚尾形的。在再保险模型和资产回报模型中,Weibull 分布被认为是最优的分布。[①]

有关 Weibull 分布需要注意以下几点:第一,若 $\alpha = 1$,Weibull 分布就演变成了指数分布;第二,对 Weibull 分布进行其他参数化是可能的。例如,一些文献用 $\frac{1}{\beta}$ 而不是 β,有些则是用 $\frac{1}{\beta^{\alpha}}$。

6.2.4 伽玛分布

伽玛分布是指数分布的另一种概括形式,其密度和分布函数如下:[②]

$$f(x) = \frac{\beta^{\alpha}}{\Gamma(\alpha)} x^{\alpha-1} e^{-\beta x}, \quad F(x) = \Gamma(\alpha;\beta x), \quad x > 0$$

在这里两个参数 $\alpha(\alpha > 0)$ 和 $\beta(\beta > 0)$ 分别为形状参数和尺度参数。

概率密度的图示如图 6—7 所示,参数的最大似然估计量只能从数量上进行估计。原点矩为:

$$\mathbb{E}(x^k) = \frac{\Gamma(\alpha + k)}{\Gamma(\alpha)\beta^k}$$

则其总体的均值和方差分别为:

$$\text{mean}(X) = \frac{\alpha}{\beta}, \quad \text{var}(X) = \frac{\alpha}{\beta^2}$$

当 $\alpha > 1$ 且 $\alpha \neq 0$ 时,众数为 $\frac{\alpha - 1}{\beta}$。偏度和峰度系数为:

$$\gamma_1 = \frac{2}{\sqrt{\alpha}}, \quad \gamma_2 = \frac{6}{\alpha}$$

若 α 是整数,[③]为了构造参数为 α 和 β 的伽玛分布随机变量,人们可以构造参数为 β 的 α 个指数随机变量之和。因此,若 $U_1, U_2, \cdots, U_{\alpha}$ 是相互独立且均匀分布于 $[0,1]$ 的随机变量,则 $X = -\frac{1}{\beta}\log(\prod_{j=1}^{\alpha} U_j)$ 有相应的分布。在 Devroye(1986) 及其相关的参考书中介绍了许多归纳伽玛随机变量的方法。

[①] 见 Madan 和 Unal (2004)、Kremer (1998)。也可见 Mittnik 和 Rachev (1993a,b)。

[②] $\Gamma(a;b)$ 是不完整的伽玛函数,$\Gamma(a;b) = \frac{1}{\Gamma(a)}\int_0^b t^{a-1} e^{-t} dt$。

[③] 在这种情形下,伽玛分布被叫做伊朗分布。

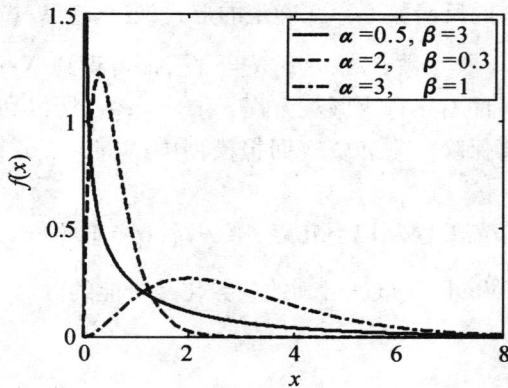

图6—7 伽玛分布概率密度的图示

6.2.5 贝塔分布

贝塔分布的密度和分布函数如下：[①]

$$f(x) = \frac{\Gamma(\alpha + \beta)}{\Gamma(\alpha)\Gamma(\beta)} x^{\alpha-1}(1-x)^{\beta-1}, \quad F(x) = I(x; \alpha, \beta), \quad 0 \leqslant x \leqslant 1$$

概率密度的图示如图6—8所示。需要注意的是，X 在 $[0,1]$ 波动。事实上，操作损失数据可以重新调整以拟合这种间隔。在这种情形下，贝塔分布的密度和分布函数有如下可能的形式（假设参数 θ 是已知的）：

$$f(x) = \frac{\Gamma(\alpha)\Gamma(\beta)}{\Gamma(\alpha+\beta)} \left(\frac{x}{\theta}\right)^{\alpha-1} \left(1 - \frac{x}{\theta}\right)^{\beta-1} \frac{1}{x}$$

$$F(x) = I\left(\frac{x}{\theta}; \alpha, \beta\right), \quad 0 < x < \theta, \quad \theta > 0$$

参数 $\alpha(\alpha > 0)$ 和 $\beta(\beta > 0)$ 确定了分布的形状。最大似然估计的估计值可从数量上进行估计。贝塔分布规范形式的原点矩为：

$$\mathbb{E}(X^k) = \frac{(\alpha + \beta - 1)!(\alpha + k - 1)!}{(\alpha - 1)!(\alpha + \beta + k - 1)!}$$

则总体的均值和方差为：

$$\text{mean}(X) = \frac{\alpha}{\alpha + \beta}, \quad \text{var}(X) = \frac{\alpha\beta}{(\alpha + \beta)^2(\alpha + \beta + 1)}$$

众数等于 $\dfrac{\alpha - 1}{\alpha + \beta - 2}$。偏度和峰度系数则由下面的式子来估计：

$$\gamma_1 = \frac{2(\beta - \alpha)\sqrt{1 + \alpha + \beta}}{\sqrt{\alpha + \beta}(2 + \alpha + \beta)},$$

$$\gamma_2 = \frac{6[\alpha^3 + \alpha^2(1 - 2\beta) + \beta^2(1 + \beta) - 2\alpha\beta(2 + \beta)]}{\alpha\beta(\alpha + \beta + 2)(\alpha + \beta + 3)}.$$

[①] $I(x; \alpha, \beta)$ 是规则的 β 函数，它等于 $\int_0^x u^{\alpha-1}(1-u)^{\beta-1} du, \dfrac{\Gamma(\alpha)\Gamma(\beta)}{\Gamma(\alpha+\beta)}$。

贝塔随机变量能用罗斯（2001）、（2002）和 Devroye（1986）所叙述的算法来构造。

值得注意的是，贝塔分布与伽玛分布是相关的。假设我们有两个随机变量 X 和 Y，其参数分别为 $\alpha_2 \backslash\beta_2$ 和 $\alpha_2 \backslash\beta_2$，则变量 $Z = \dfrac{X}{X + Y}$ 服从参数为 α_1，α_2 的 β 分布。贝塔分布的这一性质使其能用两个伽玛分布的随机变量来构造贝塔分布。

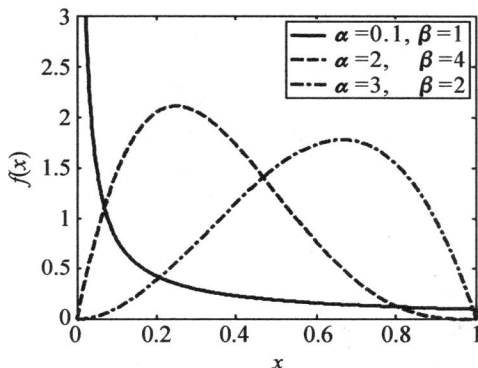

图 6—8　贝塔分布概率密度的图示

6.2.6　Pareto 分布

Pareto 分布的密度和分布函数的形式如下：

$$f(x) = \frac{\alpha\beta^{\alpha}}{x^{\alpha+1}}, \quad F(x) = 1 - \left(\frac{\beta}{x}\right)^{\alpha}, \quad \beta < x < \infty$$

需要注意的是，变量 X 的取值范围取决于尺度参数 $\beta(\beta > 0)$，参数 $\alpha(\alpha > 0)$ 则决定着分布的形状。

密度函数的示范图如图 6—9 所示。参数最大似然估计的估计量不存在确定的形式（当 $\beta = 1$ 时除外；当 $\beta = 1$，$\hat{\alpha} = \dfrac{n}{\sum_{j=1}^{n} \log x}$），因此需对其进行估计。

原点矩为：

$$\mathbb{E}(x^k) = \frac{\alpha\beta^k}{\alpha - k}$$

则总体均值和方差为：

$$\text{mean}(X) = \frac{\alpha\beta}{\alpha - 1}，当 \alpha > 1 时。$$

$$\text{var}(X) = \frac{\alpha\beta^2}{(\alpha - 1)^2(\alpha - 2)}，当 \alpha > 2 时。$$

其众数等于零，偏度和峰度系数为：

$$\gamma_1 = \sqrt{\frac{\alpha - 2}{\alpha}} \frac{2(\alpha + 1)}{\alpha - 3}, \quad \gamma_2 = \frac{6(\alpha^3 + \alpha^2 - 6\alpha - 2)}{\alpha(\alpha - 3)(\alpha - 4)}$$

分布函数的反函数为 $F^{-1}(p) = \beta[(1-p)^{-1/\alpha} - 1]$，其可用于构造 Pareto 随机变量。

Pareto 分布是肥厚尾形分布，正如所看到的尾部行为那样。α 确定了右尾的厚度，且尾部是单调减少的。α 越接近于零，尾部越厚。右尾 $\overline{F}(x) = \left(\dfrac{\beta}{\beta+x}\right)^\alpha$。尾部与 $x^{-\alpha}$ 成比例，即尾部服从幂函数，因此被叫做"强尾"（与指数分布的弱尾相对）。当 $\alpha \le 1$ 时，是厚尾形状，均值和方差均无限大，这也意味着无限大的损失也是可能的。

虽然从一方面来说，Pareto 分布对操作损失风险建模似乎很有吸引力，因为它可以描述大量的损失；然而从另一方面来说，无限大的均值和方差难免给实际应用带来困难。

注意如下几点：

■ 不同形式的 Pareto 分布是可能的。偶尔也会用到简化的、一个参数形式的 Pareto 分布，此时 $\beta = 1$。

■ A 一个参数的 Pareto 随机变量可通过指数随机变量的简单转化获得。若一个随机变量 Y 服从参数为 λ 的指数分布，则 $X = e^Y$ 服从一个参数的 Pareto 分布，且形态参数不变。

■ A 两个参数的 Pareto 分布可用获得广义的 Pareto 分布的方法，将随机变量再次参数化来获得。广义的 Pareto 分布可用于建模超出高限的极端事件。本书第 8 章将介绍相关的极值理论。

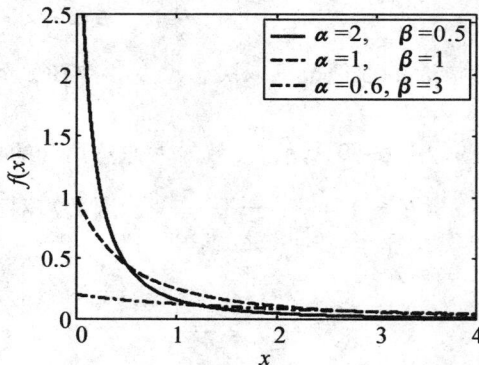

图6—9 Pareto 分布概率密度的图示

6.2.7 Burr 分布

Burr 分布是经过概括的三参数形式的 Pareto 分布。由于多了一个形态参数 $\gamma(\gamma > 0)$，从而使其在形状上具有更多的灵活性。Burr 分布的密度函数和分布函数如下：

$$f(x) = \gamma\alpha\beta^\alpha \frac{x^{\gamma-1}}{(\beta + x^\gamma)^{\alpha+1}}, \quad F(x) = 1 - \left(\frac{\beta}{\beta + x^\gamma}\right)^\alpha, \quad x > 0$$

密度函数的示范图如图 6—10 所示,参数最大似然估计的估计值一般只能从数量上进行估计。其原点矩为:

$$\mathbb{E}(X^k) = \frac{\beta^{k/\gamma}}{\Gamma(\alpha)}\Gamma\left(1 + \frac{k}{\gamma}\right)\Gamma\left(\alpha - \frac{k}{\gamma}\right), \quad -\gamma < k < \gamma\alpha$$

则总体均值和方差分别为:

$$\mathrm{mean}(X) = \frac{\beta^{1/\gamma}}{\Gamma(\alpha)}\Gamma\left(1 + \frac{1}{\gamma}\right)\Gamma\left(\alpha - \frac{1}{\gamma}\right), \quad \gamma\alpha > 1$$

$$\mathrm{var}(X) = -\frac{\beta^{2/\gamma}}{\Gamma(\alpha)}\Gamma\left(1 + \frac{2}{\gamma}\right)\Gamma\left(\alpha - \frac{2}{\gamma}\right) - \frac{\beta^{2/\gamma}}{\Gamma^2(\alpha)}\Gamma^2\left(1 + \frac{1}{\gamma}\right)\Gamma^2\left(\alpha - \frac{1}{\gamma}\right), \quad \gamma\alpha > 2$$

众数等于 $\dfrac{1}{\beta^{1/\gamma}}\left(\dfrac{\gamma - 1}{\alpha\gamma + 1}\right)^{1/\gamma}$,因为 $\gamma > 1$ 且 $\gamma \neq 0$。偏度和峰度系数的表达式很复杂,具体公式可参见本章附录。

Burr 随机变量可用反函数转换方法来获得,用 $F^{-1}(p) = (\beta((1 - p)^{-1/\alpha-1}))^{1/\gamma}$。

右尾有幂定理的性质,并服从 $\overline{F}(x) = \left(\dfrac{\beta}{\beta + x^\gamma}\right)^\alpha$。当 $\alpha < 2$ 时,该分布呈厚尾状;当 $\alpha < 1$ 时,分布呈肥厚尾状。Burr 分布已被应用于保险业,并为自然灾害保险索赔提供了更优的分布模型。[①]

在这里,需要注意以下两点:第一,当 $\tau = 1$ 时,Burr 分布就成了 Pareto 分布;第二,可对 Burr 分布进行其他参数变换。例如,$\beta = 1$ 时的 Burr 分布也被称为对数逻辑分布。

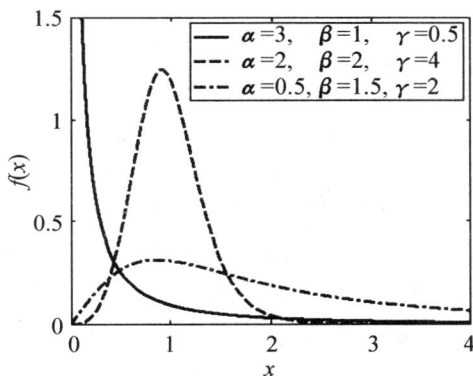

图 6—10　Burr 分布概率密度的图示

---

①　见 Cizek、Härdle 和 Weron (2005)。

6.3　扩展:混合损失分布

操作损失数据的柱状图经常揭示出一个很高的、接近于零的顶峰和一个比较小但朝向右尾的比较明显的顶点。这就表明操作损失数据并不服从某单一分布,即使数据属于同一损失类型(例如,由于企业倒闭所造成的损失)和来自同一业务部门(比如,商业银行业务)。对于这样的操作损失的一个建模方法就是考虑用广义的 Pareto 分布进行尾部事件建模,并用一个经验分布或者其他分布对剩下的小量损失进行建模。另一种可供选择的方法,就是考虑采用由一个或几个分布所组成的混合分布。

m 个分布所组成的混合分布的密度及分布函数如下:

$$f(x) = \sum_{j=1}^{m} w_j f_j(x), \quad F(x) = \sum_{j=1}^{m} w_j F_j(x)$$

在这里 $w_j, j = 1, 2, \cdots, m$ 是每个组成分布在混合分布所占中的比重,其值为正,且 $\sum_{j=1}^{m} w_j = 1$。可见,用不同种类的分布组成一个混合分布是可行的,比如指数分布与 Weibull 分布或者服从不同参数的同一分布的混合分布。

例如,两个对数正态分布(其中 $\mu_1 = 0.9, \sigma_1 = 1; \mu_2 = 3, \sigma_2 = 0.5$)形成的混合分布的示范图如图 6—11 所示。

混合分布参数(包括比重)最大似然估计的估计量只能从数量上进行估计。"期望值最大化法"是估计混合分布参数的常用方法。原点矩是 m 个成员分布的原点矩之和。总体的均值和方差分别为:

$$\text{mean}(X) = \sum_{j=1}^{m} w_j \, \mathbb{E}_j(X), \quad \text{var}(X) = \sum_{j=1}^{m} w_j^2 \sigma_j^2(X)$$

这里的下标 j 是指每一成员分布的密度,且右尾服从 $\overline{F}(x) = \sum_{j=1}^{m} w_j \overline{F}_j(x)$。

混合分布的优势在于它适应实际应用中各种形状的损失分布。然而,由于大量参数需要估计,模型可能缺乏可信度(特别是当可用的损失数据组不足够大时)。例如,两个混合指数分布要求 3 个参数,4 个混合指数分布则需要 7 个参数。在某种情形下,当模型被简化时,这个问题也许能被克服。例如,用 4 个而非 5 个参数来获得两元混合 Pareto 分布是可行的。下面的分布模型已被成功地运用到责任保险中:

$$F(x) = 1 - a \left(\frac{\beta_1}{\beta_1 + x} \right)^{\alpha} - (1 - a) \left(\frac{\beta_2}{\beta_2 + x} \right)^{\alpha+2}$$

在这里,第 1 个分布涵盖了轻微损失事件且有一个较大比重的 a 与其相关,第 2 个分布则涵盖了不太频繁但损失较大的事件。①

　　混合分布中的成员分布扩张会使 m 成为一个参数,并且由数据来决定有多少个分布可以进入到混合分布中去。然而这也会使模型更依赖于数据且变得更加复杂。②

　　需要注意的是,术语"混合分布"有时也被用于上述分布,分布中一个未知参数是随机的,且服从某一不确定的分布。例如,泊松分布和伽玛分布的混合分布(也就是说,泊松分布的参数服从伽玛分布)就会得到几何分布。

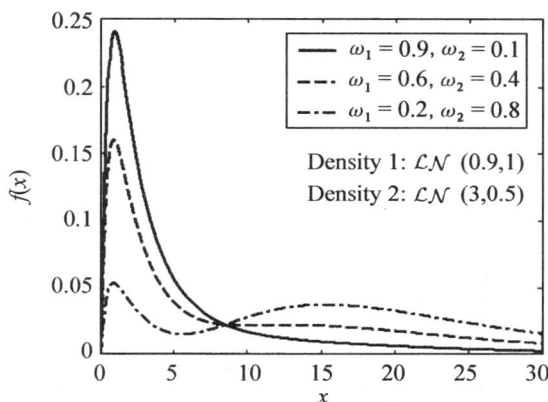

图6—11　两点对数正态混合分布概率密度的图示

6.4　注意尾部行为

　　在第 1 章,我们描述了大银行由于操作损失事件所导致的破产。实际上对于银行来说像这样的大损失事件是很少发生的,但是并不能将其排除。操作风险管理者真正关心的是可以找到用以描述尾部事件的模型。③操作风险建模的一个重要任务,就是构建一个可以合理解释超过一定数量损失的概率的模型(这一点在在险价值评估中是很重要的)。

　　在操作风险建模中,薄尾分布应当警惕使用。接下来的例子就阐明了用薄尾分布去拟合数据,而其真正分布是厚尾分布的危险。④首先我们构建了 5 000 个参数为 $\alpha = 1.67$ 和 $\beta = 0.6$ 的 Pareto 分布的取值,接着我们用指数分布(薄尾分布)来拟合这些数据,且采用最大似然估计法得出指数参数为 $\lambda = 1.61$。图6—12列示了

---

① 见 Klugman、Panjer 和 Willmot（2004）。
② 见 Klugman、Panjer 和 Willmot（2004）。
③ 在有关操作损失的内容中,尾部事件是指发生在损失分布的上尾的事件。
④ 文献中,薄尾分布也叫瘦尾分布,厚尾分布也叫肥尾分布。在本书中,我们将相互变换地使用相应的术语。

上述两种分布尾状的差异。指数拟合下的远右方超过某一高点的可能性是很低的（差不多为5%）。而这正表明了，如果错误地用某一薄尾分布去拟合损失数据，那么巨额高价值损失事件的概率将会被低估。如果巨额损失没有被足够地估计，那么由于这种失误所付出的代价将会是很大的，并会导致严重的操作风险管理后果。

在表6—1中，根据右尾的厚度，常用的分布被分成两类。需要注意的是，Weibull 分布可根据形态参数的取值来决定其是薄尾分布还是厚尾分布。对于对数正态分布，一些文献认为它是薄尾分布。但是根据 Embrechts、Klüppelberg 和 Mikosch(1997)，他们则认为 Weibull 分布是不厚不薄的中尾分布。

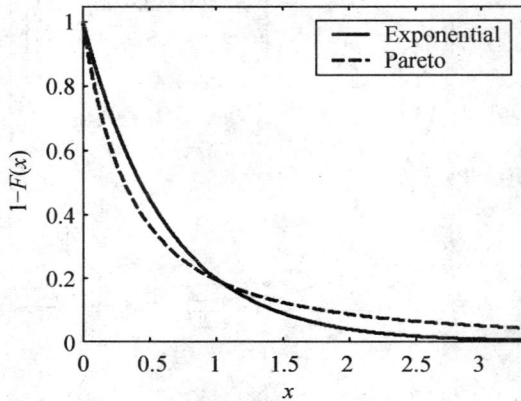

图6—12　　拟合模拟 Pareto 随机变量的 Pareto 分布和指数分布的尾部

表6—1　　　　　　　　　　常用损失分布的尾部行为

名称	尾部 $\overline{F}(x)$	参数
薄尾分布		
正态分布	$\overline{F}(x) = 1 - \Phi\left(\dfrac{x-\mu}{\sigma}\right)$	$-\infty < \mu < +\infty, \sigma > 0$
指数分布	$\overline{F}(x) = e^{-\lambda x}$	$\lambda > 0$
伽玛分布	$\overline{F}(x) = 1 - \Gamma(\alpha; \beta x)$	$\alpha, \beta > 0$
Weibull 分布	$\overline{F}(x) = e^{-\beta x^{\alpha}}$	$\alpha \geq 1, \beta > 0$
贝塔分布	$\overline{F}(x) = 1 - I(x; \alpha, \beta)$	$\alpha, \beta > 0$
中尾和厚尾分布		
对数正态分布	$\overline{F}(x) = 1 - \Phi\left(\dfrac{\log x - \mu}{\sigma}\right)$	$-\infty < \mu < +\infty, \sigma > 0$
Weibull 分布	$\overline{F}(x) = e^{-\beta x^{\alpha}}$	$0 < \alpha < 1, \beta > 0$
Pareto 分布	$\overline{F}(x) = \left(\dfrac{\beta}{\beta + x}\right)^{\alpha}$	$\alpha, \beta > 0$
Burr 分布	$\overline{F}(x) = \left(\dfrac{\beta}{\beta + x\gamma}\right)^{\alpha}$	$\alpha, \beta, \gamma > 0$

6.5 基于操作损失数据的实证检验

在这一节里，我们将提供基于操作损失数据的实证研究结果，这些数据用到了本章所描述的分布。实证研究被分为两大类：基于真实操作损失数据的研究和基于模拟操作损失数据的研究。

实证研究表明研究者试验了有关损失数据多种可能的损失分布，然后在拟合优度检验的基础上确定一个最优的分布。常用 KS 和 AD 检验来检测模型对数据的拟合性。两个检验用不同的方法衡量了拟合的连续分布函数和经验分布函数之间的差别。KS 检验善于描述数据中间值的差异，而 AD 检验则用于描述尾状是否最优。较小的检验值意味着较好的拟合。其他的拟合优度检验包括：库珀（kuiper）检验、格莱曼—范米兹（Cramér-von Mises）检验、皮尔森（Pearson）检验。[①]

6.5.1 真实数据研究

我们回顾一下基于金融机构真实操作损失数据的实证研究。

1. Müller 基于 1950—2002 年操作损失数据的研究

Müller（2002）利用外部损失数据做了一项实证研究，这些数据来源于 1950 ~ 2002 年间来自全球的金融机构，然后由 IC^2 操作损失第一数据库整理得到的。只有以美元计价的损失事件其状况在指定的时间里不受影响或被指定的数据不受影响，其才可被用于实证分析。这些损失数据可被分为以下 5 种类型，正如第 5 章所定义的那样：关系、人、过程、技术以及外部原因。

5 组数据的柱状图如图 6—13 所示。从图中我们可以看出，在开始的时候，每个柱状图都有一个明显的顶峰，可以用过高的峰度来描述。另外，厚的右尾也很明显，其可用高级的正偏度来描述（见表 6—2）。

本章所讨论的常用分布包括指数分布、对数正态分布、Weibull 分布、伽玛分布以及 Pareto 分布等。表 6—2 阐明了 5 种分布参数的最大似然估计值以及 KS 和 AD 统计值。由最低的 KS 统计值我们可以得出结论，对数正态分布能很好地解释数据的中心（技术类损失除外，因为 Weibull 分布用于技术类损失建模是最好的）。

---

① 有关多种良性拟合检验详见本书第 10 章中的相关描述。

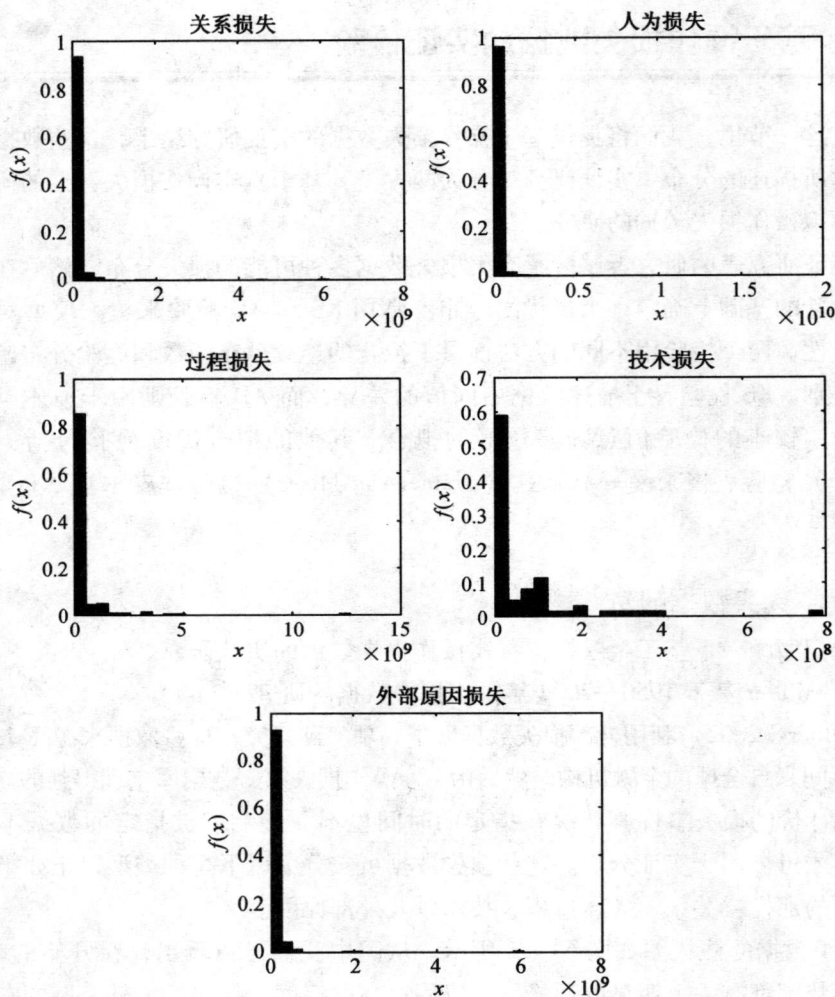

图 6—13　Müller 的研究中有关操作损失数据相对频率的柱状图

表 6—2　　　　　Müller 研究中的样本描述、参数估计和拟合优度检验

	关系	人	过程	技术	外部原因
1. 样本描述					
#obs.	585	647	214	61	220
均值（100 万美元）	0.0899	0.1176	0.3610	0.0770	0.0930
中位数（1 000 美元）	12.8340	6.3000	50.1708	11.0475	8.9076
标准差（100 万美元）	0.3813	0.7412	1.0845	0.1351	0.4596
偏度	11.1717	18.8460	7.8118	3.0699	10.9407
峰度	152.2355	418.8717	81.5218	14.7173	136.9358

续表

	关系	人	过程	技术	外部原因
2. 参数估计与拟合优度检验统计值					
指数分布					
λ	$9.0 \cdot 10^7$	$0.15 \cdot 10^7$	$0.36 \cdot 10^7$	$7.7 \cdot 10^7$	$9.3 \cdot 10^7$
KS 检验	0.4024	0.5489	0.3864	0.3909	0.4606
AD 检验	$1.2 \cdot 10^5$	8460	3.9185	1.9687	430.2
对数正态分布					
μ	16.2693	15.9525	17.6983	16.1888	15.9696
σ	2.1450	2.4551	2.2883	2.5292	2.2665
KS 检验	0.0301	0.0530	0.0620	0.1414	0.0449
AD 检验	0.0787	0.1213	0.1600	0.3043	0.1597
Weibull 分布					
α	0.0002	0.0008	0.0001	0.0003	0.0004
β	0.4890	0.4162	0.4822	0.4692	0.4527
KS 检验	0.0608	0.0907	0.0656	0.1179	0.0749
AD 检验	0.4335	0.2231	0.2247	0.2372	0.2696
伽玛分布					
α	–	–	0.3372	0.3425	–
β	–	–	$1.07 \cdot 10^9$	$0.2 \cdot 10^9$	–
KS 检验	–	–	0.1344	0.1357	–
AD 检验	–	–	–	–	–
Pareto 分布					
α	0.8014	0.8936	0.7642	0.6326	0.8498
β	$1.8 \cdot 10^7$	$1.6 \cdot 10^7$	$8.5 \cdot 10^7$	$2.8 \cdot 10^7$	$1.4 \cdot 10^7$
KS 检验	0.1296	0.1979	0.1504	0.2812	0.1783
AD 检验	0.4031	0.5566	0.6256	1.0918	0.4784

2. Cruz 基于法律损失数据的研究

Cruz（2002）将指数分布、Weibull 分布和 Pareto 分布运用到来自法律数据库的以美元计价的样本（数据来源未公开）之中，且该样本由 75 个数据值所组成。[1] 有关样本的统计描述以及 3 个分布参数的最大似然估计和良性拟合检验见表 6—3。[2] 根据该表，数据是非常尖顶峰度和向右倾斜的。基于良性拟合的可视检验和正式检验，[3] Cruz 得出结论：Pareto 分布对数据的拟合性最好。然而，在可考虑的损失分布中，没有哪一种分布能够很好地描述上尾的厚度。

表6—3　　　　Cruz 研究中样本统计值、参数估计和拟合优度检验

1. 样本描述	
均值（美元）	439 725.99
中位数（美元）	252 200
标准差（美元）	538 403.93
偏度	4.42
峰度	23.59

2. 最大似然参数估计值和拟合优度检验统计值			
指数分布	$\lambda = 440\ 528.63$	KS 检验：0.2104	W² 检验：1.3525
Weibull 分布	$\alpha = 2.8312$	KS 检验：0.3688	W² 检验：4.8726
	$\beta = 0.00263$		
Pareto 分布	$\alpha = 6.1737$	KS 检验：0.1697	W² 检验：0.8198
	$\beta = 2\ 275\ 032.12$		

资料来源：Cruz（2002，pp.57，58 和 pp.60），部分有修改。

3. Moscadelli 基于 2002 年度 LDCE 操作损失数据的研究

Moscadelli（2004）研究了由巴塞尔委员会风险管理部 2002 年 6 月在操作风险损失数据文件 LDCE 上所收集的数据（以欧元计价）。[4] 来自全球 19 个国家的 89 家成员银行提供了它们 2001 年的内部损失数据。正如第 5 章中所叙述的那样，数据按业务部门被分成 8 类，并把所有银行中同类业务的数据集中起来。

用对数正态分布、伽玛分布、伽贝分布、Pareto 分布和指数分布来拟合上述数据。研究中所用的估计程序过于简单，原因有二：一，忽略了不同的银行对其各自的银行内部损失数据采用了不同的数据最小切分单位，导致切分单位介于 6000 ~ 10 000 欧元不等；[5] 二，所有成员银行的数据被集中在一起，却忽略了诸如银行规模大小等特征。

---

[1]　原始数据组取自 Cruz（2002），第 3 章，p.57。
[2]　需要注意的是，在 Cruz（2002）中，指数分布和韦伯分布的密度规则是不同的。我们基于本书的规则报告了分布的参数值。
[3]　若想比较不同容量的样本的良性拟合，则可以将表 6—3 中所列示的 KS 值再减去 $\sqrt{n}$（n 为样本容量）后进行比较即可；或见本书第 10 章中的相关讨论。
[4]　见本书第 3 章有关新巴塞尔资本协议的回顾。也可见 BIS（2003）中有关数据的描述。
[5]　见本书第 9 章有关切割数据正确估计程序的讨论。

　　表 6—4 列示了数据被重做了的样本描述统计值（基于 1 000 个样本原始数据）、对数正态分布和伽玛分布的参数最大似然估计值以及拟合优度检验[①]统计值。[②] 其他可供考虑的分布的拟合性很差。根据 Moscadelli，尽管对数正态分布和伽贝分布拟合了绝大部分的数据，但是它们在上尾部拟合性都很差。这就由临界值超过 90% 的检验统计值证明了，置信水平为 90% 的数据不能得到较好的分布。

　　他用"极值理论"进一步分析了数据，该理论支持用广义的 Pareto 分布对大的损失建模，结果发现广义的 Pareto 分布比其他分布表现得更好。[③] 他从其他的实证研究中也得出了操作损失服从厚尾分布的结论。

　　4. De Fontnouvelle、Rosengren 和 Jordan 基于 2002 年度 LDCE 操作损失数据的研究

　　De Fontnouvelle、Rosengren 和 Jordan（2005）也分析了 Moscadelli 曾研究过的数据。但他们用于分析的数据仅局限于 6 家银行，并对其数据逐家进行分析，而不是像 Moscadelli 那样把所有银行的相关数据收集起来一起分析。出于商业秘密上的考虑，分析中所使用的数据仅来自 4 种业务（贸易与销售、零售银行、支付结算以及资产管理）和 5 种损失类型（内部舞弊、外部欺诈、工作实务和环境安全、顾客、产品和企业实务、执行、传递和过程管理）。

　　研究中用到了如下分布：指数分布、Weibull 分布、对数正态分布、伽玛分布、对数伽玛分布（也就是说，数据的对数服从伽玛分布）、一个参数的 Pareto 分布、Burr 分布和对数逻辑分布。[④] 这些分布用最大似然估计法是比较适合的。总的来说，厚尾分布——Burr 分布、对数伽玛分布、对数逻辑分布以及一个参数的 Pareto 分布对数据的拟合性非常好，而薄尾分布的拟合性则比较差。特别是绝大多数的厚尾分布和对数正态分布能很好地拟合第 3 种类型的损失数据。在许多情况中，所估计的参数是不尽合理的，比如导致出现了负的均值损失。就业务部门和损失类型的数据来说，上述模型在任何情形下都经不起 χ^2 拟合检验。因此，De Fontnouvelle、Rosengren 和 Jordan 用极值理论和广义的 Pareto 分布来拟合超过某一临界值的数据并完成了额外的分析，我们将在第 8 章中提供具体的分析结果。[⑤]

---

　　① 检验统计值没有调整数据的容量。
　　② 伽贝分布是瘦尾分布，且其密度函数 $f(x) = \dfrac{1}{\sigma}\exp\left\{-\dfrac{x-\mu}{\sigma} - \exp\left\{-\dfrac{x-\mu}{\sigma}\right\}\right\}, x \in \mathscr{R}$。由于其取值范围可为负的损失值，因此伽贝分布在操作风险建模中使用不多。
　　③ 我们将在第 8 章极值理论中提供上述结果以及其他有关操作损失数据的实证研究。
　　④ 对数逻辑分布的密度函数 $f(x) = ax^{1/b-1}/[b(1 + ax^{1/b})^2]$。
　　⑤ 有关表中 χ^2 良性拟合检验统计值和该实证研究的其他详细情况见 De Fontnouvelle、Rosengren 和 Jordan（2005）。

表6—4　Moscadelli 研究中样本描述统计值、参数估计和良性拟合统计值

	部门1	部门2	部门3	部门4	部门5	部门6	部门7	部门8
				1. 样本描述				
#obs.	423	5 132	28 882	3 414	1 852	1 490	1 109	3 267
均值（1000 美元）	646	226	79	356	137	222	195	125
标准差（1000 美元）	6 095	1 917	887	2 642	1 320	1 338	1 473	1 185
偏度	16	23	55	15	24	13	25	32
峰度	294	674	4 091	288	650	211	713	1 232
			2. 参数最大似然估计值和拟合优度检验统计值					
对数正态分布								
μ	3.58	3.64	3.17	3.61	3.37	3.74	3.79	3.58
σ	1.71	1.27	0.97	1.41	1.10	1.28	1.28	1.08
KS 检验	0.18	0.14	0.18	0.16	0.15	0.12	0.11	0.12
AD 检验	22.52	181	1, 653	174	73.74	46.33	25.68	87.67
伽贝分布								
μ	93.96	51.76	25.63	48.30	35.86	54.82	56.78	41.03
σ	602	185	58.80	204	110	181	154	93.51
KS 检验	0.43	0.37	0.34	0.37	0.36	0.35	0.32	0.31
AD 检验	125	1 224	6 037	831	436	333	204	577

资料来源：Moscadelli（2004，p. 19 和 p. 25）。

5. Lewis 基于法律债务损失数据的研究

Lewis（2004）报告了他的调查结果，该结果来源尚未公开的法律债务损失数据（以英镑计价）。数据由 140 个事件所组成，[①] 数据是高尖顶峰度和右倾斜的。他用正态分布、指数分布和 Weibull 分布拟合这些数据。[②] 参数的最大似然估计结果为正态分布的 $\mu = 151\ 944.04$ 和 $\sigma = 170\ 767.06$，指数分布的 $\lambda = 151$、944.04，Weibull 分布的 $\alpha = 0.95446$ 和 $\beta = 0.00001$。表 6—5 列示了 AD 拟合检验的结果。正如所期望的那样，基于 AD 检验统计的最低值，正态分布的拟合性较差，Weibull 分布的拟合性最好。

---

① 原数据组取自 Lewis（2004），第 7 章，p. 87。损失的均值为 151 944.04 英镑，中位数为 103 522.90 英镑，标准差为 170 767.06 英镑，偏度和峰度系数分别为 2.84 和 12.81。
② Lewis（2004）并没有报告 Gaussian 和 Weibull 情形下的参数估计，是我们将数据拟合了分布后直接计算出来的。

表 6—5	Lewis 研究中的拟合优度检验
分布	AD 检验统计值
正态分布	8.090
指数分布	0.392
Weibull 分布	0.267

6.5.2　基于模拟数据的实证研究

出现于文献中的诸多有关操作风险的研究，它们大都采用模拟数据而非真实数据。

1. Reynolds 和 Syer 的研究

Reynolds 和 Syer（2003）用非参数法进行操作损失严重性建模。他们使用了某公司 6 年时间内假想的内部损失数据，共计 293 个观测值，每一年总的观测值数量范围介于 43 ~ 63，平均损失范围介于 75 700 ~ 117 900 美元。使用模拟数据的样本，采样在一个大的时间范围内反复进行，并模拟了 1 000 个年份。就每一年而言，模拟损失的总量在不断上升。年累计操作损失分布服从结论性的经验分布。

2. Rosenberg 和 Schuermann 的研究

Rosenberg 和 Schuermann（2004）用蒙特卡罗法构造了一个 200 000 美元操作损失的样本。对于损失分布，他们考虑了一个参数的 Pareto 分布，参数为 $\frac{1}{0.65}$ = 1.5385。该参数取自指数参数① $\frac{1}{0.64}$ 和 $\frac{1}{0.66}$ 的平均值。数据分别来自 OpRisk 分析数据库和 OpVantage 数据库，De Fontnouvelle、DeJesus-Rueff、Jordan 和 Rosengren（2003）也做过类似的实证研究。由于形态参数小于 1，因此这样的 Pareto 分布有一个有限的均值和一个无限的方差。为了保证两个均值和方差均存在，Rosenberg 和 Schuermann 规定标准差大于 1 000 的对数损失等同于标准差为1 000 的损失。

6.6　重要概念总结

■ 一般而言，人们将对操作损失量建模的方法分成两类，即非参数法和参数法。

■ 在非参数法中，人们可以用经验分布函数进行建模，也可以用一条光滑

---

① 如前所述，指数分布随机变量的指数转换服从一个参数的 Pareto 分布。

的曲线来拟合损失数据，并分析该曲线的性质。

■ 在参数法中，人们可以用 1 到 2 个（甚至更多）常用的参数分布直接地拟合这些数据（并将它们进行比较）。

■ 由于操作损失数据的特定性质，最有可能用于操作损失建模的分布是那些右倾斜的分布和潜在的随机变量取正值的分布，特别是指数分布、对数正态分布、Weibull 分布、贝塔分布、Pareto 分布以及混合分布。

■ 应特别注意讨论各种损失分布的尾部行为。根据右尾的行为，常用的分布可分成薄尾分布和厚尾分布。

■ 我们回顾了近来文献中有关操作损失数据的实证研究，比较显著的有用真实数据进行的研究和用模拟数据进行的研究两种。总的来说，绝大多数的研究表明厚尾损失分布（比如对数正态分布或 Pareto 分布）能够很好地描述操作损失量。

6.7 附录：连续型随机变量的基本描述方法

假设我们观测一个样本容量为 n 的独立同分布的随机变量 X 的取值。它们就构成了一个随机样本。基于样本值 $x = (x_1, x_2, \cdots, x_n)$，我们能推断出总体的分布。

1. 样本

■ 用"柱状图"来构造样本数据的分布是很有用的。将样本数据按照一定的数量（比如 30 个）分成等级的矩，为每一等级内的观测值数建立柱状图。"相对频率柱状图"标出了每一等级占总数的比例而非每一等级所用的数量。

样本的中心可由均值、中位数或众数来衡量。

■ "样本的均值"为样本值的平均数：

$$\overline{x} = \frac{\sum_{j=1}^{n} x_j}{n}$$

■ "样本中位数"表示有序样本的取值，以便半数以上数在中位数以上，半数以下的数在中位数以下：若样本容量 n 为奇数，则中位数就是有序数据的中间数；如果 n 为偶数，则中位数就是有序数据当中居中两个数的平均数。

■ "样本的众数"代表数据中取值最频繁的那个数（也就是说，众数与柱状图的顶点值相等）。需要注意的是，众数可能不止一个。

衡量数据分布有多种方法，具体包括范围、半范围、方差、标准偏差、绝对均值误差。在这些衡量方法中，方差和标准偏差在实务中的应用最为普遍。

■ "样本方差"是衡量分布最常用的方法，由二阶中心矩来进行估计，其无偏估计的公式为：

$$S^2 = \frac{\sum_{j=1}^{n}(x_j - \bar{x})^2}{n-1}$$

■　"样本标准差"是指样本方差的平方根：

$$S = \sqrt{\frac{\sum_{j=1}^{n}(x_j - \bar{x})^2}{n-1}}$$

数据的形状可由峰度和偏度系数来形容,偏度和峰度的图示见图 6—14。

■"偏度"表示数据的不对称。若分布的左尾比右尾长,则数据是左倾斜的。在这种情形下,通常有如下的关系:均值 < 中位数 < 众数。同样地,若分布的右尾比左尾长,则数据是右倾斜的,在这种情形下,通常有如下的关系:众数 < 中位数 < 均值。数据的偏度和符号可由"样本倾斜系数"来衡量。倾斜系数有好几种形式,其中最常用的一种形式的计算公式为三阶中心矩与二阶中心矩的 3/2 次幂的比值。

$$样本偏度 = \frac{\sum_{j=1}^{n}(x_j - \bar{x})^3}{(n-1)s^3}$$

■"峰度"表示数据的集中程度。高的峰度值意味着数据的中心有一个高的顶峰,也意味着分布有厚尾。峰度很高以及有厚尾的数据常常被称为"尖顶峰度"。样本峰度的大小可用样本峰度系数来衡量。样本峰度系数有多种形式,最常用的一种形式的计算公式为四阶中心矩与二阶中心矩的平方之比:

$$样本峰度 = \frac{\sum_{j=1}^{n}(x_j - \bar{x})^4}{(n-1)(s^2)^2} - 3$$

上式中减去 3 的原因在于可以使样本峰度与标准正态随机变量的峰度(减去 3 后它的峰度系数为 0)之间更具有可比性。这种峰度系数的形式也被称为"额外峰度"。需要注意的是,在某些文献中,样本峰度公式并不减去 3。

2. 总体

■ 连续随机变量 X 的"密度函数"用 $f(x)$ 表示,分布函数 $F(x)$ 与密度函数通过下式相联系:

$$F(x) = \int_{-\infty}^{x} f(x)ds$$

密度函数可通过对分布函数求导获得:

$$f(x) = \frac{dF(x)}{dx}$$

■ 分布函数右尾的表达式为:

$$\bar{F}(x) = 1 - F(x)$$

分布函数及其右尾的图示见图 6—15。

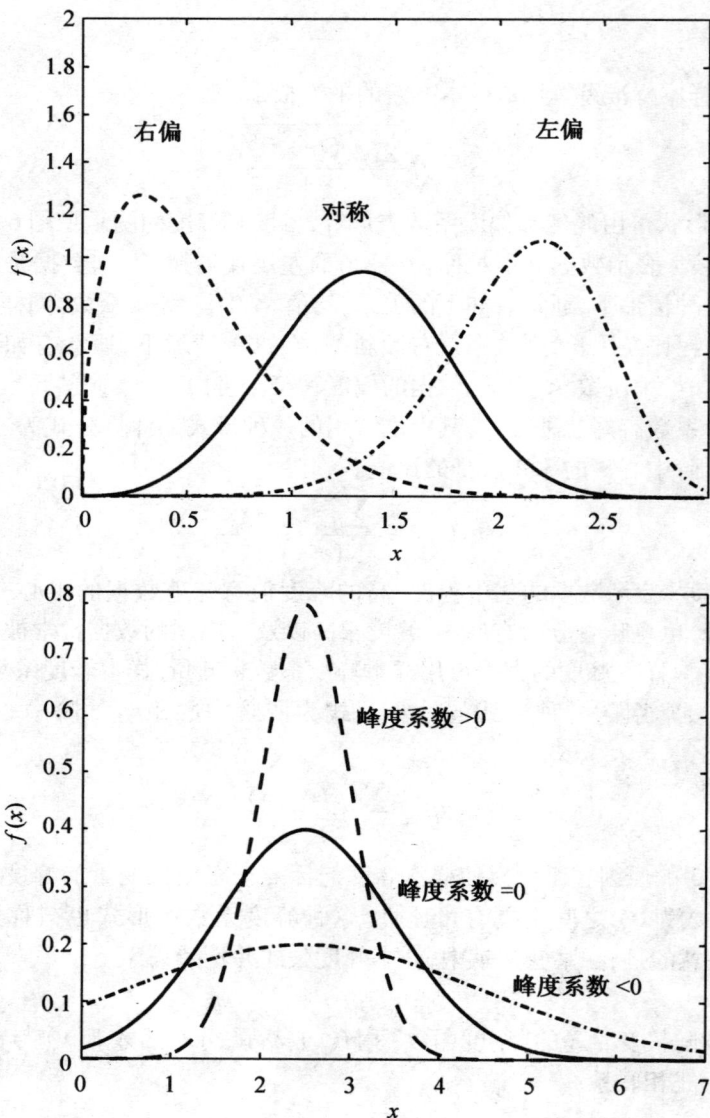

**图 6—14   对称与有偏概率密度（上部）以及具有
不同峰度的概率密度（下部）的图示**

■ 随机变量 X 的函数 $g(X)$ 的"期望"的计算公式为：

$$\mathbb{E}[g(X)] = \int_{-\infty}^{+\infty} g(x)f(x)\,dx$$

■ 随机变量 X 的"k 阶原点矩"是 $g(X) = x^k$ 的期望：

$$m_k := \mathbb{E}(X^k) = \int_{-\infty}^{+\infty} x^k f(x)\,dx$$

例如,总体均值等于一阶原点矩,总体方差等于总体二阶原点矩与一阶原点矩的平方之差。

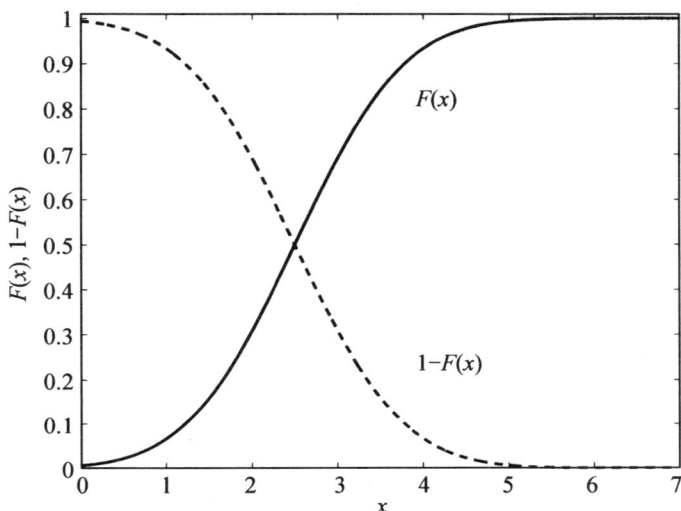

图 6—15　连续型随机变量的累计分布函数及其右尾的图示

■ 随机变量 X 的"k 阶中心矩"是 $g(X) = (x - \mathbb{E}(x))^k$ 的期望:

$$m_k := \mathbb{E}\left[(X - \mathbb{E}(X))^k\right] = \int_{-\infty}^{+\infty} (x - \mathbb{E}(X))^k f(x)\,dx$$

■ "分位数(或百分数)"表示随机变量 X 的一个取值 a,则百分数 p 的取值在 X 以下。分位数常用分布函数的反函数来表示,即 $a = F^{-1}(p)$。例如,分位数为 95% 表示 95% 的取值在 X 以下,均值的分位数为 50%,1/4 的分位数为 25%,3/4 的分位数为 75%。

总体中心的 3 种常用的测量方法为均值、中位数和众数。实际上,均值的使用最为频繁。

■ 随机变量 X 的"总体均值"(常用 μ 来表示)用 $g(X) = X$ 的期望,也就是 X 的一阶原点矩 m_1 来表示:

$$\text{mean}(X) = \mathbb{E}(X) = \int_{-\infty}^{+\infty} x f(x)\,dx$$

■ 随机变量 X 的"总体中位数"是 50% 的分位数,它可以用分布函数在 0.5 处的反函数来表示:

$$\text{中位数} = F^{-1}(0.5)$$

■ "总体的众数"可由对密度函数求有关 x 的导数,并令其等于 0,即可得到 x 的取值,即为总体的众数。右尾逐渐减少的密度函数的总体的众数等于 0。

总体分布最常用的衡量方法为方差和标准偏差。

■ "总体方差"(常用 σ^2 表示)可用二阶中心矩 μ^2 表示:

$$\mathrm{Var}(X) = \mathbb{E}\left[(X - \mathrm{mean}(X))^2\right] = \int_{-\infty}^{+\infty}(x - \mathrm{mean}(X))^2 f(x)\, dx$$

■ "总体标准偏差"（常用 σ 表示）是总体方差的平方根：

$$\mathrm{Stdev}(X) = \sqrt{\mathbb{E}\left[(X - \mathrm{mean}(X))^2\right]} = \int_{-\infty}^{+\infty}(x - \mathrm{mean}(X))^2 f(x)\, dx$$

分布函数的形状可由它的偏度和峰度来衡量。

■ "总体偏度系数"的计算公式为：

$$\gamma_1 = \frac{\mu_3}{\sigma^3}$$

■ "总体峰度系数"的计算公式为：

$$\gamma_2 = = \frac{\mu_4}{(\sigma^2)^2} - 3$$

3. 随机变量的转换

假设随机变量 X 的密度函数为 $f_X(x)$，随机变量 Y 由 X 通过 $Y = g(X)$ 转换而来。$x = g^{-1}(y)$，则 Y 的密度函数 $f_Y(y)$ 能由 Jacobian 转换法获得：

$$f_Y(y) = \left|\frac{dx}{dy}\right| \cdot f_X(g^{-1}(y))$$

例如，若 X 服从参数为 α 的指数分布，且 $Y = e^x$ 用上述方法，则 Y 的密度函数 $f_Y(y) = \dfrac{d\log y}{dy} \cdot a e^{-a\log(y)} = a y^{-a-1}a$，这也就是 Pareto 分布的密度函数。需要注意的是，由于 X 的取值范围介于 $(0, +\infty)$，因此 Y 的取值范围介于 $(1, +\infty)$。

4. 参数估计法

估计密度函数未知参数的方法有很多种，具体包括最大似然估计、矩估计、概率加权矩估计。其中，最大似然估计是最常用的估计方法，因为它有着良好的性能：（1）最大似然估计量是存在的；（2）最大似然估计是渐进的正态分布，这使其更便于分析。在这里，我们主要描述最大似然估计。

我们假设样本容量为 n、由独立同分布的随机变量的观测值所组成。则它们的联合密度函数就是各个密度函数的乘积。联合密度函数又被称为似然函数：

$$L(x) = \prod_{j=1}^{n} f(x_j)$$

事实上，很容易得到它的对数形式，其对数形式又被叫做对数似然函数：

$$l(x) = \sum_{j=1}^{n} \log f(x_j)$$

未知参数的最优值就是使样本概率值最大化的取值，即使对数似然函数最大化。因此，最大似然函数的参数可以通过以下步骤来求得：第一步，对对数似然函数求有关 x 的一阶导数；第二步，令一阶导数等于 0；第三步，求出满足等式的 x 的取值。

例如，若 X 服从对数正态分布，则对数似然函数可被表示为：

$$l(x) = -(n/2)\log(2\pi) - n\log(\sigma) - \sum_{j=1}^{n}\log(x_j) - \frac{1}{2\sigma^2}\sum_{j=1}^{n}(\log(x_j) - \mu)^2$$

对上式求导,并令一阶导数等于 0,可得:

$$0 = \frac{1}{\sigma^2}\sum_{j=1}^{n}\log(x_j) - \frac{n\mu}{\sigma^2}$$

从上式可得 μ 的估计值为 $\hat{\mu} = \sum_{j=1}^{n}\log(x_j)/n$。类似地,对 $l(x)$ 求有关 σ^2 的导数,则 σ^2 的估计值为 $\hat{\sigma^2} = \sum_{j=1}^{n}(\log(x_j) - \hat{\mu})^2/n$。

第 **7** 章 α-稳定分布

   由于差错、失职、安全方面的有形资产损失、自然灾害以及内部舞弊而引起的操作损失，现实中并不是经常发生，但它会对一个机构产生严重的经济后果。像这样低频率/高损失的操作损失和其余的数据比起来会显得特别严重。如果你绘制一个损失分布图，这些损失事件将会位于最右边的尾端，所以它们被定义为尾部事件。当这些尾部事件出现时，我们称这些数据为厚尾。

   在第 6 章，我们曾讨论过普通损失分布能够被用来描述操作风险分布。根据 BIS（Annex，p. 18）：[1]

   "内部风险衡量系统必须能够涵盖那些很少发生却潜在威胁巨大的操作风险事件。也就是说，对内部风险进行度量时，必须准确地涵盖那些操作风险损失分布的尾部事件。"

   诸如对数正态分布、伽玛分布和 Weibull 分布等损失分布，都被定义为适度的、厚尾的，所以它们不可能充分地捕捉那些低频率/高损失的操作损失事件。在第 6 章中，我们同样也强调了损失分布的尾部事件，以建立厚尾的操作损失模型。

   在本章中，我们继续有关厚尾操作损失分布模型的论述。在这里，我们还会对 α-稳定分布进行特别的讨论。[2]事实上，正是由于没有一个封闭的密度函数，才导致其在实际应用层面上所遭遇的障碍。尽管如此，鉴于 α-稳定分布有些很好的特性，其在重要资产操作风险数据方面的应用仍值得我们进行调查研究。在金融研究方面，α-稳定分布已得到了人们的进一步认知。[3]

   在本章里，我们重新回顾了一下 α-稳定分布的定义及其基本特性。另外，我们将对一些利用操作风险数据所进行的实证研究作出详尽的说明。

7.1   α-稳定随机变量的定义

   我们从 α-稳定随机变量开始。[4]假设 $X_1, X_2, \cdots, X_n$ 是独立同分布的随机变量，

---

   [1] BIS（2006，p151）认为"一个银行必须能够证明其先进的度量系统能够被用于捕捉潜在的危害严重的尾部损失事件"。
   [2] α-稳定分布经常被称作稳定的 Paretian 分布。
   [3] α-稳定分布对经济数据的早期应用包括 Fama(1963、1965a,b)，其将分布应用于股票市场价格和投资组合分析。在 Rachev 和 Mittnik(2000)、Rachev(2003) 和 Rachev、Menn 和 Fabozzi(2005) 中，我们能够发现许多有关金融时间序列的应用。Cizek、Hardle 和 Wercn(2005) 中描述了其对非人寿保险的应用。最近，这个分布又被 Brown(2005) 应用于不动产市场分析。
   [4] 有关 α- 稳定分布及其特性的外延分析，详见 Samorodnitsky 和 Taqqu(1994)、Rachev 和 Mittnik(2000) 以及 Stoyanov 和 Racheva-Iotova(2004a,b)。

若存在一个确定的常数 C_n 和一个实数 D_n，则我们就可以认为随机变量 X 服从 α-稳定分布，且它们之间的关系如下：

$$X_1 + X_2 + \cdots + X_n \stackrel{d}{=} C_n X + D_n$$

其中，"d" 表示两边的分布相同，常数 $C_n = n^{1/\alpha}$ 表示稳定性，我们将在后面对其进行进一步的讨论。当 $\alpha = 2$ 时，我们得到的是 Gaussian 情形。在本章随后有关 α-稳定分布的讨论中，我们将把情况约束在 $0 < \alpha < 2$ 的非 Gaussian 情形中。

在大多数情况下，封闭式密度函数并不存在，因此我们用它的特征函数[①]来表示该分布：

$$\mathbb{E}\left[e^{itX}\right] = \begin{cases} \exp\left(-\mid \sigma t \mid^{\alpha}\left(1 - i\beta(\text{sign } t)\tan\dfrac{\pi\alpha}{2}\right) + i\mu t\right), \alpha \neq 1 \\ \exp\left(-\sigma \mid t \mid \left(1 + i\beta\dfrac{2}{\pi}(\text{sign } t)\ln \mid t \mid + i\mu t\right), \alpha = 1 \end{cases}$$

当 $t \geqslant 0$ 时，$\text{sign } t = 1$；当 $t = 0$ 时，$\text{sign } t = 0$；当 $t \leqslant 0$ 时，$\text{sign } t = -1$。

该分布由如下 4 个参数来描述：[②]

1. α：稳定性参数或形态参数，$\alpha \in (0,2)$。

2. β：偏度参数，$\beta \in [-1, +1]$。

3. σ：规模参数，$\sigma \in (0, +\infty)$。

4. μ：位置参数，$\mu \in (-\infty, +\infty)$。

也有如下 3 种具有封闭式密度函数的特殊情况例外：Gaussian 情形（$\alpha = 2$）；Gauchy（$\alpha = 1, \beta = 0$）；Levy（$\alpha = 1/2, \beta = \pm 1$）。它们的密度函数分别为：

■ Gaussian 情形：$f(x) = \dfrac{1}{2\sigma\sqrt{\pi}}e^{-\frac{(x-\mu)^2}{4\sigma^2}}, -\infty < x < +\infty$

■ Gauchy 情形：$f(x) = \dfrac{\sigma}{\pi((x-\mu)^2 + \sigma^2)}, -\infty < x < +\infty$

■ Levy 情形：$f(x) = \dfrac{\sqrt{\sigma}}{\sqrt{2\pi}(x-\mu)^{3/2}}e^{-\frac{\sigma}{2(x-\mu)}}, \mu < x < +\infty$

上述 4 个参数使得 α-稳定分布高度灵活，而且适合那种用非对称、高峰态、厚尾数据所建立的模型。如图 7—1 所示，该图说明了在其他参数为常数的情况下，形态和偏度参数对分布函数图形的影响。从图 7—1 中我们可以看出，一个较低的 α 值往往对应着更厚的尾部和更高的峰态。

---

① 分布函数与特征函数之间存在着一种一一对应的关系。因此，用特征函数来描述一个分布等同于用密度函数来描述一个分布。本章的附录部分还提供有关特征函数概念的技术性讨论。

② α-稳定分布的参数并不是唯一的。这里所给出的参数是由 Samorodnitsky 和 Taqqu（1994）提出的。有关另一种方法的概述详见 Zolotarev（1986）。

当 β =0、 σ =1 且 μ =0 时，在不同
的 α 值下， α -稳定分布的密度

当 α =1、 σ =1 且 μ =0 时，在不同
的 β 值下， α -稳定分布的密度

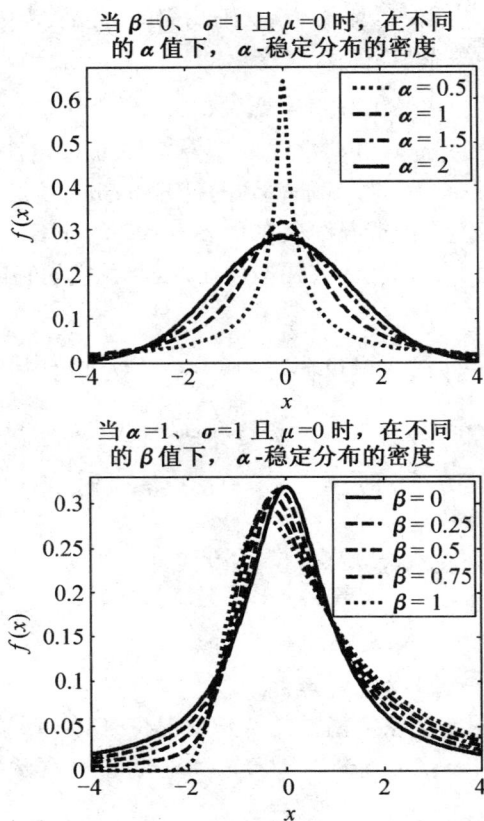

图 7—1　 α -稳定分布的密度图示

7.2　 α -稳定随机变量的特性

我们简要地表述一下 α -稳定分布的如下 4 种基本特性。[①]

特性 1. 尾部衰变的力度特性意味着密度函数的尾部衰退与幂函数相似（比指数函数缓慢），该特性也意味着是什么容许分布在尾部获取极端事件：

$$P(|X| > x) \propto \text{const} \cdot x^{-\alpha}, x \to \infty$$

特性 2. 原始矩满足这个特性：

$$\mathbb{E}|X|^p < \infty, \text{对于任意} 0 < p < \alpha$$

$$\mathbb{E}|X|^p = \infty, \text{对于任意} p \geqslant \alpha$$

特性 3. 由于特性 2，均值仅被限定为 $\alpha > 1$ ：

$$\text{mean}(X) = \mu, \text{对于任意} \alpha > 1$$

----

① 有关 α -稳定分布特性更深刻的描绘，详见 Samorodnitsky 和 Taqqu(1994) 以及 Rachev 和 Mittnik(2000)。

$$\text{mean}(X) = \infty,\text{对于任意}\ 0 < \alpha \leqslant 1$$

此外,第 2 个或更高的阶段是无限的,因此会得到含斜度和峰度系数的无穷方差。

特性 4. 其稳定特性是一个非常有用并且方便的特性,它使得变量的分布形式维持在一个线性的转换关系下。其稳定性是由 $C_n = n^{1/\alpha}$ 中的稳定性参数 α 所支配的。如前所述,一个较低的 α 值会得到厚尾分布。标准中心极限定理并没有被应用到非 Gaussian 的情形之中:被恰当标准化的大量独立同分布随机变量,将趋向于一个 α-稳定随机变量,以代替普通随机变量。

下列例子将说明 α-稳定分布的稳定特性。假设 $X_1, X_2, \cdots, X_n$ 是独立且具有稳定指数 α 的 α-稳定随机变量,它们各自还有参数 $\{\beta_i, \sigma_i, \mu_i\}, i = 1, 2, \cdots, n$,则:

■ $Y = \sum_i^n X_i$ 服从具有指数 α 的 α-稳定分布,其他参数如下:

$$\beta = \frac{\sum_i^n \beta_i \sigma_i^\alpha}{\sum_i^n \sigma_i^\alpha}, \quad \sigma = \left(\sum_i^n \sigma_i^\alpha\right)^{1/\alpha}, \mu = \sum_i^n \mu_i$$

■ $Y = X_i + a$,其中 a 是实常数,则 Y 服从具有指数 α 的 α-稳定分布,其他参数列表如下:

$$\beta = -\beta_1, \sigma = \sigma_1, \quad \mu = -\mu_1 + a$$

■ $Y = aX_i$ 为实常数且 $a \neq 0$,则 Y 是一个具有指数的 α-稳定分布,其他参数如下:

$$\beta = (\text{sign}\ a)\beta_1, \sigma = |a|\sigma_1, \quad \mu = a\mu_1 \quad \text{当}\ \alpha \neq 1\ \text{时}$$

$$\beta = (\text{sign}\ a)\beta_1, \sigma = |a|\sigma_1, \quad \mu = a\mu_1 - \frac{2}{\pi}a(\ln a)\sigma_1\beta_1 \quad \text{当}\ \alpha = 1\ \text{时}$$

■ $Y = -X$ 是一个具有稳定指数 α 的 α-稳定分布,其他参数如下:

$$\beta = -\beta_1, \quad \sigma = \sigma_1, \quad \mu = -\mu_1$$

7.3　估计 α-稳定分布的参数

既然 α-稳定分布的闭式密度函数不存在,那么传统的"最大似然估计(MLE)"在这里就无法应用。[①]有如下两种方法被普遍地用于估计这 4 个参数:

1. "样本特征函数法":用观测到的数据来评价样本的特征函数,并估计那些诸如样本和理论特征函数间差距的未知参数,使其最小。

2. "密度函数数值逼近法":逼近密度函数用一一对应的关系来联系特征函数和密度函数。

7.3.1　样本特征函数法

它由 Press 于 1972 年提出,该法是基于理论特征函数法和样本特征函数法相

---

① 详见本书第 6 章有关最大似然估计法的论述。

比较后所得出的。上述比较程序的第一步为,对于一个给定的样本 $X_1,X_2,\cdots,X_n$,计算该样本的特征函数值

$$\hat{\phi}(t) = \frac{1}{n}\sum_{k=1}^{n}e^{itx_k}$$

第二步,用数理优化软件将理论特征函数法搭配到一个样本特征函数法之中。所得到的估计值是以实际为依据的,因此样本和理论特征函数之间的差距是最小的。[①]

7.3.2 密度函数数值逼近法

它由 Dumouchel(1971,1973)提出,该法是基于对密度函数的数值逼近,然后用最大似然估计法来估计未知参数的值。第一步,我们将特征函数进行快速傅立叶转换(FFT),来获得密度函数;[②]第二步,用数值优化软件对未知参数进行极大似然估计,使参数的筛选结果与密度函数具有最大的相似性。

7.4 α-稳定分布随机变量的有效转换

当 $\alpha > 1$ 或 $|\beta| < 1$ 时,α-稳定分布的取值范围为$(-\infty, +\infty)$。这样的分布可用于建立数据模型,不管这些数据是具有积极价值的还是具有消极价值的。如果仅仅将该分布用于操作风险数据以记录其积极价值,并不是明智的。在这里,我们建议使用 α-稳定分布3个转换分布中的任意1个:对称 α-稳定分布、对数 α-稳定分布以及截尾 α-稳定分布。

7.4.1 对称 α-稳定随机变量

对称 α-稳定分布是对称的且以零点为中心。若将其应用于操作损失严重性数据,我们则可以通过 $Y = [-X, +X]$ 对原始数据进行简单的转换。这样一来,就只需要对 α 和 σ 进行参数估计(β 和 μ 为0)。

7.4.2 对数 α-稳定随机变量

对原始数据进行自然对数转换通常是很方便的。[③]若原始数据的自然对数服从 α-稳定分布,则随机变量 X 服从对数 α-稳定分布。当有理由相信其数据是厚尾数据时,对数 α-稳定分布对这些数据是非常适用的。另外,我们还了解到规则的 α-稳定分布不可能充分涵盖极端尾部事件。

---

① 有关上述方法的详细描述见 Kogon 和 William(1998)。
② 有关上述方法的细节,见 Menn and Rachev(2006)和 Nolan(1997)。$f(x)$ 的数值估计由 STABLE 软件包来实现,该软件包可以从 http://academic2. american. edu/ ~ jpnolan/stable/stable. html 上免费获取。
③ 一个典型例子为对数正态分布:若 X 服从一个对数正态分布,则 log$X$ 服从具有相同位置和比例参数 μ 和 σ 的正态分布。

7.4.3 截尾 α-稳定随机变量

相对于对原始数据集进行转换,另一个有关密度函数限制的方案被引入。支持 α-稳定分布会把其限定在正半轴,以避开 $\beta < 1$ 时在零以下但具有正值概率价值的可能性。然后将估计部分应用于左边截断的稳定分布,其表达式为:

$$f(x) = \frac{g(x)}{1 - G(0)} \times \Pi_{x>0}$$

其中,$\chi > 0$ 时,$\Pi_{x>0} = 1$;$\chi < 0$ 时,$\Pi_{x>0} = 0$;$g(x)$ 是 α-稳定分布的密度函数。$G(0)$ 是在零点计算的累加分布函数值。适合左边截断的数据同样适合于右尾分布。在操作风险模型中,左边截断分布是特别有用的,因为损失只取正数部分。[①]

7.5 有关操作损失数据的应用

当前, 操作风险数据在 α- 稳定分布中的应用是有限的。Medova 和 Kuriacon(2001) 在其最近的研究中,率先提出将该分布应用于操作损失模型的研究。这个分布的适用性被对操作损失数据高度可变性所做的观测所证明,其稳定性符合实际应用的目的。事实上,有关 α-稳定分布随机变量性质的研究已经开始,然而可惜的是,Medova 和 Kuriacon 并没有用实际操作损失数据对这个模型进行检验。尽管如此,在后面部分我们仍将就有关操作损失数据检验的两个研究展开论述。

7.5.1 Chernobai、Menn、Rachv 和 Trück 基于 1980—2002 年公开损失数据的研究

下面,我们来介绍一下 α-稳定分布在操作损失数据模型中经验应用的结果。Chernobal、Menn、Rachv 和 Trück 对一个可用的公开数据集进行了检验。这同第 5 章中他们所做的研究是完全一样的,该数据集包含如下 5 种损失类型:关联类型操作损失、人为类型操作损失、过程类型操作损失、技术类型操作损失以及外部原因类型操作损失。有关该样本的可视检验,展现了其数据的峰态类型:零点附近的一个极高点和外延右尾表明了右部的不对称性以及该数据的高度分散性。综上所述,选用 α-稳定分布可能是个合理的安排。

上述数据是在以百万为最小阈值的条件下取得的。因此用这个方法所取得的最大关联数据适用于有条件的左截断损失分布。[②]几个分布的参数估计、拟合优化

---

① 详见本书第 9 章中有关截尾分布的内容。
② 详见本书第 9 章有关上述方法的论述。

度统计量(KS 和 AD[1]) 和相应的 p 值[2]等见表 7—1。[3]

在 KS 和 AD 统计值的基础上,对数 Weibull 分布、Weibull 分布或对数正态分布密度函数描述的是最优损失数据(大多数情况下,这些模型的统计值是最低的)。不管怎样,一个有关 p 值的检验表明,在 23/30 的情况下,对数 α-稳定分布、对称 α-稳定分布甚至所有这些分布,都能得到最高的 p 值。这也表明它是非常符合预期的。这还证实了有关操作损失分布[4]是厚尾分布,且能用 α-稳定分布来进行描述的推测。

表 7—1　Chernobal、Menn、Rachv 和 Trück 研究中的参数估计和拟合优度统计值

	关联类型	人为类型	过程类型	技术类型	外部类型
指数分布					
β	$11.25 \cdot 10^{-9}$	$17.27 \cdot 10^{-9}$	$3.51 \cdot 10^{-9}$	$13.08 \cdot 10^{-9}$	$9.77 \cdot 10^{-9}$
KS	$11.0868[\approx 0]$	$14.0246[\approx 0]$	$7.6043[\approx 0]$	$3.2160[\approx 0]$	$6.5941[\approx 0]$
AD	$344.4[\approx 0]$	$609.1[\approx 0]$	$167.6[\approx 0]$	$27.84[\approx 0]$	$128.35[\approx 0]$
对数正态分布					
μ	16.1911	15.4627	17.1600	15.1880	15.7125
σ	2.0654	2.5642	2.3249	2.7867	2.3639
KS	$0.8056[0.082]$	$0.8758[0.032]$	$0.6854[0.297]$	$1.1453[\approx 0]$	$0.6504[0.326]$
AD	$0.7554[0.043]$	$0.7505[0.408]$	$0.4624[0.223]$	$1.3778[\approx 0]$	$0.5816[0.120]$
Weibull 分布					
β	0.0032	0.0240	0.0021	0.0103	0.0108
τ	0.3538	0.2526	0.3515	0.2938	0.2933
KS	$0.5553[0.625]$	$0.8065[0.103]$	$0.6110[0.455]$	$1.0922[\approx 0]$	$0.4752[0.852]$
AD	$0.7073[0.072]$	$0.7908[0.112]$	$0.2069[0.875]$	$1.4536[\approx 0]$	$0.3470[0.519]$
对数 Weibull 分布					
β	$0.27 \cdot 10^{-8}$	$30.73 \cdot 10^{-8}$	$0.11 \cdot 10^{-8}$	$11.06 \cdot 10^{-8}$	$2.82 \cdot 10^{-8}$
τ	7.0197	7.0197	7.1614	5.7555	6.2307
KS	$0.5284[0.699]$	$0.9030[0.074]$	$0.5398[0.656]$	$1.1099[\approx 0]$	$0.6893[0.296]$
AD	$0.4682[0.289]$	$0.7560[0.392]$	$0.1721[0.945]$	$1.5355[\approx 0]$	$0.4711[0.338]$

[1]　详见本书第 10 章有关变量拟合优度测试的论述。对于不同大小的样本,比例因子 $\sqrt{n}$ 和 n 被相应应用于 KS 和 AD 统计量的计算。

[2]　更高的 p 值意味着一个更好的拟合度,该研究中所出现的 p 值是基于一个复合拟合优度测试。

[3]　有关广义分布和综合拟合优度测试更加详尽的分析,见 Chernobai、Menn、Rachev 和 Truck(2005)。

[4]　另一种方法是将数据分为两个部分:数据主体和右尾。一些实证证据表明这两部分数据遵循不同的法则。极值理论是一个可以被应用于上述分析的方法。其具体内容详见本书第 8 章。

续表

	关联类型	人为类型	过程类型	技术类型	外部类型
对数 α-稳定分布					
α	1.9340	1.4042	2.0000	2.0000	1.3313
β	-1	-1	0.8195	0.8040	-1
σ	1.5198	2.8957	1.6476	1.9894	2.7031
μ	15.9616	10.5108	17.1535	15.1351	10.1928
KS	1.5929[0.295]	9.5186[0.319]	0.6931[0.244]	1.1540[≈ 0]	7.3275[0.396]
AD	3.8067[0.290]	304.6[0.215]	0.4759[0.202]	1.3646[≈ 0]	194.7[0.284]
对称 α-稳定分布					
α	0.6592	0.6061	0.5748	0.1827	0.5905
σ	$1.0 \cdot 10^7$	$0.71 \cdot 10^7$	$1.99 \cdot 10^7$	$0.17 \cdot 10^7$	$0.71 \cdot 10^7$
KS	1.1634[0.034]	1.1628[0.352]	1.3949[0.085]	2.0672[0.085]	0.7222[0.586]
AD	4.4723[0.992]	11.9320[0.436]	6.5235[0.964]	19.6225[≈ 1]	1.7804[0.841]

7.5.2　Chernobal、Rachv 基于 1950—2002 年公开损失数据的研究

在这个研究中,α-稳定分布被用于间隔时间。[1]这个研究与先前研究的不同之处在于它是将 α-稳定分布应用于事件发生的时间间隔,而不是损失事件本身。一个厚尾的间隔时间分布可能表明:有一组损失事件的发生时间违反了简单泊松分布关于发生过程的假设。

表 7—2 中几个分布的 KS 拟合优度统计量[2]适用于已知准确数据的事件发生的时间序列。在表中我们可以清楚地看到,基于低 KS 统计值,比起其他几个可供选择的分布来说,α-稳定分布则更加合适。需要特别予以说明的是,指数分布在这里匹配性很低,允许含有高频率事件的分布不服从均匀的泊松分布。[3]

表 7—2　　在 Chernobal、Rachv 的研究中对一组损失分布的 KS 统计值

	关联类型	人为类型	过程类型	技术类型	外部类型
			单边分布		
指数分布	0.3447	0.2726	0.2914	0.2821	0.3409
对数正态分布	0.3090	0.2550	0.2575	0.2821	0.3409
α-稳定分布	0.1020	0.0944	0.1090	0.1153	0.1013
Pareto 分布	0.3090	0.2222	0.2649	0.2821	0.3409

---

①　有关该研究的具体细节详见 Chernobai 和 Rachev(2004)。
②　该 KS 值不适用于不同大小样本的计算。关联类型、人为类型、过程类型、技术类型以及外部数据类型的样本大小分别为 554、597、199、31 和 160。
③　回想一个标准齐次泊松过程,其意味着该间隔时间分布是具有相同强度参数的指数分布。

续表

	关联类型	人为类型	过程类型	技术类型	外部类型
双边分布					
Student t	0.3083	0.3070	0.3623	0.4077	0.3523
Cauchy 分布	0.2643	0.2630	0.3252	0.3924	0.3157
对称 α-稳定分布	0.1234	0.1068	0.0899	0.0931	0.1084

7.6 重要概念总结

■ α-稳定分布的如下优良特性使其适用于操作风险模型:(1)4个参数的高度灵活性;(2)线性转换关系下的稳定性;(3)低次尾部衰变涵盖了厚尾事件。

■ 总的来说,密度函数的闭式表达式并不存在,这使分析变得极其复杂。尽管如此,由于相似特征函数的存在,使得我们能够用数据优化软件对这个分布的未知参数进行估计。如下两种方法可以被应用:(1)样本特征函数法;(2)密度函数数值逼近法。

■ 也可以考虑将 α-稳定分布的变异形式应用于操作损失数据。α-稳定分布的变异形式具体包括对称 α-稳定分布、对数 α-稳定分布以及左边截断的 α-稳定分布。

■ α-稳定分布对实际操作损失数据的应用,充分证实了操作损失数据是严重厚尾的,且该尾部事件也能被 α-稳定分布很好地涵盖。

7.7 附录:特征函数

每个分布都可以通过它的特征函数来进行唯一的描述。虽然并不是每个分布都会有相应的密度函数形式,但是每个分布的特征函数总是存在着并决定着其分布的特性。因此,一个随机变量的重要性质可以通过其特征函数的特性来进行演绎。在表 7—3 中,我们给出了几种常见的离散分布与连续分布特征函数的表达式。[1]

---

[1] 一些常见分布特征函数的简单近似形式并不存在。在操作损失数据中经常被用到的对数正态分布就是这样。这使得运用对数正态分布进行操作变得困难起来,因此一些近似形式将被应用,比如 Thorin 和 Wikstad(1977) 和 Leipnik(1991)。Leipnik(1991) 所给出的对数正态分布特征函数的形式如下:

$$\varphi x(t) = \sqrt{\frac{\pi}{2\sigma^2}e}^{-\frac{\left(\log t+\mu+\frac{\pi i}{2}\right)^2}{2\sigma^2}} \sum_{l=0}^{\infty} (-1)^l d_l (2\sigma^2)^{-\frac{l}{2}} H_l \left(\frac{\log t + \mu + \frac{\pi i}{2}}{\sigma\sqrt{2}}\right)$$

1. 特征函数的定义

特征函数是这样一个函数 —— 它将一个现实的平面映射到一个更为复杂的平面：$\phi : \mathscr{R} \rightarrowtail \mathbb{C}$ 上去。分布函数 $F(x)$ 在其随机变量 X 附近的某特殊点 $t(-\infty < t < +\infty)$ 的特征函数，为其转换变量 e^{itx} 的期望。当 $i = \sqrt{-1}$ 时，

$$\phi(t) := \mathbb{E}[e^{itx}] = \int_{-\infty}^{+\infty} e^{itx} dF(x)$$

若 X 是具有密度函数 $f(x)$ 的连续随机变量，则：

$$\phi(t) = \int_{-\infty}^{+\infty} e^{itx} f(x) d(x)$$

若 X 是具有概率函数 $p_n = P(X = x_n)$，$n = 1,2 \cdots n$，$\sum_{n=1}^{+\infty} p_n = 1$ 的离散随机变量，则：

$$\phi(t) = \sum_{n=1}^{+\infty} e^{itx_n} p_n$$

表 7—3　　　　　　　　常用离散型分布和连续型分布的特征函数

分布名称	$f(x)$ 或者 $P(X = x)$	特征函数
1. 离散型分布		
二项分布	$P(X = x) = \binom{n}{x} p^x (1-p)^{n-x}$	$\phi(t) = (1 - p + pe^{it})^n$
几何分布	$P(X = x) = (1-p)^{x-1} p$	$\phi(t) = \dfrac{p}{e^{-it} - 1 + p}$
泊松分布	$P(X = x) = \dfrac{e^{-\lambda} \lambda^x}{x!}$	$\phi(t) = e^{\lambda(e^{it}-1)}$
负二项分布	$P(X = x) = \binom{n+x-1}{x} p^x (1-p)^n$	$\phi(t) = \left(\dfrac{p}{e^{-it} - 1 + p}\right)^n$
2. 连续型分布		
正态分布	$f(x) = \dfrac{1}{\sqrt{2\pi}\sigma} e^{-\frac{(x-\mu)^2}{2\sigma^2}}$	$\phi(t) = e^{i\mu t - \frac{1}{2}\sigma^2 t^2}$
指数分布	$f(x) = \lambda e^{-\lambda x}$	$\phi(t) = \dfrac{\lambda}{\lambda - it}$
伽玛分布	$f(x) = \dfrac{\beta^\alpha}{\Gamma(\alpha)} x^{\alpha-1} e^{-\beta x}$	$\phi(t) = \left(\dfrac{\beta}{\beta - it}\right)^\alpha$
Weibull 分布	$f(x) = \alpha\beta x^{\alpha-1} e^{-\beta x^\alpha}$	复杂
贝塔分布	$f(x) = \dfrac{\Gamma(\alpha+\beta)}{\Gamma(\alpha)\Gamma(\beta)} x^{\alpha-1}(1-x)^{\beta-1}$	$\phi(t) = \dfrac{\Gamma(\alpha+\beta)}{\Gamma(\alpha)\Gamma(\beta)} \sum_{k=0}^{\infty}$ $\left[\dfrac{\Gamma(\alpha+k)}{\Gamma(\alpha+\beta+k)} \dfrac{(-it)^k}{k!}\right]$
对数正态分布	$f(x) = \dfrac{1}{\sqrt{2\pi}\sigma x} e^{-\frac{(\log x - \mu)^2}{2\sigma^2}}$	复杂

分布名称	$f(x)$ 或者 $P(X = x)$	特征函数
Pareto 分布	$f(x) = \dfrac{\alpha\beta^{\alpha}}{x^{\alpha+1}}$	$\phi(t) = \alpha(-i\beta t)^{\alpha}\Gamma(-\alpha, -i\beta t)$
Burr 分布	$f(x) = \gamma\alpha\beta^{\alpha}\dfrac{x^{\gamma-1}}{(\beta + x^{\gamma})^{\alpha+1}}$	复杂
α-稳定分布	不存在	$\phi(t) = \begin{cases} exp\left(-\mid\sigma t\mid^{\alpha}(1 - i\beta(\mathrm{sign}t)\tan\dfrac{\pi\alpha}{2}) + iut\right) & \alpha \neq 1 \\ exp\left(-\sigma\mid t\mid(1 + i\beta\dfrac{2}{\pi}(\mathrm{sign}t)\ln\mid t\mid) + iut\right) & \alpha = 1 \end{cases}$

2. 特征函数的性质

有关特征函数的一些有用的性质,我们可以在一些课本中找到。[1]在这里,我们列出特征函数在实际应用中的几个比较重要的性质。

■ 记 $\phi^{(k)}(0)$ 是 k^{th} 在零点计算的特征函数的导数,若 $\mathbb{E}[X^k] < \infty$,则 X 的原始矩 k^{th} 可以通过下式进行计算:

$$\mathbb{E}[X^k] = \frac{\phi^{(k)}(0)}{i^k}$$

■ 若 a 和 b 是实常量,且 $Y = aX + b$,则:

$$\phi_Y(t) = e^{itb} \times \phi_X(at)$$

■ 若 X 和 Y 是相互独立的随机变量,其特征函数分别为 $\phi_X(t), \phi_Y(t)$,则 $X + Y$ 的特征函数为:

$$\phi_{X+Y}(t) = \phi_X(t) \times \phi_Y(t)$$

■ 若 X 和 Y 是相互独立的随机变量,则其联合分布的特征函数为:

$$\phi_{X,Y}(s,t) = \phi_X(s) \times \phi_Y(t)$$

3. 分布函数和特征函数的联系

如前所述,分布函数和特征函数之间是一一对应的关系。如下的关系[2]使我们能从特征函数得到密度函数:

$$f(x) = \frac{1}{2\pi}\int_{-\infty}^{+\infty} e^{-itx}\phi(t)dt$$

---

① 参见 Grimmett 和 Stirzaker(2001)以及 Ushakov(1999)。
② 上述关系是由傅立叶转换理论所得来的。

第 **8** 章 极值理论

一名风险管理师往往会关注那些低频率/高严重程度的损失分布。这种类型的损失通常位于损失分布的上尾。上述情形所涉及的研究领域就是"极值理论（EVT）"。其第一个模型，"分块样本极值模型"，用来检验各等分时间段中的样本极大值的行为。在对操作风险建模的过程中，普遍运用 EVT 来分析超过某一高阀值的损失的行为（超过阈值峰态模型）。在本章中，我们将介绍一些相关的理论背景和 EVT 建模中将会用到的概率分布的性质。作为一种风险建模工具，EVT 的优点和局限性也会在下文中提到。在本章最后，我们将讨论一些相关的实证研究。

8.1 分块样本极值模型

考虑操作损失时间序列数据，将其分割为若干容量相同且互相独立的子样本（例如，每一子样本的时间段为一年）。分块样本极值模型关注于取自各子样本的极大事件的分布，如图 8—1 所示。

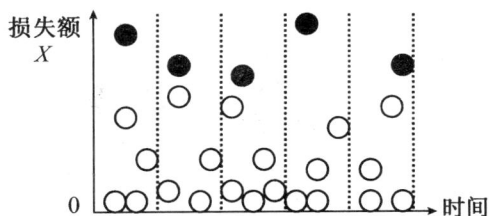

图 8—1 分块样本极值模型

对于非常大的极端损失观测值 x，上述标准化的极大值的极限分布为"广义极值（GEV）"分布：

$$F(x) = \begin{cases} \exp\left\{ - \left(1 + \xi \dfrac{x - \mu}{\beta} \right)^{-\frac{1}{\xi}} \right\} & \text{若 } \xi \neq 0 \\ \exp\left\{ - e^{-\frac{x-\mu}{\beta}} \right\} & \text{若 } \xi = 0 \end{cases}$$

其中,$1 + \xi \dfrac{x - \mu}{\beta} > 0$,且

$$x > \mu - \frac{\beta}{\xi} \qquad 若\ \xi > 0$$

$$x < \mu - \frac{\beta}{\xi} \qquad 若\ \xi < 0$$

$$-\infty < x < +\infty \qquad 若\ \xi = 0$$

x 是指极大值，$-\infty < \mu < +\infty$，且 $\beta > 0$。μ 是位置参数（通常假设为 0），β 是比例参数。ξ 是形态参数。

设 GVE 分布的反函数有一个简单的形式：$F^{-1}(p) = \mu - \beta\log(-\log p)$，当 $\xi = 0$ 时；$F^{-1}(p) = \mu - \beta(1 - (-\log p)^{-\xi}/\xi)$，当 $\xi \neq 0$，且 $p \in (0,1)$ 时。因此，一个 GEV 随机变量可以通过使用逆变换法来模拟：当 $\xi = 0$ 时，$X = \mu - \beta\log(-\log U)$；当 $\xi \neq 0$ 时，$X = \mu - \beta(1 - (-\log U)^{-\xi})/\xi$，其中 U 服从 $(0,1)$ 上的均匀分布。

8.2 超过阈值峰态(POT)模型

在 POT 模型中，重点是对超过某一高阈值的观测值进行统计分析（如图 8—2 所示）。

8.2.1 广义 Pareto 分布

设 X 是一个表示操作损失的随机变量，其累积分布函数为 F，u 表示某一高阈值，则 F_u 就是高于这个阈值的损失分布，同时也被称为条件超限分布函数（参见图 8—3 下面的说明）：

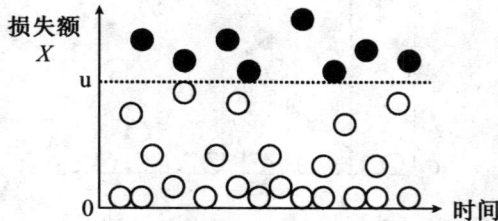

图 8—2 POT 模型

$$F_u(x) = P(X - u \leq x \mid X > u) = \frac{F(u + x) - F(u)}{1 - F(u)}$$

我们忽略了一些技术细节而直接给出了最后的结果。对于一个充分大的阈值 u，极端观测值的条件超限分布函数 F_u 由广义 Pareto 分布（GPD）来表示。[1]GPD 的累积分布函数如下：

---

① 有关 EVT 和 POT 模型的细节，详见 Pickands(1975) 和 Embrecht、Klüppelberg 和 Mikosch(1977)。

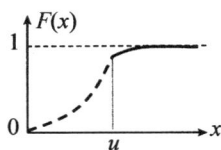

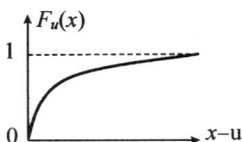

图8—3 条件极值分布的图示

$$F(x) = \begin{cases} 1 - \left(1 + \xi \dfrac{x-\mu}{\beta}\right)^{-\frac{1}{\xi}} & 若 \xi \neq 0 \\[2mm] 1 - e^{-\frac{x-\mu}{\beta}} & 若 \xi = 0 \end{cases}$$

其中,

$$x \geq \mu \qquad\qquad 若 \xi \geq 0$$

$$\mu \leq x \leq \mu - \frac{\beta}{\xi} \qquad 若 \xi < 0$$

x 表示高于阈值的极端观测值, $-\infty < \mu < +\infty$, $\beta > 0$。μ 是位置参数(通常假设为 0), β 是比例参数, ξ 是形态参数。当 $\xi > 0$ 时,我们得到一个厚尾分布;[1]当 $\xi = 0$ 时, 表示指数分布;当 $\xi = -1$ 时,对应的是均匀分布。图8—4给出了对应于某些 ξ 值的 GPD 的概率密度的例子。[2]

原始矩按下式计算:

$$\mathbb{E}(X^k) = \frac{\beta^k}{\xi^{k+1}} \frac{\Gamma(1/\xi - k)}{\Gamma(1 + 1/\xi)} k!, \quad 若 \xi < 1/k$$

总体均值和方差的计算公式为:

$$\text{mean}(X) = \mu + \frac{\beta}{1-\xi}, \quad 若 \xi < 1$$

$$\text{var}(X) = \frac{\beta^2}{(1-\xi)^2(1-2\xi)}, \quad 若 \xi < 1/2$$

GPD 分布的反函数也有一个简单形式:当 $\xi = 0$ 时, $F^{-1}(p) = \mu - \beta\log(1-p)$; 当 $\xi \neq 0$, $p \in (0,1)$ 时, $F^{-1}(p) = \mu - \beta(1-p^{-\xi})/\xi$。因此,一个 GPD 随机变量可以 使用逆变换法来模拟:当 $\xi = 0$ 时, $X = \mu - \beta\log(1-U)$;当 $\xi \neq 0$ 时, $X = \mu - \beta(1 - U^{-\xi})/\xi$,其中 U 服从 $(0,1)$ 上的均匀分布。

---

① $\xi > 0$ 的 GPD 得到的是一个再参数化的 Pareto 分布,参见本书第6章有关 Pareto 分布和其他损失分 布的论述。
② 更多例子参见 Embrechts、Klüppelberg 和 Mikosch(1997)第3章。

GPD 密度

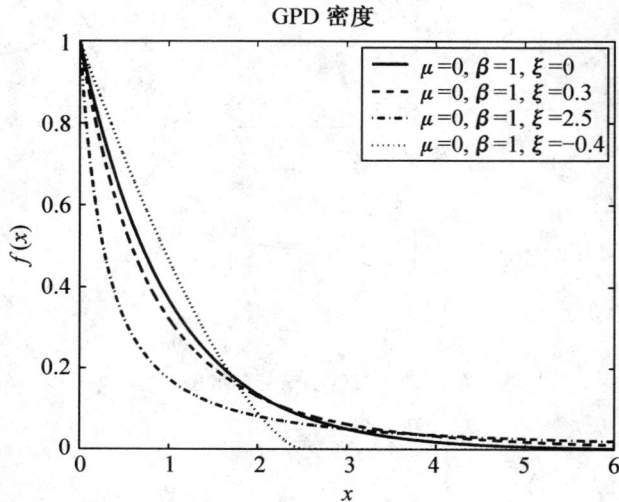

图 8—4　GPD 密度随着变化的形态参数而变化的图示

8.2.2　选择高阈值

如前所述,当数据超过一定的阈值 u 时,其服从 GPD 分布,但是对阈值的选择又是如何来确定的呢?对阈值进行选择的关键在于解决一个最优化问题。一方面,GPD 被设计以适应极端事件,因此为了不违反模型的渐进原则,它应该被限制在一个有限的样本规模之内;另一方面,若上尾观测值选得太少,则将使得估计值对阈值的选择非常敏感,从而具有很大的方差。不幸的是,这是一个很困难的工作,到目前为止,还不存在普遍接受的解决方法。不过,实务人员和研究者们经常依赖于"平均超额图"的直接观测值。[①]

"平均超额函数"被定义为大于 u 的数据值与 u 的差值的均值,对于不同的阈值水平 u,其表达式为:

$$e(u) = \mathbb{E}(X - u \mid X > u)$$

以阈值水平 u 为横坐标,平均超额函数 $e(u)$ 为纵坐标即可绘出平均超额图。如图 8—5 所示,其所描绘的是引自第 6 章实证分析部分的外部类型操作风险损失数据的平均超额图。

对于 GPD 来说,其平均超额函数为:

$$e(u) = \frac{\beta}{1 - \xi} + \frac{\xi}{1 - \xi}u$$

这意味着当 $0 < \xi < 1$ 且 $\beta + \xi u > 0$ 时,平均超额图应当看起来像一条向上倾斜的直线:损失分布的尾部越厚(即,ξ 越接近于 1),直线越陡峭。向上倾斜的平均超额

[①]　选择高阈值的其他方法在以下文献中有论述:Coles(2001)、Danielson 和 DeVries(1997)、Pictet、Dacorogna 和 Muller(1996)、Jansen 和 DeVries(1991)和 Beirlant、Teugels 和 Vynckier(1996)。

图表明损失分布为一个类 Pareto 分布。相似地,一个平坦的平均超额图则表明损失分布为指数分布。

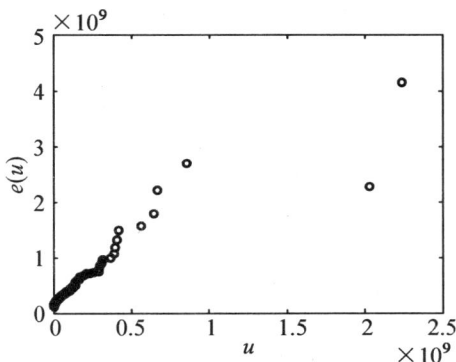

图 8—5　对外部操作风险数据的平均超额图

当 $\xi < 0$ 时,分布具有薄尾性(且有一个有界子集)且图形是向下倾斜的。如前所述,图 8—5 所对应的损失分布具有明显的厚尾特征。在 Embrechts、Klüppelberg 和 Mikosch(1997)、McNeil 和 Saladin(1997)、Medova 和 Kuriacou(2001)中可以找到有关多元平均超额图的例子。

因此,选择 u 的一般经验规则是:选择 u 值,使得对于 $x > u$,且平均超额图大致成线性。另外,该法的缺点在于未知参数对阈值的选择会很敏感。

8.2.3　POT 模型下的在险价值

在 POT 模型下,使用条件平均超额函数和 GPD 函数的逆函数的表达法,可以很容易地计算出在险价值[1]。令 n 表示一年内的损失事件数,若利用经验分布函数描述低于阈值的损失数据,则 $(n - Nu)/n$ 的损失将低于阈值 u,Nu 的损失将在阈值 u 之上。置信水平为 $1 - \alpha$ 的在险价值的表达式为:[2]

$$\widehat{\mathrm{VaR}}_{1-\alpha} = u - \frac{\hat{\beta}}{\hat{\xi}}\left(1 - \left(\frac{N_u}{n(1-\alpha)}\right)^{\hat{\xi}}\right)$$

类似地,置信水平为 $1 - \alpha$ 的条件在险价值(CVaR)为:[3]

$$\widehat{\mathrm{CVaR}}_{1-\alpha} = \widehat{\mathrm{VaR}}_{1-\alpha}\left(\frac{1}{1 - \hat{\zeta}} + \frac{\hat{\beta} - \hat{\xi}u}{(1 - \hat{\xi})\,\widehat{\mathrm{VaR}}_{1-\alpha}}\right)$$

8.3　估计形态参数

操作损失数据集中通常缺少足够多的损失分布上尾的观察值。因此,对 GPD

---

[1]　在险价值和条件在险价值的概念将会在第 11 章中被再次提及。
[2]　详细内容参见 Embrechts、Furrer 和 Kaufmann(2003)。
[3]　详细内容参见 Chavez-Demoulin 和 Embrechts(2004)。

参数和GEV分布的参数估计可能会很复杂。特别地,精确地估计形态参数ξ是非常重要的。参数最大似然估计量(详见第6章)可能很方便,但不是最优的。此外,可以使用如下两种非参数估计量:Hill估计量和Pickands估计量。[1]

8.3.1 Hill 估计量

假设$X(1) \geqslant X(2) \geqslant \cdots \geqslant X(n)$是一组有序数据(即,顺序统计量)。形态参数$\xi$的Hill估计量[2]通过下式估计得到:

$$\hat{\xi}^H = \frac{1}{k} \sum_{j=1}^{k} \ln X_j - \ln X_{(k)}$$

假设我们有一个数据样本[3],其包括12个极值观测值(单位:千美元):

$$X = \{600, 400, 260, 250, 240, 165, 120, 115, 86, 83, 75, 52\}$$

然后,分别取k值为$1, \cdots, 12$,相应的形态参数的Hill估计值分别为:

$$\hat{\xi} = \{0, 0.2027, 0.4223, 0.3462, 0.3096, 0.5702, 0.7617, 0.7038, 0.8839, 0.8274, 0.8444, 1.1097\}$$

图8—6给出了Hill图。

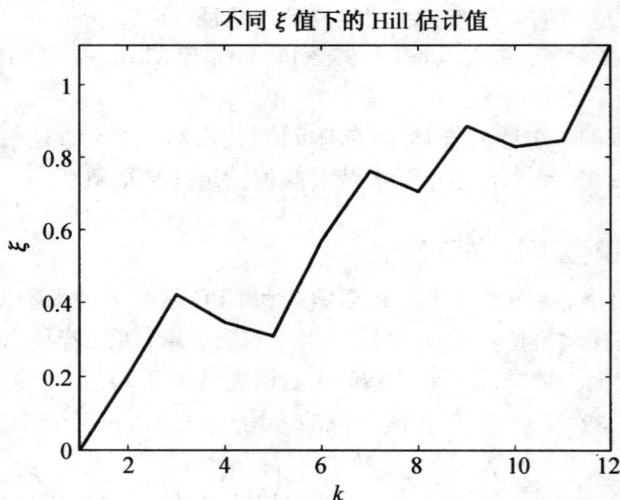

不同 ξ 值下的 Hill 估计值

图8—6　对案例数据样本的 Hill 图

Hill估计量特别适用于幂尾衰减的分布。[4]有关Hill估计量的一些渐进性质,参见Embrechts、Klüppelberg和Mikosch(1997)。

---

[1]　诸如每日对数收益在内的金融时间序列,常常显示的是形态参数介于1/4 ~ 1/3 的尾部事件。
[2]　Hill 估计法由 Hill(1975) 提出。
[3]　相似的例子参见 Cruz(2002) 第 4 章。
[4]　参见本书第 6 章有关尾部特性的论述。

8.3.2 Pickands 估计量

形态参数 ξ 的 Pickands 估计量[1]通过下式估计得到:

$$\hat{\xi}^P = \frac{1}{\ln 2}\ln\frac{X_{(k)} - X_{(2k)}}{X_{(2k)} - X_{(4k)}}$$

显然,Pickands 估计量比 Hill 估计量要求更多的极端观测数据。与上述说明 Hill 估计量时相同,仍然假设样本 $x = 600, 400, 260, 250, 240, 165, 120, 115, 86, 83, 75, 52$(单位:千美元),令阈值 u 分别等于 3 个最大的观测数据值,则我们得到了相应的 Pickands 估计值:

$$\xi = \{0.4150, 0.1520, -0.2503\}$$

有关 Pickands 估计量的一些渐进性质,参见 Dekkers 和 de Hann (1989)、Embrechts、Klüppelberg 和 Mikosch (1997)。

8.4 极值理论的优点和局限性

我们主要依据 Diebold、Schuermann 和 Stroughair (1998)、Embrechts (2000),给出运用 EVT 对操作风险建模的一些优点及局限性。

其优点如下:

■ EVT 提供了极端事件的极限分布的理论特性。因此,它为接近观测数据边界或越过边界的低频率/高损失事件提供了直接的处理方法。

■ POT 模型可以用来处理超过高阈值(例如,在险价值)的灾难性损失。

■ 理论和计算工具都是可得的。损失分布的尾部有一个先验的函数形式。

■ 形态参数的非参数估计量——Hill 估计量和 Pickands 估计量——都具有很好的渐近性。

EVT 包括如下局限性:

■ 在 POT 模型中,参数解释和估计都是基于小样本进行的。[2] 这可能会使得估计量不具有无偏性,其对高阈值的选择非常敏感。

■ 在 POT 模型中,对决定极端损失的高阈值的选择主要基于直接观察平均超额图。更严密的方法还有待发展。

■ 基于 EVT 的分析都依赖于极端损失的分布特性,完全忽视了中、低程度损失数据的特性。

---

[1] Pickands 估计法由 Pickands(1975)提出,其扩展请参见 Rachev 和 Mittnik(2000)。

[2] Hill 估计法能用来估计 α-稳定分布的形态参数。尽管如此,Rachev 和 Mittik (2000) 提出,即使样本是从形态参数 $\alpha=1.8$ 的一个 α-稳定分布中取得的,使用 Hill 估计法产生理性结果的最小样本大小为 500 000 数据点。参见本书第 7 章有关 α-稳定分布的论述。

8.5 基于操作损失数据的实证研究

在这一节中，我们列举了一些将 EVT 应用于操作损失数据的例子。大部分实证研究都采用了 POT 模型。[①] 大部分研究发现，广义 Pareto 分布的形态参数 ξ 超过了单位值，这意味着损失分布的一阶矩和二阶矩均为无穷大。[②]

8.5.1 Cruz 基于欺诈损失数据的研究

Cruz（2002）运用 BMM 模型分析了一个来源未公开的欺诈损失数据样本（样本期间为 1992—1996 年）。他用 Hill 估计量估计形态参数，用概率权重矩估计量来估计 μ 和 β。表 8—1 中给出了参数估计值和拟合优度统计值（用 KS 表示的 Kolmogorov-Smirnov 统计量，用 V 表示的 Kuiper 统计量[③]）。在 1994 年和 1996 年，ξ 超过 1，表明 GEV 分布具有显著的厚尾性，且其一阶矩无穷大。

表 8—1　　　　Cruz 基于欺诈损失数据所进行的研究中的 GEV 分布的
参数估计和相应的拟合优度统计量值

	1992	1993	1994	1995	1996
1. GEV 参数估计					
ξ	0.9593	0.9941	1.5658	0.6795	1.0706
β	147 105.40	298 067.91	612 300.60	97 262.00	216 539.66
μ	410 279.77	432 211.40	1 101 869.17	215 551.84	445 660.38
2. 拟合优度统计量					
KS 检验	0.110	0.090	0.287	0.105	0.156
V 检验	0.112	0.175	0.352	0.150	0.251

资料来源：Cruz（2002，p.82），部分有修改。

Cruz 也采用某一业务部门的法律损失数据来检验 BMM 模型。参数估计方法与上面的一样。样本的描述性统计和 GEV 的参数估计见表 8—2。通过比较 GEV 分布、Pareto 分布、Weibull 分布和指数分布对总体数据集的拟合效果，Cruz 发现，GEV 分布具有更强的拟合能力。

[①] 其他一些研究在这里并没有给出。例如，Lewis（2004）、DiClemente 和 Romano（2004）、Medova（2002）、Ebnöther、Vanini、McNeil 和 Antolinez-Fehr（2001）、Chapelle、Crama、Hübner 和 Peters（2005）、de Fontnouvelle、DeJesus-Rueff、Jordan 和 Rosengren（2003a，b）、Embrechts、Furrer 和 Kaufmann（2003）、Embrechts、Kaufmann 和 Samorodnitsky（2004）、Medova 和 Kuriacou（2001）和 Chavez-Demoulin、Embrechts 和 Neslehová（2005）。在大多数金融损失模型中，POT 模型已反复得到检验。

[②] 当估计在险价值和条件在险价值时会产生一些问题，它们可能得出一些不真实的高值。一个可行的方案为使用稳健估计法，具体参见本书第 12 章的论述。

[③] KS 和 V 检验对分布的中部赋予了更多的权重。本书将于第 10 章就 KS、V 和其他拟合优度统计量展开讨论。

表 8—2　　　　　Cruz 用法定损失数据进行的研究中的样本
描述统计量和 GEV 分布的参数估计

1. 样本描述统计量		2. GEV 分布的参数估计	
均值	439 725.99	ξ	0.60
st. deviation	538 403.93	β	305 088.17
偏度	4.42	μ	1 085 091.15
峰度	23.59		

资料来源：Cruz（2002，p.84），部分有修改。

8.5.2　Moscadelli 基于 2002 年 LDCE 数据的研究

Moscadelli（2004）的数据样本来源于巴塞尔委员会风险管理小组发布的《Loss Data Collection Exercise（LDCE）（2002.06）》。[①]

Moscadelli（2004）运用 POT 模型来估计操作风险资本要求。阈值 u 的选择是基于对平均超额测绘图的观察。因为其非常近似于一条以低 u 值为起点的直线，Moscadelli 选择 90 经验分位数为阈值，该点之上的损失数据运用 GPD 模型来分析。表 8—3 给出了模型参数、拟合优度的检验统计量以及 8 个业务部门的在险价值估计值。在所有的样本中，除部门 7 和部门 8 外，由于 ξ 均大于单位值，GPD 的均值为无穷大。

Moscadelli 进一步分别对 POT、对数正态和 Gumbel 模型下的在险价值模型进行了回测检验（后两种检验此处从略），发现与其他模型相比，POT 模型更符合现实。这一点可以通过对数正态和 Gumbel 模型往往低估损失分布的厚尾性这一事实来解释。

8.5.3　De Fontnouvelle、Rosengren 和 Jordan 基于 2002 年 LDCE 数据的研究

De Fontnouvelle、Rosengren 和 Jordan（2005）的数据样本与 Moscadelli（2004）的一致。他们仅选取了其中 6 家银行的数据，分别进行分析，而不是像 Moscadelli（2004）那样将所有数据混合在一起分析。他们关注以下 4 个业务部门的数据：

部门 2：贸易和销售
部门 3：零售业银行
部门 5：支付和结算
部门 7：资产管理

① 参见第 3 章中新巴塞尔资本协议的回顾。同时，参见 BIS（2003）对于数据的描述。

表 8—3			Moscadelli 基于 2002 年 LDCE 数据研究中的阈值估计、 GPD 参数、拟合优度统计量值及 VaR					
	部门 1	部门 2	部门 3	部门 4	部门 5	部门 6	部门 7	部门 8
1. 样本大小和阈值								
n	423	5 132	28 882	3 414	1 852	1 490	1 109	3 267
N_u	42	512	1，000	315	187	158	107	326
u（1 000 欧元）	400. 28	193. 00	247. 00	270. 00	110. 00	201. 66	235. 00	149. 51
2. GPD 参数估计（μ_j 等于 μ）								
ξ	1. 19	1. 17	1. 01	1. 39	1. 23	1. 22	0. 85	0. 98
β（1 000 欧元）	774	254	233	412	107	243	314	124
3. 拟合优度统计量								
KS 检验	0. 099	0. 027	0. 020	0. 058	0. 028	0. 064	0. 060	0. 033
AD 检验	0. 486	0. 508	0. 675	1. 541	0. 247	0. 892	0. 217	0. 291
4. 在险价值								
95% VaR (1 000 欧元)	1 222	463	176	668	230	501	511	272
99% VaR (1 000 欧元)	9 743	3 178	826	6 479	1 518	3 553	2 402	1 229
99.9%VaR (1 000 欧元)	154 523	47 341	8 356	159 671	25 412	58 930	17 825	11 539

资料来源：Moscadelli（2004，pp. 37，40 和 49），部分有修改。

和 5 种事件类型：

事件 1：内部舞弊

事件 2：外部欺诈

事件 3：雇佣者实习和工作场所安全性

事件 4：顾客、产品和贸易实务

事件 5：执行、交接和流程管理

表 8—4　　　　　在 De Fontnouvelle、Rosengren 和 Jordan 基于 LDCE 数据的
研究中，对形状参数 ξ 所做的估计

	Bank 1 *	Bank 2	Bank 3	Bank 4	Bank 5	Bank 6
所有部门和事件	1.28	0.87	0.99	0.92	0.97	1.01
事件 1	1.24	1.31		1.10		1.02
事件 2	1.17	0.79	0.63	0.69	0.86	0.93
事件 3	0.50	0.42		- 0.15		0.50
事件 4	1.36	1.25				1.46
事件 5	1.42	0.71	0.94	1.00	0.96	0.93
部门 2		0.68	1.18	0.49		0.42
部门 3	1.15	1.09	0.55	0.94	0.99	0.93
部门 5		1.06			1.07	1.03
部门 7		0.49	0.96		0.37	1.64

* 空格表示数据不足无法进行分析。

资料来源：de Fontnouvelle、Rosengren 和 Jordan（2005，p. 35）。

　　De Fontnouvelle、Rosengren 和 Jordan 将 GPD 模型与其他损失分布进行了比较。表 8—4 给出了 6 家银行形态参数 ξ 的估计值（没有报告 u 和 β 的估计值是为了保护银行的机密）。De Fontnouvelle、Rosengren 和 Jordan 认为参数估计表明 GPD 并不是一种非常合理的假设。他们得出以下结论：在许多情形中，形态参数的估计值均超过单位值，而这正意味着期望总损失和监管资本的估计值将高得离谱。因此，他们建议使用不同的方法来寻找阈值 u：他们还特别建议使用回归类型的 Hill 估计法[1]，此方法会产生一个大约为 0.68 的合理的形态参数估计值。

8.5.4　Chavez-Demoulin 和 Embrechts 基于操作损失数据的研究

　　Chavez-Demoulin 和 Embrechts（2004）分析了 10 年间的 3 种操作损失数据。[2] 出于保密的考虑，已对这些数据进行了修改。表 8—5 给出了 GPD 参数的估计值和相应的在险价值和条件在险价值。对 3 种损失类型来说，阈值 $u = 0.4$ 固定不变。从形态参数的估计值可以很明显看出，损失类型 3 的分布比其他两种损失类型的分布的尾部要薄。ξ 的估计值均小于单位值，表明损失分布的期望值有限，这便于估计条件在险价值。

---

① 详见 Huisman、Koedijk、Kool 和 Palm（2001）有关该方法的论述。
② 有关同一数据集的细节研究详见 Chavez-Demoulin、Embrechts 和 Neslehová（2005）。

表8—5 　　　在 Chavez – Demoulin 和 Embrechts 研究中 3 种
损失类型的 GPD 参数估计、在险价值和 CVaR

	种类 1	种类 2	种类 3
1. GPD 参数估计			
μ	0.4	0.4	0.4
ξ	0.7	0.7	0.3
β	1	1.8	1.3
2. VaR 和 CVaR			
99% VaR	40.4	48.4	11.9
99% CVaR	166.4	148.5	18.8

资料来源：Chavez-Demoulin 和 Embrechts（2004，p.11），部分有修改。

8.5.5　Dutta 和 Perry 基于 2004 年 LDCE 数据的研究

利用 2004 年 LDCE 中有关美国银行的数据，[①] Dutta 和 Perry（2006）考察了对操作损失数据采用各种不同的分布假设下，对监管资本的估计。研究共涉及 23 家机构。他们最终将数据集缩小到 7 家机构，它们均报告了至少 1000 个损失价值为 10 000 美元或更高的操作损失数据。出于对银行数据的保密，这些银行分别被记为银行 A、B、C、D、E、F 和 G。Dutta 和 Perry 使用 Hill 估计量对 7 家银行各自损失分布的形态参数进行了估计。他们将高阈值设为数据的前 5% 和前 10%。然后，他们以 99.9% 的置信水平来估计监管资本。表 8—6 给出了形态参数 ξ 的估计值和占总资产一定百分比的监管资本的估计值。由于超过一半的样本银行（4/7）的形态参数超过了单位值，导致监管资本的估计值高得离谱。大约一半的银行，其操作资本几乎达到了其总资产价值的 1/3；将近 1/4 的银行，其操作资本已超过其总资产价值的 50%。而且，估计值似乎很不稳定，对高阈值的选择十分敏感：对于同一家银行，不同的终止阈值水平导致不同的形态参数的 Hill 估计值。

表8—6 　　　形状参数 ξ 的估计以 5% 和 10% 为终止水平和
对监管操作风险资本估计的概括统计量（以占总资本的百分比的形式来表示）

	终止水平：5%	终止水平：10%
1. ξ 的 Hill 估计		
Bank A	1.03	1.07
Bank B	0.92	0.89
Bank C	1.12	1.01

---

① 2004LDCE 也被称作 QIS4。与以往的研究不同，该研究是由几个国家分别独立完成的。QIS2、QIS3、QIS4 和 QIS5 在本书第 3 章已述及。

续表

	终止水平：5%	终止水平：10%
	1. ξ 的 Hill 估计	
Bank D	1.28	1.20
Bank E	1.10	1.06
Bank F	0.83	0.98
Bank G	0.79	0.91
	2. 资本估计的样本统计量（占总资产的百分比）	
25 个百分位	5.83	11.88
中位数	33.57	23.04
75 个百分位	48.20	45.19

资料来源：Dutta 和 Perry（2006，p.37）。

8.6　重要概念总结

- 极值理论是统计学的一个研究领域，其关注极端事件的性质和行为。有两种模型在操作风险模型中经常被用到：（1）分块样本极值模型和（2）POT 模型。

- 分块样本极值模型能够用来刻画取自各等分时间段的最大操作损失的行为。使用 GEV 分布来描述此类极端事件的极限分布。

- POT 模型关注于超过阈值的损失行为，描述此类极端事件的极限分布是广义 Pareto 分布（GPD）。一些方法被建议用来决定高阈值，其中最常用的方法是基于平均超额图的观测检验。

- 受到极端操作风险样本容量的限制，对 GEV 分布和 GPD 形态参数的估计非常复杂。因此，最大似然法可能不是最优的。一般的形态参数的非参数估计量包括 Hill 估计量和 Pickands 估计量。

- 极值理论的优点包括：重点关注对低频率/高严重程度和灾难性事件的分析；有效的损失分布解析表达式；对模型参数简单有效的估计方法。其缺点为：由于数据样本较小导致对模型参数的估计可能产生偏差；缺乏普遍适用的分析方法以确定 POT 模型中的高阈值；完全忽视中、低程度操作损失数据的特性。

- 基于操作损失数据的实证研究表明，形态参数经常会远高于单位值。这意味着，除去无穷大的方差，总期望损失和监管资本要求的估计值可能高得离谱。

第 9 章 截尾分布

在一个理想的情况下，数据的收集过程将使得所有的操作损失事件被发现，并被妥当地记录下来。然而，记录这些数据是要受限于较低的记录阈值的，因此只有高于特定数值的数据才可以被录入到数据库之中。从这个意义上说，用于估计的数据似乎是左截尾的。在估计的过程中，为了确定一个正确的资本要求，必须对左截尾数据予以适当的处理。

在本章中，针对一些操作损失数据从数据集中丢失的情况，我们首先讨论了对严重性和频率分布的参数估计方法。然后，我们再用错误的方法（即截尾被忽略不计）和正确的办法（即截尾被恰当的处理），来分别探讨它们对资本要求和相关实证研究结果所产生的影响。

9.1 报告偏倚问题

2002 年，在由巴塞尔委员会主持的 LDCE（定量影响研究 3）里，89 家参会银行被要求报告他们用于记录业务损失数据的最低终止水平。该报告的结果见表 9—1。大部分的银行将阈值水平定在 10 000 欧元。

对于内部数据库来说，最低终止阈值大约被定在 10 000 欧元；而对于公众（或外部）数据库和大财团来说，最低终止阈值大约被定在 1 000 000 美元。①

正是这种临界点，在数据采集的过程中，造成了报告偏倚的问题。对于设置最低阈值来说，有如下几方面理由：

1. 数据记录费用昂贵。当阈值呈线性降低时，记录数据成本的增加也是呈指数增长的。另外，大量的小损失被错误的记入，将很可能导致额外的操作损失。

2. 规模较小的损失，比较容易隐藏，较大的损失则是比较难以隐藏的。例如，犯了交易错误的交易者很可能伪造文件，并成功地使小规模的损失逃过银行管理人员的视线。然而，大规模的损失则较难隐藏。

3. 在过去一年中，对于操作损失数据中数额较小的亏损可能并无记录，而较大的损失却被报告与记录。

---

① 例如，英国银行家协会的操作风险数据将小规模业务阈值定为 500 000 美元，大规模业务阈值定为 1 000 000 美元。

表 9—1	2002 年参与 LDCE 的银行所使用的最低终止阈值（以下信息基于 77 家提供的最小终止阈值的银行）

最低终止阈值（欧元）	银行数
所有业务部门中小于 10 000 的	5
10 000：	59
所有的业务部门	57
某些业务部门	2
大于 10 000：	13
所有的业务部门[a]	12
某些业务部门[b]	1

[a] 终止阈值的范围介于 11 347 ~ 570 000 欧元。

[b] 最低损失金额介于 1 000 ~ 53 000 欧元。

资料来源：BIS（2003，p. 5），部分有修改。该表格已获得巴塞尔金融监管委员会授予的使用权。原表格可由 BIS 网站（www. BIS. org）上免费获得。

9.2　操作风险的截尾模型

目前存在的缺失数据，即记录的操作损失数据，遵循一个"截尾"复合泊松过程。[①]

9.2.1　数据分类

在银行的内部数据库中，只有高于某一损失值的数据才会被记录，则我们用 H 来表示这一最低阈值。若根据所观察的损失数据构造一个直方图，展现在我们面前的将是一个只有右尾的损失分布，而不是整个（或真实）分布。我们确定了两种截然不同的做法——非正确指明和正确指明——其中一个可以使用：

1. "朴素法"。在朴素的非正确指明方法下，有人会认为所观测到的数据是完整的且直接符合一个无条件的损失分布（例如，第 6 章曾解释过的最大似然法）。把所观测到的频率当作真正的分布频率。
2. "条件分析法"。在该法下，正确指明分布应注意到这样一个事实，即这些数据只有高于 H 值时才会被记录。所观测数据的频率低于真实损失事件的频率，需要重新加以标示。

第 1 种方法——朴素法，是不正确的，因为它忽视了处于较低分位数的损失分布的缺失数据（介于 0 ~ H），且严重性和频率分布都未被正确指明。

[①] 有关操作风险的复合模型将在本书 11 章中介绍。

第 2 种办法——条件分析法，依赖如下 3 个主要假设：

1. 没有缺失数据的原先资料（既没有考虑频率也没有考虑严重性）。

2. 缺失的数据和记录的数据均属于分布中的同一类且具有相同的参数。

3. 损失程度独立于损失发生的频率，并可被视为两个独立的随机过程。

根据条件分析法，需要完全符合直接右尾的分布，即记录数据从 H 而非 0 开始。鉴于记录的数据至少为 H，运用合理的条件概率，则损失金额密度函数的表达式为：

$$f(x \mid X \geqslant H) = \frac{f(x; X \geqslant H)}{P(X \geqslant H)} \cdot I_{|x \geqslant H|}$$

其中，

$$I_{|x \geqslant H|} = \begin{cases} 1 & \text{若 } x \geqslant H \\ 0 & \text{若 } x < H \end{cases}$$

在找到合适的条件密度后，得到的参数可以被用来推断包含较低分位数的损失分布的截尾密度，并解释了由记录的和缺失的数据所组成的完整样本的无条件密度。图 9—1 显示了操作损失数据拟合朴素密度（a 部分）、条件（截尾）密度（b 部分）以及完整的正确指定的密度（c 部分）的直方图。

已记录的损失过程频率小于真实的损失发生频率。[①]在条件分析法下，大于 H 的操作损失频率过程遵循观测密度率为 $\lambda(t)^{\text{obesrved}}$（也就是平均损失事件数）的泊松过程，然后再次使用合理的条件概率，观察强度率可以用以下方式来纠正报告偏倚：

$$\lambda(t)^{\text{ture}} = \frac{\lambda(t)^{\text{observed}}}{P(X \geqslant H)}$$

9.2.2　参数估计

如下两种方法可以用来寻找未知参数的严重性分布：约束最大似然函数法和期望 — 最大化算法。

1. 约束最大似然函数法

在约束最大似然函数法下，直接通过最大化似然函数，就可以得到参数的损失分布。若观测到的数据样本 $\chi = \{\chi_1, \chi_2, \cdots, \chi_n\}$ 构成一个独立同分布的左截尾样本，则似然函数可以被表示为：

$$L_{\gamma}(x \mid X \geqslant H) = \prod_{j=1}^{n} \frac{f_{\gamma}(x_j; X \geqslant H)}{P_{\gamma}(X \geqslant H)}$$

其中，γ 是确定密度的参数集。所估计的参数（$\hat{\gamma}_{\text{MLE}}$）可以被用来寻找 $P_{\hat{\gamma}\text{MLE}}(x \geqslant H)$，其可以被用来重新标示频率分布中的强度率函数。

---

① 见第 5 章我们所讨论的操作频率分布。

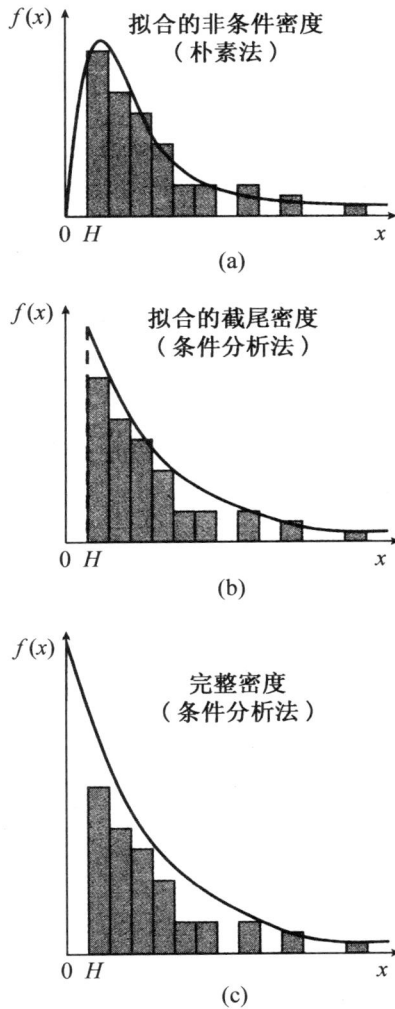

图9—1　分别在(a) 朴素法；(b) 条件分析法；(c) 完整密度下的拟合密度

2. 期望 — 最大化算法

Dempster、Laird 和 Rubin(1977) 所主张的期望 — 最大化(EM) 算法,是通过最大似然函数法来估计已观测到的和失踪的数据的未知参数。

期望 — 最大化算法是一个分两步走的迭代过程。第一步,对未知参数赋予初步估计值 $\gamma^{(0)}$,并且对于在对数似然函数中缺失的数据,用其预期值来代替。这将导致预期完整的对数似然函数产生估计值(期望步长),并进一步最大化其参数值(最大化步长)。第二步,解决的方法是用初始的估计值在未来的迭代算法中作初步估计,且期望步长和最大化步长被不断重复,等等。因此,期望 — 最大化算法可以被归纳如下:

（1）第一步：选择初始值 $\gamma^{(0)}$。这些可以用来估计代表缺失数据数目的初始估计值 $m^{(0)}$。

（2）期望步长（E-step）：给定 $\gamma^{(0)}$，估计完整数据的预期对数似然函数。我们需要精确计算

$$\mathbb{E}_{\gamma^{(0)}}\left[\log L_{\gamma}(x^{\text{complete}}) \mid x^{\text{observed}}\right] = m^{(0)} \, \mathbb{E}_{\gamma^{(0)}}\left[\log f_{\gamma}(x^{\text{mis sing}})\right] + \sum_{j=1}^{n} \log f_{\gamma}(x_j^{\text{observed}}) \, 。$$

（3）最大化步长（M-step）：由前一步找到最大化预期对数似然函数的参数集 γ，并在下一步 $\gamma^{(1)}$ 给予相同的估计值。我们需要精确估计

$$\gamma^{(1)} := \arg\max_{\gamma} \mathbb{E}_{\gamma^{(0)}}\left[\log L_{\gamma}(x^{\text{complete}}) \mid x^{\text{observed}}\right] \, 。$$

（4）迭代：重复 E-step 和 M-step——序列 $\{\gamma^{(k)}\}_{k>0}$ 将会收敛到完整数据样本参数期望的最大似然估计值（$\hat{\gamma}_{\text{MLE}}$）。

因为在每一轮的期望—最大化算法中未知参数都被接近于真实值的值所代替，因此每一轮的似然函数值增加了与前一轮的相关性。

在频率分布中，强度分布的估计参数可在 $P_{\hat{\gamma}_{\text{MLE}}}(X \geq H)$ 中用来标示强度率函数。

（5）对朴素法和条件分析法进行比较：以对数正态分布为例。

在有关操作风险的文献中，我们发现许多实证研究忽略了缺失数据，并运用了朴素法。在操作资本要求中运用朴素法意味着什么？我们用对数正态损失分布的简单样本这个例子来解释它的意义。

我们的第 1 个问题是使用错误的方法对参数估计会产生哪些影响。假设在朴素法下，我们估计对数正态分布的参数为 $\hat{\mu}$、$\hat{\sigma}$，以及泊松过程的观测强度率为 $\hat{\lambda}(t)$，而完整数据的真正参数分别为 μ、σ、$\lambda(t)$。则简单估计将会产生下列偏差估计（即估计参数值和真实值之间的差额）：

$$\text{bias}(\hat{\mu}) = \sigma \cdot \frac{\phi\left(\frac{\log H - \mu}{\sigma}\right)}{1 - \Phi\left(\frac{\log H - \mu}{\sigma}\right)} > 0$$

$$\text{bias}(\hat{\sigma}^2) = \sigma^2 \left(\frac{\log H - \mu}{\sigma} \cdot \frac{\phi\left(\frac{\log H - \mu}{\sigma}\right)}{1 - \Phi\left(\frac{\log H - \mu}{\sigma}\right)} - \left(\frac{\phi\left(\frac{\log H - \mu}{\sigma}\right)}{1 - \Phi\left(\frac{\log H - \mu}{\sigma}\right)} \right)^2 \right) < 0$$

$$\text{bias}(\hat{\lambda}(t)) = -\lambda(t) \cdot \Phi\left(\frac{\log H - \mu}{\sigma}\right) < 0$$

其中，$\phi(\cdot)$ 和 $\Phi(\cdot)$ 是标准正态分布的密度与分布函数。显然，位置参数 $\hat{\mu}$ 被高估了，且规模参数 $\hat{\sigma}$ 和强度率 $\hat{\lambda}(t)$ 在朴素法下被低估了。

一个简单的例子，可以描绘出参数有偏估计的程度是怎样随缺失数据的数目增加而增加的。以 $H = 50$ 为最低的记录阈值，且真实参数为 μ_0 和 σ_0，表9—2列示了相应的缺失数据。图9—2 显示了在朴素法下所估计的参数与真实参数值 μ_0、σ_0

和 λ_0 的比率即偏差效果。比率与 1 之间的距离即代表偏差。显然,估计的偏差是随缺失数据的增加而增加的。条件分析法(在这里,数字被省略)是正确的参数估计方法,因而得出的比值等于 1。

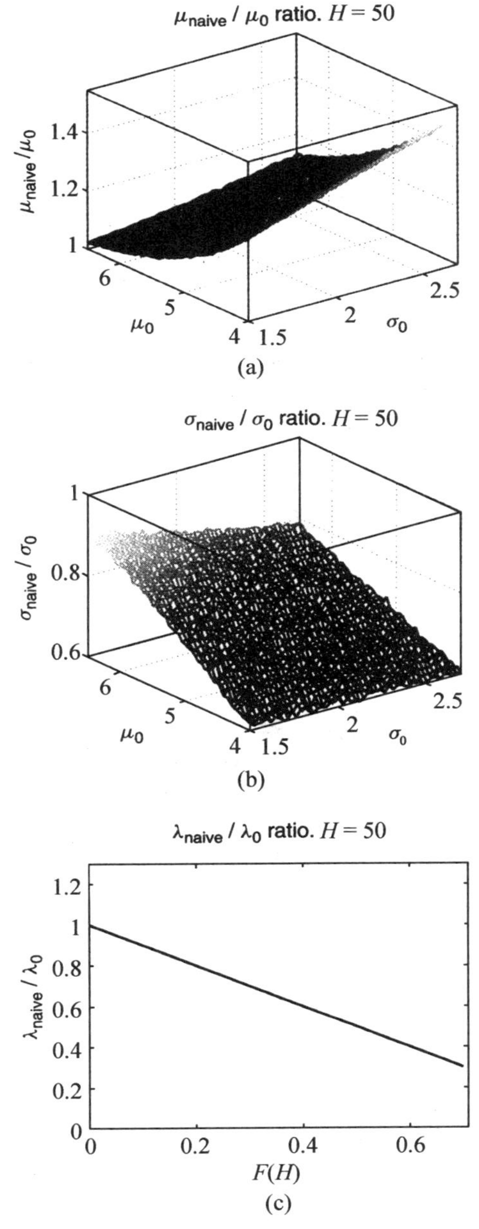

图 9—2　利用朴素法估计对数正态分布参数的报告偏倚效果的图示

表9—2　　　　　当损失遵循真实参数为 μ_0 和 σ_0 的对数正态分布且
有一个名义终止阈值时 $H = 50$ 时,利用条件分析法估计部分缺失数据

	$\mu_0 = 4$	$\mu_0 = 5$	$\mu_0 = 6.5$
$\sigma_0 = 1.5$	0.48	0.23	0.04
$\sigma_0 = 2$	0.48	0.29	0.10
$\sigma_0 = 2.7$	0.49	0.34	0.17

我们的第2个问题是对预期的总体操作损失(EL)、在险价值以及条件在险价值使用错误的方法会产生哪些影响。[①]与先前的例子一样,$\lambda = 100$ 且 $\alpha = 0.05$,图9—3 显示了预期的总体操作损失、在险价值以及条件在险价值分别在朴素法下与采用相应正确的方法下的估计值的比例。条件分析法(在这里,图被略去)对这3个变量得出了正确的估计:比率等于1。显然地,若朴素法被用来计算风险值,则它将被低估。[②]使用错误方法的严重后果将会使真正的操作风险暴露值与估计的资本开支不匹配:金融机构的预留金额不足以弥补操作损失。

从上述所描述的方法中我们可以得出一个重要的结论,即只有初始阈值水平的选择不变,才能用条件分析法来估计损失和频率分布的参数。当然,这依靠真正的分布损失的严重性和频率的假设被正确地确定下来。

EL_{naive}/EL_0 . 初始阈值 = 50

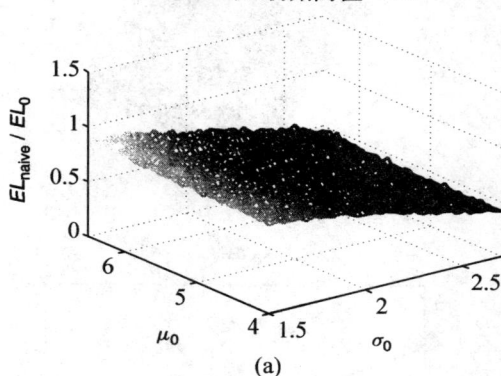

(a)

VaR_{naive}/VaR_0 . 初始阈值 = 50

---

①　一个封闭的样本不能解释 EL、VaR 以及 CVaR 的偏差估计。
②　有关该理论的详细过程见 Chernobai、Menn、Rachev 和 Trück(2005a,b) 以及 Moscadelli、Chernobai 和 Rachev(2005)。

$$CVaR_{naive}/CVaR_0 .\ 初始阈值\ = 50$$

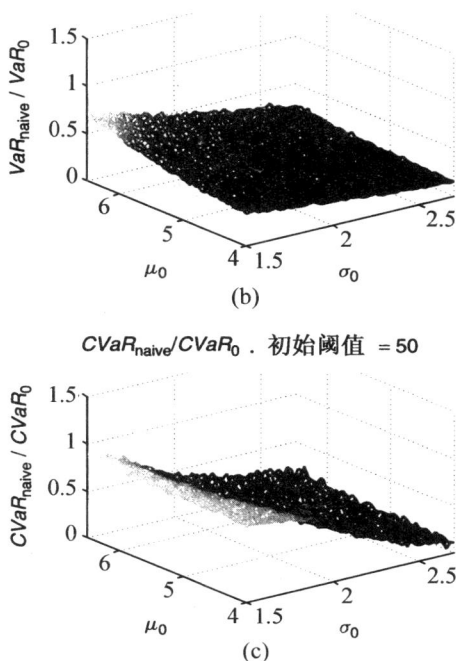

图 9—3　当损失遵循对数正态分布且参数用朴素法进行估计时,有关预期的
　　　　总体操作损失、在险价值以及条件在险价值报告偏倚效果的图示

9.3　基于操作损失数据的实证研究

　　大多数有关操作损失数据的实证研究都使用朴素法来估计损失和频率分布的未知参数,根据这些方法,缺失数据问题往往被忽视且没有被充分处理。[①]一个常见的误解是,用朴素法会严重高估资本要求。我们对与截尾操作损失数据建模有关的实证研究进行了如下概述。

9.3.1　Lewis 和 Lantsman 基于非法交易数据的研究

　　Lewis 和 Lantsman(2005)研究了来自 OpVar 数据库公开报道的 1980—2001 年的非法交易操作损失数据(由 OpVantage 出售)。他们以那些造成直接经济损失超过 100 000 美元的事件为样本,并解释了 1990 年以前记录业务数据阈值的必要性。Lewis 和 Lantsman 使用截尾损失分布对严重性建模,并用观察到的频率分布对缺失数据的频率建模。这样,基本上假设只有较大规模的损失才会导致损失过程,因

___

　　① 　其中一个例子是 Moscadelli(2004)基于 2002 年 LDCE 数据的研究。他指出虽然最小收集阈值大约为 10 000 欧元,但把重点放在对低的和中等规模的损失数据的正确建模上并没有必要,因为其上分位数决定了资本要求。因此,根据 Moscadelli,截尾数据可以忽略。在他的研究中,他用无条件损失分布拟合了该数据。

此他们将中小型规模的损失排除在估计过程之外。

9.3.2　Baud、Frachot 和 Roncalli 基于里昂信贷损失数据的研究

Baud、Frachot 和 Roncalli(2002b) 探讨了截尾操作损失数据。他们还特别讨论了当数据来自不同机构却被集中放在公共数据库中这一问题的重要性。因为不同的机构往往有着不同的阈值水平,除了一个固定阈值,他们认为还可能会引发随机阈值。[1]

出于对里昂信贷操作损失数据的保密考虑,他们模拟了几个数据库以用作分析。他们用参数 $\mu = 8$ 且 $\sigma = 2$ 的对数正态分布模拟了 3 个数据集。第 3 个数据集(见表9—3)由 3 组不同规模和不同截尾水平 H 的数据所组成。在朴素法下,对参数估计进行比较,见表9—3 中的数据集 1 和数据集 2,支持我们早先所提出的更高的阈值水平会导致更大偏差的结论。

表9—3　　　　在 Baud、Frachot 和 Roncalli 的研究中,有关数据集、参数估计及资本开支估计的描述

数据集	损失次数	H（千欧元）	μ_{naive}	σ_{naive}	VaR$_{\text{naive}}$（十万欧元）	VaR$_{\text{actual}}$（十万欧元）
1	2 000	10	10.39	0.97	32.9	37.8
2	2500	15	10.75	0.95	45.9	37.8
	1 000	10				
3	1 500	20	11.25	1.00	80.1	37.8
	2 500	50				

资料来源:Baud、Frachot 和 Roncalli(2002b,p.6),部分有修改。

该表最后两栏比较了 1 年的 99.9% 的在险价值估计与朴素法下的真实在险价值。显然,在损失发生的过程中始终遵循强度率为 500 的泊松过程的假设并得出计算结果。基于这个原因,我们得出结论:采用朴素法所做的实证研究[2]高估了资本要求,而这也与本章之前的论述相对应。

从上述实证研究,我们可以得出一个重要的结论:从某种意义上说,频率分布对资本要求的影响是相当显著的,当频率分布被正确指明时(见我们先前的理论研讨),(至少对对数 — 正态分布来说) 朴素法往往倾向于低估资本要求。

9.3.3　Chernobai、Menn、Rachev 和 Trück 基于 1980—2002 年公开操作损失数据的研究

Chernobai、Menn、Rachev 和 Trück(2005a) 讨论了用朴素法为操作风险建模的

---

[1]　Baud、Frachot 和 Roncalli(2002b) 也建议使用此方法来合并内部和外部数据。这种方法以及它的实证应用都将在本章逐一进行介绍。
[2]　在 Frachot、Moudoulaut 和 Roncalli(2003) 中提出的有关频率参数的调整方法,类似于本章前面所讨论的。

理论意义。在 Chernobai、Menn、Rachev 和 Trück(2005b) 中,他们用来自于公共数据库1980 ~ 2001 年的操作损失数据进行研究。这些数据包括5 种损失类型:关系、人、流程、技术以及外部性。其实证研究的焦点是比较在朴素法和条件分析法下所得出的结果。

表9—4列示了上述实证研究的结果。[①]出于对每一个分布的考虑,有关利息数量的估计分别使用了非指明的朴素法(第1 排)和正确指定的条件分析法(第2 排)。利息数量为:(1) 最大似然参数估计;(2) 估计参数下的部分缺失数据;(3) 对数似然函数的估计;(4) 为期1 年的预期累计亏损;(5) 为期1 年的95% 的在险价值和(6) 为期1 年的95% 的条件在险价值。显然,表9—4 中有相当一部分的数据似乎是失踪了(在条件分析法下用 $F(H)$ 来代表)。在条件分析法下,对数似然函数的估计是较高的,而这正表明了对于数据来说还有更好的分布。此外,忽略缺失数据会导致(往往是重大的) 对预计累计亏损、在险价值及条件在险价值的低估,并且每当使用了错误的方法时,这种事件出现的概率会提高5 倍。[②]

表9—4　　　在 Chernobai、Menn、Rachev 和 Trück 的研究中的参数估计、
对数似然值以及预期总体操作损失的估计值、95% VaR 以及 95% CVaR

		关系	人员	过程	技术	外部
对数正态分布		16. 6771	16. 5878	17. 5163	16. 6176	16. 5789
	μ	16. 1911	15. 4627	17. 1600	15. 1880	15. 7125
	σ	1. 6956	1. 8590	2. 0215	1. 9390	1. 7872
		2. 0654	2. 5642	2. 3249	2. 7867	2. 3639
	$F(H)$	0. 05	0. 07	0. 03	0. 07	0. 06
		0. 13	0. 26	0. 08	0. 31	0. 21
	$\log L$	− 15 812	− 15 144	− 6 383	− 1 253	− 4 329
		− 15 751	− 15 045	− 6 367	− 1 244	− 4 304
	EL	0. 1105	0. 1981	0. 5662	0. 0324	0. 0157
		0. 1634	0. 4171	0. 8457	0. 0958	0. 0327
	95% VaR	0. 2832	0. 4970	1. 5508	0. 1202	0. 0613
		0. 4662	1. 2161	2. 5610	0. 2898	0. 1126
	95% CVaR	0. 4662	0. 8534	3. 1201	0. 2970	0. 1450

[①]　在实际研究中,我们将对诸多分布进行了分析;在这里,为了节省空间,我们只给出3 个分布的结果,即对数正态、Weibull 和对称 α-稳定分布。详见 Chernobai、Menn、Rachev 和 Trück(2005b)。

[②]　当第一时间的损失分布为无穷大时,EL 和 $CVaR$ 的估计值也为无穷大(在表中记作"−")。该问题的解决办法就是,通过为损失金额定义上约束 U,来对数据采用双截尾损失分布。在这种情况下,条件分布必须指明为:

$$f_{\gamma}(x \mid H \leq X < U) = \frac{f_{\gamma}(x; H \leq X < U)}{F_{\gamma}(U) - F_{\gamma}(H)} \mathbb{I}_{H \leq x < U}$$

由它可计算得出最大似然参数 $\widehat{\gamma}_{\text{MLE}}$。则无条件分布变为:

$$f_{\widehat{\gamma}_{\text{MLE}}}(x \mid X < U) = \frac{f_{\widehat{\gamma}_{\text{MLE}}}(x; X < U)}{F_{\widehat{\gamma}_{\text{MLE}}}(U)} \mathbb{I}_{x < U}$$

频率分布的比例因子变为$(F_{\widehat{\gamma}_{\text{MLE}}}(U) - F_{\widehat{\gamma}}(H))^{-1}$。U 可能确定最坏的潜在损失或总资产的价值。详见 Rosenberg 和 Schuermann(2004) 脚注15。他们建议在这点上 Winsorizing 的损失数据等于1 000 标准差。

		关系	人员	过程	技术	外部
Weibull 分布		0.9016	3.3869	5.7823	1.5439	0.3962
	β	$6.10 \cdot 10^{-5}$	0.0002	0.0001	$6.37 \cdot 10^{-5}$	$1.16 \cdot 10^{-4}$
		0.0032	0.0240	0.0021	0.0103	0.0108
	α	0.5528	0.4841	0.4938	0.5490	0.5175
		0.3538	0.2526	0.3515	0.2938	0.2933
	$F(H)$	0.12	0.15	0.09	0.12	0.14
		0.35	0.54	0.23	0.45	0.46
	$\log L$	$-15\,923$	$-15\,274$	$-6\,412$	$-1\,257$	$-4\,361$
		$-15\,752$	$-15\,045$	$-6\,365$	$-1\,242$	$-4\,304$
	EL	0.1065	0.1993	0.4170	0.0226	0.0151
		0.1284	0.2881	0.5131	0.0358	0.0208
	95% VaR	0.2203	0.4017	0.8800	0.0798	0.0613
		0.3187	0.7997	1.2761	0.1454	0.0885
	95% CVaR	0.2700	0.4945	1.0891	0.1159	0.0975
		0.4430	1.3232	1.8257	0.2958	0.2025
对称 α-稳定分布	α	0.7377	0.6724	0.5902	0.1827	0.6820
		0.6592	0.6061	0.5478	0.1827	0.5905
	σ	$1.37 \cdot 10^{7}$	$1.11 \cdot 10^{7}$	$2.72 \cdot 10^{7}$	$0.17 \cdot 10^{7}$	$1.14 \cdot 10^{7}$
		$1.00 \cdot 10^{7}$	$0.71 \cdot 10^{7}$	$1.99 \cdot 10^{7}$	$0.17 \cdot 10^{7}$	$0.71 \cdot 10^{7}$
	$F(H)$	0.06	0.07	0.04	0.37	0.07
		0.08	0.12	0.05	0.37	0.13
	$\log L$	$-77\,339$	$-72\,454$	$-29\,831$	$-5\,038$	$-20\,807$
		$-30\,308$	$-27\,583$	$-12\,042$	$-1\,449$	$-7\,800$
	EL	—	—	—	—	—
		—	—	—	—	—
	95% VaR	2.1873	6.2811	38.7627	$4.9 \cdot 10^{5}$	0.1730
		4.5476	14.5771	74.9073	$7.1 \cdot 10^{6}$	0.4714
	95% CVaR	—	—	—	—	—

注意:对于第 2 列中的每一项,第 1 行表示用朴素法所得到的估计值,第 2 行表示在条件法下所得到的估计值。

当然,真正的一小部分缺失数据和正确数额的资本要求在很大程度上依赖于损失分布,即选定的损失模型。因此,样本和无样本拟合优度测试成为实现这一目标的关键。[1]

毫不奇怪,上述研究结果得出,拟合优度测试(结果在此省略)适宜在以下情况使用:使用朴素法时接近于零的 p 值的拟合优度检验统计量和使用条件分析法

---

① 有关拟合优度检验详见本书第 10 章。

时的高 p 值的拟合优度检验统计量。上述研究结果再次支持了这一想法，即朴素法是错误的。

9.3.4　合并内部和外部数据：Chapelle、Crama、Hübner 和 Peters 的研究

在第 3 章及第 4 章里，我们解释了当缺乏可用的历史性损失数据时，之所以要用外部（公众）数据来补充内部数据，是因为它将会给扩充数据库提供了一种可行的解决方案。这种方法也曾在本章中阐述过：当外部数据有一个最低的终止阈值（一般为 1 000 000 美元）时，该法可以被用来正确地合并内部和外部数据。

Baud、Rrachot 和 Roncalli(2002) 对如何合并内部和外部数据提出了一种统计方法。用 $f_\gamma(x)$ 作为内部数据的密度函数，$f_\gamma^*(x^*)$ 作为外部数据的密度函数，n 和 n^* 分别作为内部和外部样本数据的长度。同质性操作损失数据是这样来界定的，即其中内部和外部数据具有同样的业务部门／事件类型组合，且取自同一个类别的分布并具有相同的参数集 γ。因为外部数据通常只记录高于固定阈值 H^* 的数据（例如 1 000 000 美元，如前所述），那么外部数据的密度可以被表示为

$$f_\gamma^*(x^*) = \frac{f_\gamma(x^*)}{1 - F_\gamma(H^*)} \cdot I_{(x^* \geqslant H^*)}$$

其中，

$$I_{|x^* \geqslant H^*|} = \begin{cases} 1 & 若 x^* \geqslant H^* \\ 0 & 若 x^* < H^* \end{cases}$$

然后，未知参数集 γ 的估计值可通过最大对数似然函数来计算：

$$\log L_\gamma(x, x^*) = \sum_{j=1}^n \log f_\gamma(x_j) + \sum_{j=1}^{n^*} \log f_\gamma^*(x_j^*)$$

由于从规模上看外部数据比内部数据大很多，并且各个银行内部数据的规模也不一样，因此在与内部数据进行整合前必须对外部数据进行重新标示。Shih、Samad-Khan 和 Medapa(2000) 为测试银行规模与操作损失之间的依赖关系提供了一种方法，并在第 2 章中已经阐述过。该法既适用于重新标示的外部观测值，也适用于阈值 H。[①]

Chapelle、Crama、Hübner 和 Peters 对两种情况下操作在险价值的估计进行了比较。在情况 1 中，只有内部的数据被用于分析。在情况 2 中，内部和外部的数据都被用于分析。在他们的研究中，内部损失数据由一家大型的欧洲银行的 3 000 个观测数据所组成。为保护银行的机密，所有的损失数据都被重新处理了。从 OpVar 损失数据库获得的损失数据（由 FitchRisk 提供的）也被重新处理了。因此，研究中所有的数据都是用单位来衡量，而不是用货币来计算的。

他们混合的内部和外部数据是零售业银行业务部门和客户、产品以及商业惯

---

① 详见本书第 2 章脚注 13。

例的事件类型的组合。对于这些业务部门／事件类型组合来说,其内部数据的中位数和均值分别为 29 和 178。外部数据(处理前) 的中位数和均值分别为 183 484 和 1 440 525。内部损失数据被分为小规模、中等规模和大规模的损失。对数—正态分布(位置参数 $\mu = 0.94$ 和尺度参数 $\sigma = 2.74$)适合小规模和中等规模的损失(小于终止阈值 544),而 GDP 分布(尺度参数 $\beta = 522$ 和形状参数 $\xi = 0.736$)适合大规模的损失(阈值介于 544 ~ 21 170)。对数正态分布(位置参数 $\mu = 9.04$ 和尺度参数 $\sigma = 1.53$)用于外部损失数据(大于 21 170) 的建模。以上两种情况对资本要求的估计值见表 9—5。显然,当在险价值在高置信水平下(高于 99.5) 进行估计时,忽视潜在的极端损失将会导致低估资本开支;而在较低的置信水平下,情况则刚好相反。

表 9—5　　在 Chapelle、Crama、Hübner 和 Peters 的研究中对中位数、均值和在险价值的估计

	情形 1:只有内部数据	情形 2:内部和外部数据
中位数	63 876	60 446
均值	81 504	69 528
95% VaR	167 443	96 079
99% VaR	375 584	210 295
99.5% VaR	539 823	515 781
99.9% VaR	1 439 834	1 829 351
99.95% VaR	1 866 989	2 394 707

资料来源:Chapelle、Crama、Hübner 和 Peters (2005,p. 18),部分有修改。

9.4　重要概念总结

- 操作损失数据取决于最低终止阈值:银行的内部损失数据低于这个阈值是左无记录。这个阈值对于内部数据而言,通常被设立为大约 10 000 欧元;而对公共数据来说,则大约为 1 000 000 美元。

- 设定这种阈值的原因在于数据记录所需昂贵的成本,小额损失数据较易隐藏以及数据记录的质量不高。

- 数据库缺失数据导致了报告的偏倚问题。对此我们可以使用朴素法和条件分析法。

- 朴素法依靠的假设为:所记录的数据是完整的。在该法下,损失分布并未被正确指明且损失频率是被低估的。

- 在损失过程中依赖于某一假设的有条件的方法可用于解决报告的偏倚问题。它可以捕捉到部分缺失数据并正确地估计未知参数,以及损失与频

率分布。

■ 理论研究表明：用朴素法可能会产生严重的经济后果。它往往会导致严重地低估资本要求。

■ 实证研究表明，缺失数据的问题并没有得到足够的关注。对于这个问题的正确估计支持了如下理论发现，即在用错了方法时，预期累计损失、在险价值以及条件在险价值都会被低估。风险措施也会被成倍地低估。

■ 条件分析法的另一个应用是合并内部和外部数据。

第 10 章　拟合优度检验

操作损失建模的过程，必然伴随着建模风险——选择错误模型的风险。在操作风险建模中，模型的正确选择是关键，因为失误将会给在险价值和资本开支的估计带来严重的后果。在险价值的低估会危及银行保留足额的资金储备以防止灾难性操作损失的长远能力；同时，严重高估在险价值，将会限制可供投资的资金数额。在这两种情况下，银行将向股东和其他利益相关者发出一个坏的信号。

看大图片，有两种类型的方法可用于最优拟合检验的建模：

1. 样本拟合优度检验。
2. 无样本拟合优度检验——也就是，预测（返回检验）。

在检验所选模型的有效性和实用性时，返回检验是一项重要的程序。[①] 有关在险价值模型的返回检验，我们将在第 11 章中进行讨论。在实际应用中，不能依靠单一的检验来确定哪种模式是最优的，而是要通过多种模型选择实验才能确定下来。在本章中，我们将着眼于样本的拟合优度检验。这种假设检验方法在本章的附录中也有介绍。

10.1　拟合优度的可视检验

常见的拟合优度的可视检测包括分位比较图和平均超额图。

10.1.1　分位比较图

"分位比较（QQ）图"为研究数据集提供了一种方便的技术。QQ-图描绘了适合数据的假设分布分位数下的实证分位数。在一个理想的情况下，若分布被正确选择了，则 QQ-图将会与 45°线重合。

假设我们描绘指数分布（即有呈指数快速衰减的右尾）分位数下一些数据的实证分位数，则我们可以从 QQ-图中获得以下信息：

■ 若数据遵循指数分布，则该图不会与一条直的 45°直线重合。
■ 若数据遵循重尾分布，则 QQ-图将低于 45°线且向下弯曲。

图 10—1 分别刻画了指数分位数和 Pareto 分位数下重尾操作损失数据样本的 QQ-图。显然，重尾 Pareto 分布将是一个更好的选择。

---

① 样本拟合优度检验和返回检验产生互相矛盾的结果是很正常的。对检验进行仔细的解释是必要的。详见 Chernobai、Menn、Rachev 和 Trück（2005a）。

QQ-图　对数标尺

QQ-图　对数标尺

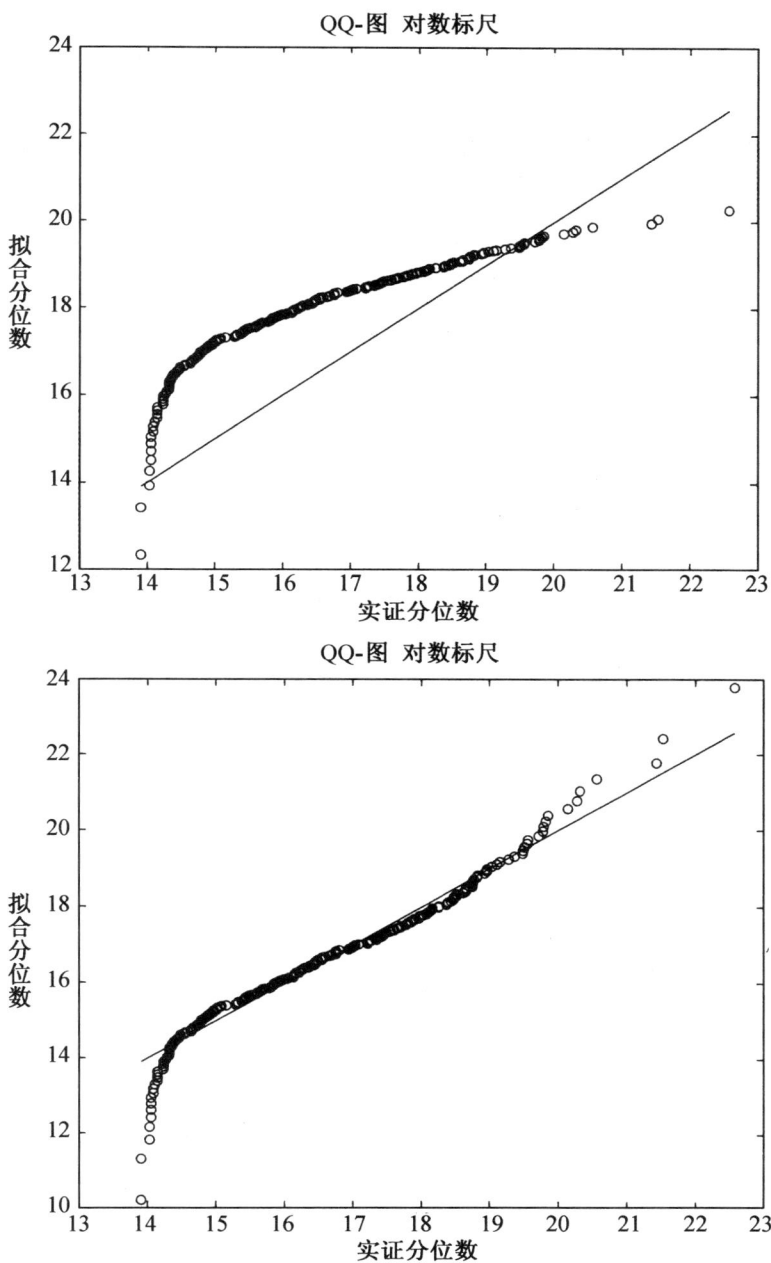

图 10—1　示例：指数分位数和 Pareto 分位数下，
一个操作损失数据样本的 QQ-图

10.1.2　平均超额图

给定一个值 u,假设平均超额函数 X 是 X 超过 u 的条件均值。在数学上,它被定义为[①]

$$e(u) = \mathbb{E}\,[\,X - u \mid X > u\,]$$

样本平均超额函数的表达式为:

$$e_n(u) = \frac{\sum_{j=1}^{n} (x_j - u)_+}{\sum_{j=1}^{n} \mathbb{I}_{\{x_j > u\}}}$$

平均超额图描绘的是不同 u 值下的 $e_n(u)$ 值。

对于重尾数据而言,$e(u)$ 的平均超额图是向上且趋于无穷的。例如,对于对数正态和重尾 Weibull($\alpha < 1$) 分布来说,其二阶导数为负;而对于 Pareto 分布来说,其二阶导数则为零。对于薄尾指数分布,平均超额图是水平的。图 10—2 是一个操作损失数据样本的平均超额图。[②]如图 10—2 所示,向上倾斜的图形即意味着其数据有一个向上的重尾。

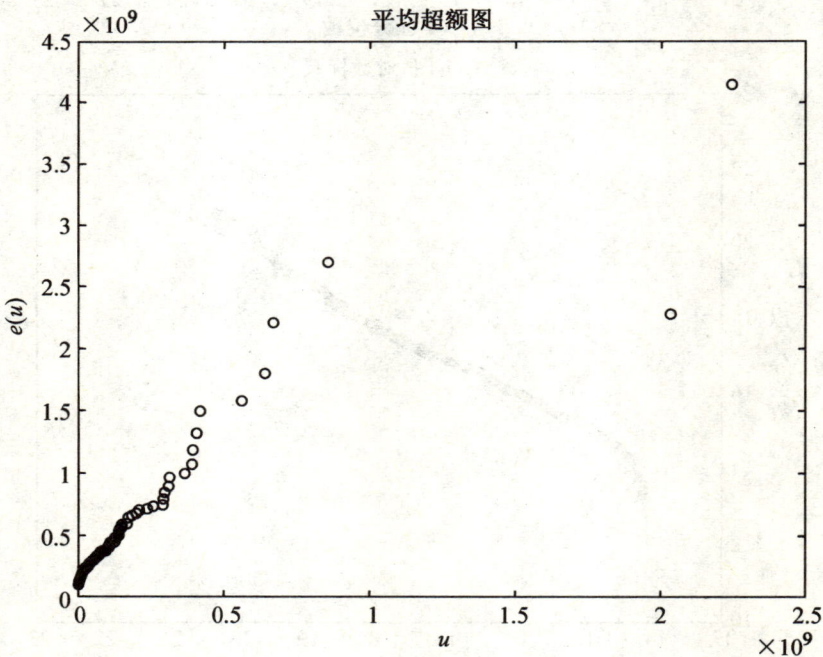

图 10—2　示例:一组操作损失数据样本的平均超额图

---

① 有关平均超额函数更多的讨论,详见 Embrechts、Klüppelberg 和 Mikosch(1997)。
② 先前使用相同的数据样本来得出 QQ-图。

10.2　拟合优度的常见正规检验

在本节中,我们将对有关离散和连续分布的一些常见正规的拟合优度检验进行讨论。前两个检验——卡方检验和似然比检验——都被归为卡方检验一组。其余检验都是经验分布基于函数的检验。

我们希望测试数据样本是否遵循某假设分布。对于正规的拟合优度检验来说,零假设和备择假设被表述为:[①]

H_0:数据服从指定分布。

H_1:数据不服从指定分布。

10.2.1　卡方检验

卡方检验以卡方分布(χ^2)检验统计值的渐进结果为基础。

1. Pearson 的卡方检验

Pearson 的卡方检验对于离散型概率分布的拟合优度检验来说是非常有用的。例如,它可用于一个二项式或泊松分布模型的有效性检验。[②]

卡方检验所检验的零假设即为所观察事件的相对频率服从指定的分布。从本质上说,卡方检验着眼于理论模型的频率与实际频率之间的差异。检验的第一步是将数据分成 k 个类别。例如,对于离散分布来说,类别可以用具体的值来表示。第二步,卡方检验统计量的计算公式为比率的总和,对于每个比率来说,每个观察值与相应的理论频率差的平方不同,以此作为分子,相应的理论频率作为分母,则其表达式如下:

$$\chi^2 = \sum_{k=1}^{K} \frac{(n_k - \mathbb{E}\, n_k)^2}{\mathbb{E}\, n_k}$$

其中,n_k 和 $\mathbb{E}n_k$ 分别表示观察的频率和零假设所确定的期望的(或理论)频率,令每一个级别 $k = 1, 2, \cdots, K$。最后一步,用检验统计量值与置信水平下的卡方分布分位数进行比较,其中自由度 d 等于类别数目减 1。若统计值超过查表所得的值,则拒绝零假设。

卡方检验的一个缺点在于它对类别数的选择很敏感。虽然它对于离散分布来说可能是一个很好的测试方法,因为在离散分布下每个类别对应一个值;然而,在用于连续分布时却无法确定类别的数目。另外,要使用卡方渐进法则需要一个足够大的样本规模。

---

① 假设检验方法详见本章附录。
② 有关卡方检验的不同方法,详见 D'Agostino 和 Stephens(1986)。

2. 似然比检验

"似然比(LR)"检验对于连续分布来说非常有用。它比较采用最大似然估计法[1]所估计的参数的似然函数和真实(零)参数的似然函数,并确定该样本是否有可能属于总体的真实参数。

检验由估算似然比的检验统计量开始:

$$LR(x) = \frac{\sup\limits_{\theta \in \Theta_0} L(x;\theta)}{\sup\limits_{\theta \in \Theta} L(x;\theta)}$$

其中,分子代表限制似然函数的上确界[2],在此似然函数中参数被限定为某个具体数值;分母则代表着无限制似然函数的上确界,其中参数被不限定为某个数值,且可采用最大似然法进行估计。观测统计量 $LR(x)$ 通常介于 $0 \sim 1$,且该比值越小,零假设越不可能。我们需要计算这一统计量:

$$\chi^2 = -2\log LR(x)$$

在零假设下,变量 $-2\log LR$ 近似服从 χ_d^2 分布,而自由度 d 等于 Θ 和 Θ_0 之间的差异维度。统计值 $LR(x)$ 越小,统计值 $-2\log LR(x)$ 越大。若似然统计值超过 χ^2 分布的表列分位数(置信水平为 α,自由度为 d),则似然比检验拒绝零假设。

在零假设下,当指定的总体参数是真正的总体参数时,似然比检验非常有用。值得一提的是,要利用渐近卡方法,则必须要有一个足够大的样本规模。

10.2.2 以经验分布函数为基础的检验

以"经验分布函数"为基础的(EDF)检验直接比较经验分布函数与拟合的分布函数。[3]出于精确考虑,此检验是基于拟合分布函数和经验分布函数的垂直差异。[4]

这种检验大体被分为两类:上确界型检验和二次型检验。前者又包括诸如 Kolmogorov-Smirnov 检验、Kuiper 检验以及 Anderson-Darling 检验;后者又包括 Cramer-von Mises 检验和二次类 Anderson-Darling 检验。针对上述检验的限制性分布,已经有专家做过相关的研究;并且必要的图表在相关的文献中也可以很容易地找到。在随后有关检验的具体描述中,我们用 $F_n(x)$ 表示经验分布函数,用 $F(x)$ 表示拟合分布函数。对于样本顺序统计量 $x_{(1)} \leqslant x_{(2)} \leqslant \cdots \leqslant x_{(n)}$ 来说,我们定义 $z_{(j)} = F(x_{(j)})$,$j = 1, 2, \cdots, n$。经验分布函数的统计量一览表详见表 10—1。

1. Kolmogorov-Smirnov 检验

Kolmogorov-Smirnov(KS) 检验用 $F_n(x)$ 和 $F(x)$ 的最大垂直差来计算检验统

---

① 有关 MLE 方法的介绍详见第 6 章附录。
② 令 E 为非空集合。当且仅当所有属于 E 的数都小于或等于 M 时,数值 M 被称为数集 E 的上界。当且仅当 S 是数集 E 的上界且对于 E 的所有上界都有 $S \leqslant M$ 时,数值 S 被称为数集 E 的上确界,也就是说,上确界是所有上界中最小的。
③ 详见本书第 6 章中对 EDF 所下的定义。
④ 有关 EDF 检验的文献有 Anderson 和 Darling(1952)、Anderson 和 Darling(1954)、D'Agostino 和 Stephens(1986) 以及 Shorack 和 Wellner(1986)。

计量。我们以 D^+ 表示 $F_n(x)$ 和 $F(x)$ 的最大差,以 D^- 表示 $F(x)$ 和 $F_n(x)$ 的最大差,则计算公式为:

$$D^+ = \sup_x \{ F_n(x) - F(x) \}$$

$$D^- = \sup_x \{ F(x) - F_n(x) \}$$

KS 检验统计量的计算方法如下:[①]

$$KS = \sqrt{n} \max \{ D^+, D^- \}$$

需要采用合适的计算公式来计算样本的统计值,可以采用概率积分转换法来计算。[②]KS 统计量的计算公式为:

$$KS = \sqrt{n} \max \left\{ \sup_j \left\{ \frac{j}{n} - z_{(j)} \right\}, \sup_j \left\{ z_{(j)} - \frac{j-1}{n} \right\} \right\}$$

表 10—1 **EDF 统计量及其计算公式小结**

统计量	描述及计算公式
KS	$KS = \sqrt{n} \sup_x \| F_n(x) - \widehat{F}(x) \|$
	计算公式为:
	$KS = \sqrt{n} \max \left\{ \sup_j \left\{ \frac{i}{n} - z_{(j)} \right\}, \sup_j \left\{ z_{(j)} - \frac{j-1}{n} \right\} \right\}$
V	$V = \sqrt{n} \left(\sup_x \{ F_n(x) - \widehat{F}(x) \} + \sup_x \{ \widehat{F}(x) - F_n(x) \} \right)$
	计算公式为:
	$V = \sqrt{n} \left(\sup_j \left\{ \frac{i}{n} - z_{(j)} \right\} + \sup_j \left\{ z_{(j)} - \frac{j-1}{n} \right\} \right)$
AD	$AD = \sqrt{n} \sup_x \left\| \frac{F_n(x) - \widehat{F}(x)}{\sqrt{\widehat{F}(x)(1 - \widehat{F}(x))}} \right\|$
	计算公式为:
	$AD = \sqrt{n} \max \left\{ \sup_j \left\{ \frac{\frac{i}{n} - z_{(j)}}{\sqrt{z_{(j)}(1 - z_{(j)})}} \right\}, \sup_j \left\{ \frac{z_{(j)} \frac{j-1}{n}}{\sqrt{z_{(j)}(1 - z_{(j)})}} \right\} \right\}$
AD^2	$AD^2 = n \int_{-\infty}^{\infty} \frac{(F_n(x) - \widehat{F}(x))^2}{\widehat{F}(x)(1 - \widehat{F}(x))} d\widehat{F}(x)$
	计算公式为:
	$AD^2 = -n + \frac{1}{n} \sum_{j=1}^{n} (1 - 2j) \log z_{(j)} - \frac{1}{n} \sum_{j=1}^{n} (1 + 2(n-j)) \log(1 - z_{(j)})$

---

① 在文献中,因子 $\sqrt{n}$ 常被忽略。事实上,当处理多样本时,它是很重要的。因为这个因子是统计量解释样本规模差异的标准。
② 概率积分变换方法见 D'Agostino 和 Stephens(1986)。

统计量	描述及计算公式
AD_{up}	$$AD_{up} = \sqrt{n} \sup_x \left| \frac{F_n(x) - \widehat{F}(x)}{1 - \widehat{F}(x)} \right|$$ 计算公式为: $$AD_{up} = \sqrt{n} \max \left\{ \sup_j \left\{ \frac{\frac{j}{n} - z_{(j)}}{1 - z_{(j)}} \right\}, \sup_j \left\{ \frac{z_{(j)} - \frac{j-1}{n}}{1 - z_{(j)}} \right\} \right\}$$
AD_{up}^2	$$AD_{up}^2 = n \int_{-\infty}^{\infty} \frac{(F_n(x) - \widehat{F}(x))^2}{(1 - \widehat{F}(x))^2} d\widehat{F}(x)$$ 计算公式为: $$AD_{up}^2 \frac{1}{n} \sum_{j=1}^n (1 + 2(n-j)) \frac{1}{(1 - z_{(j)})} + 2 \sum_{j=1}^n \log(1 - z_{(j)})$$
W^2	$$W^2 = n \int_{-\infty}^{\infty} (F_n(x) - \widehat{F}(x))^2 d\widehat{F}(x)$$ 计算公式为: $$W^2 = \frac{n}{3} + \frac{1}{n} \sum_{j=1}^n (1 - 2j) z_{(j)} + \sum_{j=1}^n z_{(j)}^2$$

2. Kuiper 检验

与 KS 检验密切相关的检验是 Kuiper 检验。它并不是单一地依据 $F_n(x)$ 和 $F(x)$ 之间的最大距离,而是赋予 D^+ 和 D^- 相同的权重。则其检验统计量的计算方法如下:

$$V = \sqrt{n}(D^+ + D^-)$$

具体计算公式为:

$$V = \sqrt{n} \left(\sup_j \left\{ \frac{j}{n} - z_{(j)} \right\} + \sup_j \left\{ z_{(j)} - \frac{j-1}{n} \right\} \right)$$

KS 检验和 Kuiper 检验都倾向于给予分布的中心(中位数)以较大的权重。

3. Anderson-Darling 检验

AD 检验有两种类型:上确界型及二次型。上确界型的 AD 统计量的计算方法如下:

$$AD = \sqrt{n} \sup_x \left| \frac{F_n(x) - F(x)}{\sqrt{F(x)(1 - F(x))}} \right|$$

计算公式为:

$$AD = \sqrt{n} \max \left\{ \sup_j \left\{ \frac{\frac{i}{n} - z_{(j)}}{\sqrt{z_{(j)}(1 - z_{(j)})}} \right\}, \sup_j \left\{ \frac{z_{(j)} - \frac{j-1}{n}}{\sqrt{z_{(j)}(1 - z_{(j)})}} \right\} \right\}$$

二次型的 AD 统计量的计算方法如下:

$$AD^2 = n \int_{-\infty}^{+\infty} \frac{(F_n(x) - F(x))^2}{F(x)(1 - F(x))} dF(x)$$

具体的计算公式为：

$$AD^2 = -n + \frac{1}{n} \sum_{j=1}^{n} (1 - 2j) \log z_{(j)} - \frac{1}{n} \sum_{j=1}^{n} (1 + 2(n - j)) \log(1 - z_{(j)})$$

不像 KS 和 Kipper 检验，AD 检验往往把大部分权重加在分布的尾部部分。因此，当我们有充分的理由相信基础数据是重尾时，AD 检验就变得非常重要起来。

Chernobai、Rachev 和 Fabozzi（2005）提出了改进版的 AD 检验。他们认为，在包括操作风险建模在内的诸多金融应用之中，只有分布的上尾是需要考虑的核心问题，而下尾则相对不太重要。改进版的 AD 检验又叫上尾 AD 测试，它把考虑的重点放在上尾。若想对数据样本的上尾分位数进行拟合优度检验，则这种检验将变得非常有用。相应的上确界型和二次型检验统计量的计算方法如下：

$$AD_{up} = \sqrt{n} \sup_x \left| \frac{F_n(x) - F(x)}{1 - F(x)} \right|$$

$$AD_{up}^2 = n \int_{-\infty}^{+\infty} \frac{(F_n(x) - F(x))^2}{(1 - F(x))^2} dF(x)$$

相应的计算公式为：

$$AD_{up} = \sqrt{n} \max \left\{ \sup_j \left\{ \frac{\frac{i}{n} - z_{(j)}}{1 - z_{(j)}} \right\}, \sup_j \left\{ \frac{z_{(j)} - \frac{j-1}{n}}{1 - z_{(j)}} \right\} \right\}$$

$$AD_{up}^2 = \frac{1}{n} \sum_{j=1}^{n} (1 + 2(n - j)) \frac{1}{(1 - z_{(j)})} + 2 \sum_{j=1}^{n} \log(1 - z_{(j)})$$

4. Cramér-von Mises 检验

Cramér-von Mises 检验的统计量可被定义为：

$$W^2 = n \int_{-\infty}^{+\infty} (F_n(x) - F(x))^2 dF(x)$$

其计算公式为：

$$W = \frac{n}{3} + \frac{1}{n} \sum_{j=1}^{n} (1 - 2j) z_{(j)} + \sum_{j=1}^{n} z_{(j)}^2$$

10.3 基于操作损失数据的实证研究

利用拟合优度检验统计量对实际操作损失数据进行实证研究已在本书第 5 章、第 6 章、第 7 章中进行了相关的阐述，故在这里不再赘述。在本节中，我们提将出拟合优度检验的结果。

我们对取自于欧洲大型公共数据库 1980—2002 年的操作损失数据完成了一

项探索性的分析。[1]该数据由如下 5 个损失类型所组成：关系、人、流程、技术和外部。

图 10—3 和图 10—4 为指数和 Pareto 分位数下 5 个数据集所分别对应的 QQ-图。由此可见,轻尾的指数分布是一个较差的模式选择,而 Pareto 分布则更好地拟合了这些数据。类似的结论同样可以从平均超额图(如图 10—5 所示)的图像分析中得出。

Chernobai、Menn、Rachev 和 Trück(2005) 进一步研究了数据集并用很多损失分布来拟合损失数据。为了做一个综合性的测试,表 10—2 总结了拟合优度检验的统计量及其相应的 p 值。具体参数估计值可以在第 7 章相应的研究中找到,且原版资料见 Chernobai、Menn、Rachev 和 Trück(2005)。

表 10—2 所报告的结果使我们得出以下结论：

■ "关系类操作损失"。KS 和 V(Kuiper) 检验表明(不管是用统计值还是用 p 值)Weibull 和对数 Weibull 模型对数据来说都是最优的。利用 p 值,AD 检验认为对称 α- 稳定模型是最优的, 接下来才是对数 α- 稳定模型和对数 Weibull 模型。W^2 检验也认为对数 Weibull 模型是最优的。然而,AD_{up} 和 AD^2_{up} 检验却支持对数正态模型;对于 pareto、Burr 和对称 α-稳定模型,AD_{up} 同样得出高 p 值。值得注意的是,当我们倾向于拒绝采用基于常规的 KS 检验的重尾 Pareto 和 Burr 模型时,上尾检验却强烈支持上述模型。

■ "'人'类操作损失"。常规的 KS 检验会拒绝大部分模型;而且对于对称 α-稳定模型和对数 α-稳定模型来说,其 p 值勉强超过 35%。正如 AD 和 AD^2 检验所描述,对称 α-稳定分布似乎是适合分布尾的。W^2 不显著支持任何一个模型。但在基于上尾检验的情况下,有关对数正态、pareto、Burr 以及对称 α-稳定的假设都是被支持的。

■ "过程类操作损失"。与 KS 和 V 检验中高 p 值的效果一样,Weibull、对数 Weibull 和 Burr 模型围绕中心拟合数据的效果很好。除了指数和 Pareto 假设,都会导致 AD 和 AD^2 检验的高 p 值,使得有关最优模型选择的判断变得更加复杂起来。除此之外,再加上 W^2 检验的结果,都表明 Weibull、对数 Weibull 以及 Burr 模型是最优的。基于高 p 值和低统计量值(AD^2_{up} 检验) 的 Pareto 模型拟合得很好,然而在同样条件下,上尾检验却给出了稍微不同的结果。

■ "技术类操作损失"。除了对称 α-稳定模型外,KS 和 V 检验拒绝所有的模型。AD 检验弱支持 Burr 假设,但显著支持对称 α-稳定假设;W^2 检验同样可以得出相似的结论。从前面曾提到的常见的最优拟合检验来判断,似乎只有对称 α-稳定模型才是合理的模型。然而,AD_{up} 和 AD^2_{up} 检验也支持其他几种模型,它们可以作为建模损失数据的有效备选模型。

■ "外部型操作损失"。正如 KS 和 V 检验的高 p 值,Weibull 模型解释了数据的

---

[1] Chernobai、Menn、Rachev 和 Trück (2005) 使用的是相同的数据库。

最佳围绕中心。在尾部上,对称 α-稳定模型似乎是最好的,而 GPD 和 Burr 对于上尾似乎也拟合得很好。

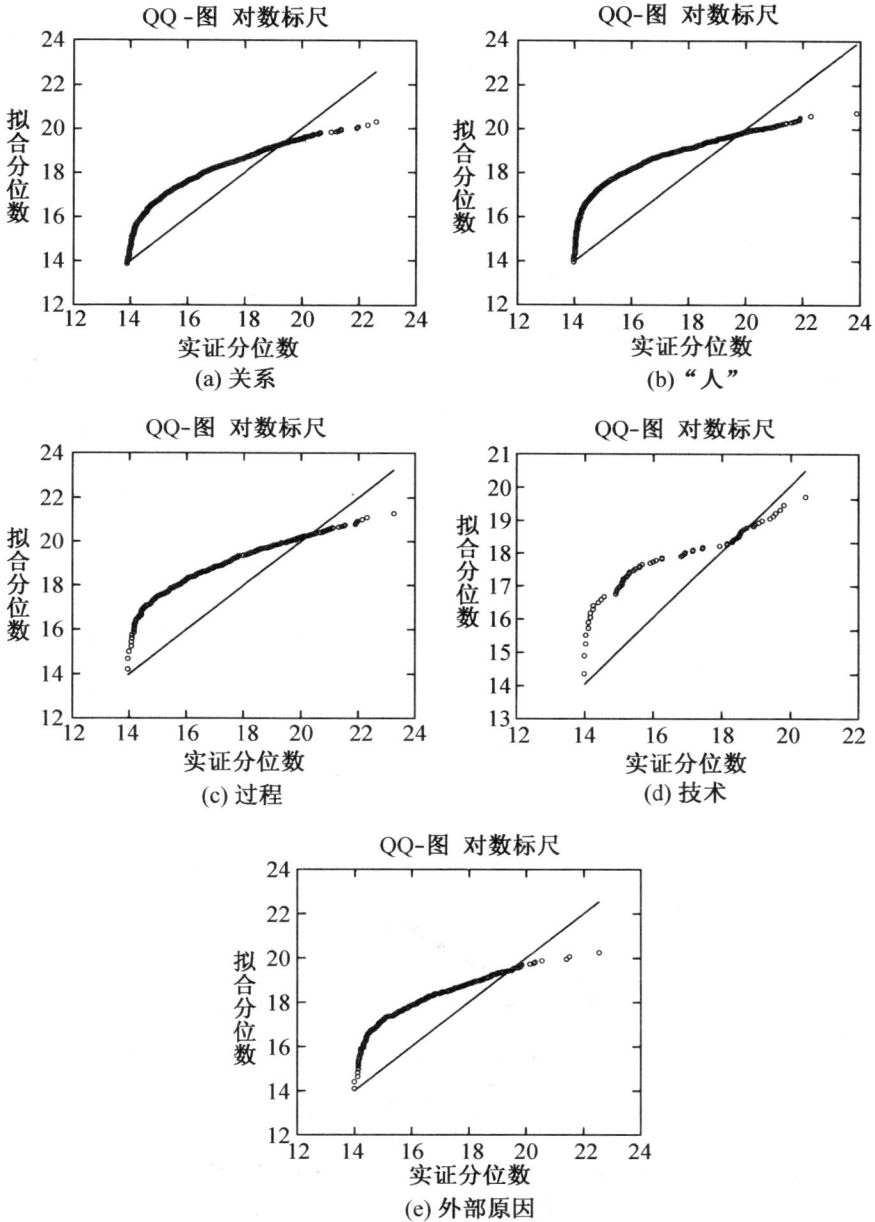

图 10—3 1980—2002 年有关公共操作损失数据的探索性数据分析:
指数分位数下的对数转换 QQ- 图

QQ-图 对数标尺

(a) 关系

QQ-图 对数标尺

(b) "人"

QQ-图 对数标尺

(c) 过程

QQ-图 对数标尺

(d) 技术

QQ-图 对数标尺

(e) 外部原因

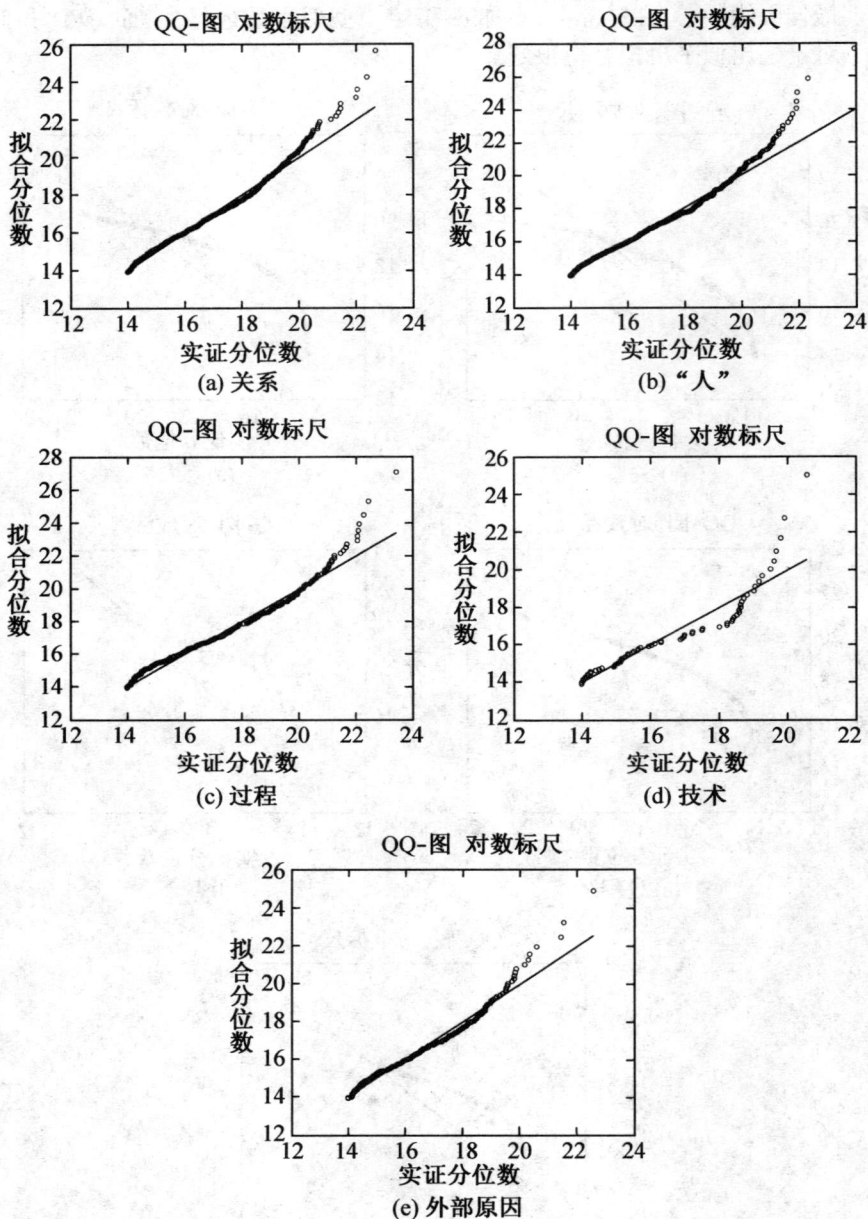

图 10—4　1980—2002 年基于公共操作损失数据的探索性数据分析：
Pareto 分位数下的对数转换 QQ-图

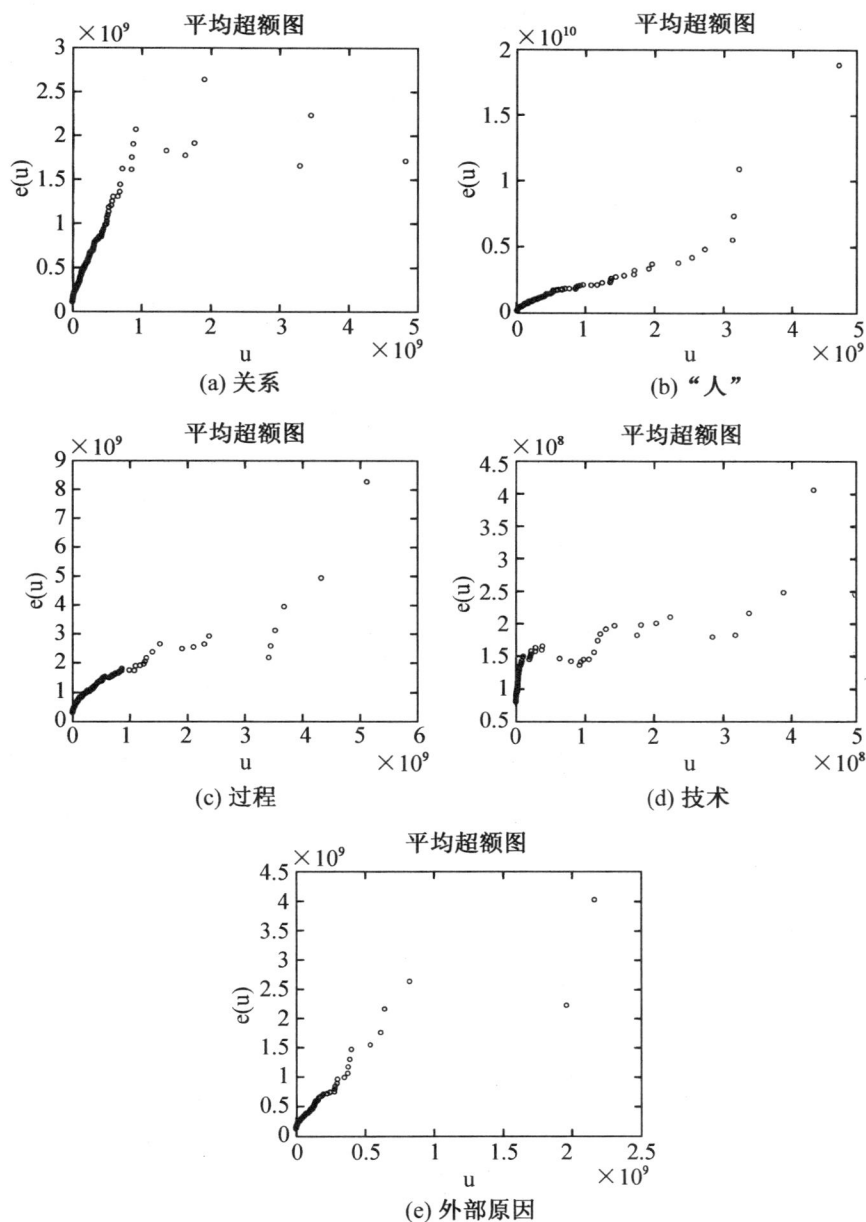

(a) 关系

(b) "人"

(c) 过程

(d) 技术

(e) 外部原因

图 10—5 1980—2002 年基于公共操作损失数据的
探索性数据分析:样本平均超额图

表 10—2　　　　Chernobai、Menn、Rachev 和 Trück 的研究中 5 种损失类型的
拟合优度检验统计量及其相应的 p 值

	关系	人	过程	技术	外部
对数正态分布					
KS	0.8056[0.082]	0.8758[0.032]	0.6854[0.297]	1.1453[≈0]	0.6504[0.326]
V	1.3341[0.138]	1.5265[0.039]	1.1262[0.345]	1.7896[0.005]	1.2144[0.266]
AD	2.6094[0.347]	3.9829[0.126]	2.0668[0.508]	2.8456[0.209]	2.1702[0.469]
AD_{up}	875.40[0.593]	1 086.2[0.462]	272.61[0.768]	41.8359[0.990]	316.20[0.459]
AD^2	0.7554[0.043]	0.7505[0.044]	0.4624[0.223]	1.3778[≈0]	0.5816[0.120]
AD^2_{up}	4.6122[0.401]	4.5160[0.408]	4.0556[0.367]	6.4213[0.067]	2.5993[0.589]
W^2	0.1012[0.086]	0.0804[0.166]	0.0603[0.294]	0.2087[≈0]	0.0745[0.210]
Weibull 分布					
KS	0.5553[0.625]	0.8065[0.103]	0.6110[0.455]	1.0922[≈0]	0.4752[0.852]
V	1.0821[0.514]	1.5439[0.051]	1.0620[0.532]	1.9004[≈0]	0.9498[0.726]
AD	3.8703[0.138]	4.3544[0.095]	1.7210[0.766]	2.6821[0.216]	2.4314[0.384]
AD_{up}	$2.7 \cdot 10^4$[0.080]	$3.2 \cdot 10^4$[0.068]	2 200.7[0.192]	52.5269[0.944]	4 382.7[0.108]
AD^2	0.7073[0.072]	0.7908[0.068]	0.2069[0.875]	1.4536[≈0]	0.3470[0.519]
AD^2_{up}	13.8191[0.081]	8.6610[0.112]	2.2340[0.758]	4.8723[0.087]	5.3662[0.164]
W^2	0.0716[0.249]	0.0823[0.188]	0.0338[0.755]	0.2281[≈0]	0.0337[0.781]
Log-Weibull 分布					
KS	0.5284[0.699]	0.9030[0.074]	0.5398[0.656]	1.1099[≈0]	0.6893[0.296]
V	1.0061[0.628]	1.5771[0.050]	0.9966[0.637]	1.9244[≈0]	1.1020[0.476]
AD	3.0718[0.255]	4.1343[0.115]	1.6238[0.832]	2.7553[0.250]	2.2267[0.481]
ADup	7 332.1[0.186]	$1.1 \cdot 10^4$[0.160]	658.42[0.343]	49.2373[0.976]	3 130.6[0.128]
AD^2	0.4682[0.289]	0.7560[0.115]	0.1721[0.945]	1.5355[≈0]	0.4711[0.338]
AD^2_{up}	5.2316[0.282]	4.5125[0.392]	1.4221[0.977]	5.2992[0.114]	4.1429[0.283]
W^2	0.0479[0.514]	0.0915[0.217]	0.0241[0.918]	0.2379[≈0]	0.0563[0.458]
Pareto 分布					
KS	1.4797[≈0]	1.4022[≈0]	1.0042[0.005]	1.2202[≈0]	0.9708[0.009]
V	2.6084[≈0]	2.3920[≈0]	1.9189[≈0]	1.8390[≈0]	1.8814[≈0]
AD	3.5954[0.154]	3.6431[0.167]	4.0380[0.128]	3.0843[0.177]	2.7742[0.284]
ADup	374.68[≈1]	374.68[≈1]	148.24[≈1]	33.4298[≈1]	151.94[0.949]
AD^2	3.7165[≈0]	2.7839[≈0]	2.6022[≈0]	1.6182[≈0]	1.7091[≈0]
AD^2_{up}	22.1277[0.048]	23.7015[0.051]	13.1082[0.087]	8.8484[0.067]	8.6771[0.106]
W^2	0.5209[≈0]	0.3669[≈0]	0.3329[≈0]	0.2408[≈0]	0.2431[≈0]
Burr 分布					
KS	1.3673[0.032]	2.2333[0.115]	0.5634[0.598]	1.1188[0.389]	1.3266[0.050]
V	2.4165[≈0]	3.1970[0.115]	0.9314[0.800]	0.9374[0.380]	2.0385[0.048]
AD	3.3069[0.309]	4.7780[0.174]	1.6075[0.841]	2.6949[0.521]	2.8775[0.328]

续表

	关系	人	过程	技术	外部
AD_{up}	371.65[0.960]	255.91[≈1]	364.08[0.429]	28.4827[≈1]	113.13[0.989]
AD^2	3.1371[≈0]	7.0968[0.115]	0.2639[0.794]	2.0320[0.380]	2.8954[0.048]
AD^2_{up}	22.0374[0.019]	46.3417[0.119]	2.0133[0.844]	10.5469[0.401]	15.4410[0.064]
W^2	0.4310[0.011]	1.2830[0.115]	0.0323[0.840]	0.3424[0.380]	0.5137[0.048]
对数 α-稳定分布					
KS	1.5929[0.295]	9.5186[0.319]	0.6931[0.244]	1.1540[≈0]	7.3275[0.396]
V	1.6930[0.295]	9.5619[0.324]	1.1490[0.342]	1.7793[0.007]	7.4089[0.458]
AD	3.8184[0.275]	36.2617[0.250]	2.0109[0.534]	2.8728[0.208]	37.4863[0.218]
AD_{up}	1075.3[0.041]	9846.3[0.354]	272.57[0.786]	41.7454[0.995]	4708.7[0.354]
AD^2	3.8067[0.290]	304.61[0.312]	0.4759[0.202]	1.3646[≈0]	194.74[0.284]
AD^2_{up}	10.1990[0.288]	4198.9[0.215]	4.0910[0.361]	6.4919[0.060]	3132.6[0.128]
W^2	0.7076[0.292]	44.5156[0.315]	0.0660[0.258]	$7.2 \cdot 10^{10}$[≈1]	24.3662[0.366]
对称 α-稳定分布					
KS	1.1634[0.034]	1.1628[0.352]	1.3949[0.085]	2.0672[≈1]	0.7222[0.586]
V	2.0695[≈0]	2.1537[0.026]	1.9537[0.067]	2.8003[≈1]	1.4305[0.339]
AD	$1.4 \cdot 10^5$[≈1]	$5.8 \cdot 10^5$[0.651]	$3.3 \cdot 10^5$[0.931]	$2.7 \cdot 10^5$[≈1]	$1.1 \cdot 10^5$[0.990]
AD_{up}	$5.0 \cdot 10^{16}$[0.971]	$4.3 \cdot 10^{17}$[0.351]	$2.5 \cdot 10^{17}$[0.530]	$3.6 \cdot 10^{16}$[≈1]	$3.4 \cdot 10^{16}$[0.797]
AD^2	4.4723[0.992]	11.9320[0.971]	6.5235[0.964]	19.6225[≈1]	1.7804[0.980]
AD^2_{up}	$2.6 \cdot 10^{14}$[≈0]	$3.3 \cdot 10^{11}$[0.436]	$6.8 \cdot 10^{14}$[0.193]	$7.2 \cdot 10^{10}$[≈1]	$1.2 \cdot 10^{10}$[0.841]
W^2	0.3630[≈0]	0.2535[0.027]	0.3748[0.102]	1.4411[0.964]	0.1348[0.265]

10.4　重要概念总结

■ 拟合优度检验必须估计模型的有效性。大体上来说，它们被分为如下两组：样本拟合优度检验和无样本（例如，预测或返回）检验。

■ 样本拟合优度检验是一种形象且正规的方法。图检验包括分位比较图和平均超额图。两种检验作为模型估计过程的第一步都是有用的，且在操作损失数据尾中估计其厚度也特别方便。

■ 常见正规的拟合优度检验是卡方检验和以经验分布函数为基础的检验。卡方检验包括似然比检验和皮尔逊的卡方检验。经验分布检验包括 Kolmogorov-Smirnov、Kuiper、Anderson-Darling 和 Cramer-von Mises 检验。在对重尾操作损失建模时，一种改进的 Anderson-Darling 检验（其赋予上尾很大的权重）则显得尤其重要。

■ 拟合优度检验已用于许多有关操作损失数据的实证研究。许多结果显示，损失分布的中心和尾部并不服从同一规律，尤其是操作损失分布的上尾很重，诸如 Burr、Pareto 以及各种 α-稳定分布将提供一个合理的解决方案。

10.5   附录:假设检验

统计假说提出一份有关总体参数重要性的陈述。检验通常制定两个假设:"零假设"(记作 H_0)和"备择假设"(记作 H_1)。[①]假设检验的目标是基于从总体中所抽出的样本,来确定两个假设中哪一个假设是真的。

假设 Θ_0 和 Θ_0^c 分别是零假设和备则假设下总体参数 θ 互补的参数空间。则检验被概括为:

$$H_0 : \theta \in \Theta_0 \quad \text{vs.} \quad H_1 : \theta \in \Theta_0^c$$

假设检验是一种规定样本值的规则:[②]

1. 作出决定接受 H_0 为真。

2. 拒绝 H_0,接受 H_1 为真。

拒绝 H_0 的该子集的样本空间被称为"拒绝区域"(或"临界区"),而其余空间被称为"接受域"。

假设检验会犯两种类型的错误:

1. Ⅰ 类错误。

2. Ⅱ 类错误。

当错误地拒绝了 H_0 而 H_0 为真时,发生了第 Ⅰ 类错误。当接受 H_0 而 H_0 为假时,则发生了第 Ⅱ 类错误。该检验推翻假设的概率为1减去第 Ⅱ 类错误的概率。表10—3 概括了两种类型错误的区别。

应该找到一个较好的检验以尽量减少两种错误发生的概率,但不可能完全消除这两种错误:拒绝 H_0 的检验具有第 Ⅱ 类错误发生的零概率,而不拒绝 H_0 的检验具有发生第 Ⅰ 类错误的零概率。为了调和这种情况,我们定义了一个"置信水平"(记作 α)以固定犯第 Ⅰ 类错误的最大忍受概率。在所有犯第 Ⅰ 类错误小于 α 的检验中,犯最小第 Ⅱ 类错误的检验往往会被选择。

计算出的检验统计量通常被用作检验基准。p 值是超过检验统计量的概率。若 p 值小于 α,则拒绝零假设。

有两种类型的检验,即"简单检验"和"复杂检验",它们有关零假设的表述不尽相同。"简单检验"在零假设下指定了一个具体的参数值。对于这些检验来说,存在着表列临界值与检验统计值之间的比较。"复杂检验"在零假设中不指定参数值,而只测试数据是否属于指定类别的分布。

在复杂检验中,检验统计量的分布为非自由参数。计算 p 值和临界值的一个方法即是利用蒙特卡罗法对每一个假设的拟合分布[③]进行模拟。根据这种方法,首先

[①]   在许多文献中,备则假设被记为 H_A。
[②]   见 Casella 和 Berger(2002)。
[③]   有关蒙特卡罗法的讨论,详见 Ross(2001)。

要计算统计量的观测值 D。然后,给定一个 α 水平并运用如下法则:

1. 从规模为 n 的拟合分布生成大量样本数目(例如,$I = 1\,000$),该数目等于所观测数据的数目。

2. 拟合每个样本的分布并估计每个样本 $i = 1,2,\cdots I$ 的未知参数。

3. 对每个样本 $i = 1,2,\cdots I$ 估计其拟合优度统计值 D_i。

4. 计算 p 值作为样本统计值超过原样本观测值 D 的比例值。

5. 若 p 值小于 α 则拒绝 H_0。

在最优拟合优度检验中,高 p 值表明对于数据来说它是一个很好的拟合假设模型。

第11章 在险价值

财务经理通常关心这类问题的答案："我所能够预计的在某个给定的水平上、发生某一概率的损失的最大额度是多少?"然而,监管当局所关注的则是,怎样确保银行拥有充足的资本准备金以弥补金融风险所导致其大部分的实物损失。事实上,通过估计在险价值,双方各自所关注的问题即可以得到解决。在操作风险的背景下,在险价值,非正式地说,为年资本金总额,其足以弥补较高置信水平下所有的非预期损失。

在险价值是一个很有用的统计工具,在金融界中备受欢迎,已成为衡量和预测市场风险、信用风险、操作风险以及其他金融风险的标准之一。在本章中,我们将讨论在险价值的概念、其他风险测量值,以及在险价值在量化和管理操作风险中所起的重要作用。

11.1 从直观上看,什么是在险价值

从直观上看,在险价值决定了在给定的时间长度内和给定的置信水平下可能发生的最大损失额。$(1-\alpha) \times 100\%$ 在险价值被定义为在目标时间区间 Δt 内的损失分布的第 $(1-\alpha)$ 个百分位数。$1-\alpha$ 被称为置信水平。例如,年95% 在险价值为总损失额,一年中,所有高于该损失额的潜在损失额发生的累计时间不超过5%。

在计算在险价值之前,需要先确定如下3个参数:

1. 置信水平。
2. 预测区间。
3. 基准货币。

"置信水平"是与在险价值测量值相关的损失概率,其代表性取值介于95% ~ 99%。然而,从业人员通常关注于预测99.99% 或更高置信水平上的损失发生额。"预测区间"表明在险价值分析所考虑的时间间隔。由于决定风险结构的潜在因素随时都会发生变化,因此选择的时间间隔通常较短。例如,财务经理们往往考虑一天或一个月的时间间隔,而非金融类企业则会选择一个季度或一年。"基准货币"通常是指某一金融机构其资本金的计价货币。因此,一家美国银行的操作风险在险价值应该以美元来计算。

在险价值已经成为衡量一定时期内市场风险与信用风险内部风险模型的标准。这一基本原理能被延伸至有关操作风险的内部测量。在第3章中,我们讨论了在新巴塞尔资本协议下,操作风险资本要求必须按年进行估计以满足较高的置信

水平,比如 99% 。①在险价值的定义使我们能将它等同于高级测量模型下的资本要
求。这样的话,在损失分布法下,就能用年累积操作损失分布的高百分位数来估计
在险价值。

11.2　复合操作损失模型与操作在险价值的推导

现在我们回顾一下累积(或总)损失分布的概念。在第 4 章中,我们一直强调
操作损失的频率和严重程度在操作风险的建模过程中扮演着及其重要的角色。在
第 5 章还给出了一些有关频率分布的例子,在第 6 章也给出了有关一般严重程度分
布的例子。当把某一特定时段内的频率和严重程度过程结合起来的时候,也就得到
了这一时段内的复合过程。

11.2.1　一个简单的精算模型

通常用精算类模型将严重程度分布和频率分布聚合到一个单一的模型之中。
它们依赖如下假定:②

1. 给定损失事件的总发生数,则相应的损失额是一系列"独立同分布"的正随
机变量。

2. 给定损失事件的总发生数 n ,则损失额的一般分布与 n 相独立。

3. 损失事件总发生数的分布不依赖于损失额。

对某一特殊业务部门／事件类型组合,假定其总操作损失额服从该类精算模
型。记损失额为 X ,在一年的时间间隔 Δt 内损失事件的发生数为 $N_{\Delta t}$,则总损失额服
从如下形式的随机过程:

$$S_{\Delta t} = X_1 + X_2 + \cdots + X_{N_{\Delta t}} = \sum_{k=1}^{N_{\Delta t}} X_k$$

其累积分布函数为:

$$F_{S_{\Delta t}}(s) = P(S_{\Delta t} \leqslant s) = \begin{cases} \sum_{n=1}^{\infty} P(N_{\Delta t} = n) F_X^{n*}(s) & s > 0 \\ P(N_{\Delta t} = 0) & s = 0 \end{cases}$$

其中, F_X 是随机变量 X 的分布函数, F_X^{n*} 表示 F_X 关于其自身的 n 重复合函数:

$$F_X^{n*}(s) = P\left(\sum_k^n X_k \leqslant s\right)$$

$S_{\Delta t}$ 的总体均值与方差分别为:

$$\mathrm{mean}(S_{\Delta t}) = \mathbb{E}[N_{\Delta t}] \mathbb{E}[X], \quad \mathrm{var}(S_{\Delta t}) = \mathbb{E}[N_{\Delta t}]\mathrm{var}(X) + \mathrm{var}(N_{\Delta t}) \mathbb{E}^2[X]$$

图 11—1 说明了聚合操作损失严重程度分布与频率分布的机制。很显然,在操
作损失严重程度与频率之间可能存在着一种复杂的相互依赖关系,并作为一个必

---

① 有关操作资本要求各种测量方法的讨论详见本书第 3 章。
② 更多细节详见 Klugman、Panjer 和 Willmot(2004)第 6 章。

要的组成部分而被引入到聚合模型之中；有关这方面的内容已超出了本书的讨论范围。

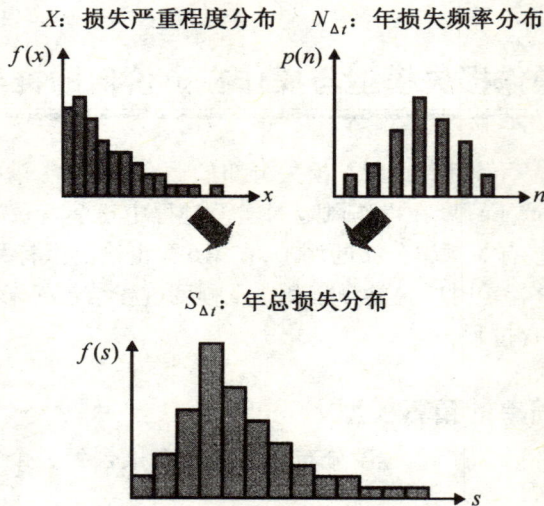

图 11—1　聚合操作损失严重程度分布与频率分布的机制

11.2.2　计算总损失分布

很明显，总损失的累积分布函数关于 X 和 N 均为非线性的。因此，除了某些简单情况之外，复合分布函数的解析表达式并不存在。也就是说，计算复合分布函数将变得相当困难。在本节中，我们将就如下一般泊松类频率分布条件下总损失分布的数值计算方法作简要的介绍：数值逼近法、直接计算法、递归法和逆推法。[①]

1. 蒙特卡罗（Monte Carlo）法

最简单与最常用的方法是基于对可能的损失情况的蒙特卡罗模拟。它包括运用计算机软件所生成的大量情境。考虑一个参数为的泊松频率分布的简单示例，其算法被概括如下：

（1）以参数 λ 模拟大量的泊松随机变量，比如 100 000 个，并得到一个数列 n_1，$n_2,\cdots,n_{100\,000}$ 来表示一年内损失事件发生总数的可能取值。

（2）对于每一个取值 $n_k,1 \leqslant k \leqslant 100\,000$，根据潜在的损失分布模拟出 n_k 个损失额。

（3）对于每一个取值 $n_k,1 \leqslant k \leqslant 100\,000$，将上一步生成的损失额加总，就可得到一年的累积总损失额数列。

（4）按递增次序对上一步得到的数列进行排序，即可得到期望的总损失分布。

运用上述算法，容易得到在险价值为已得到总损失分布的 $(1-\alpha)$ 经验百分位

---

① 有关其他计算方法的讨论详见 Klugman、Panjer 和 Willmot(2004)。

数。很显然,随着模拟情境的增加,近似值的精确度也会越来越高。这一点对于具有重尾特征的损失分布来说尤其重要,因为需要进行大量模拟以生成足够多的尾部事件。

2. 直接计算法

估计累积分布函数的第 2 种方法为直接计算法。通过对连续型损失分布用其离散形式进行替代,可以得到 $F_X^{n*}(s)$ 分位数的近似值。上述损失分布的离散形式被定义为一些货币单位的 $0,1,2,\cdots$ 倍,比如 1 000 倍,然后计算:

$$F_X^{n*}(s) = \sum_{x=0}^{s} F_X^{(n-1)*}(s-x) f_X(x)$$

其中,$f_X(x)$ 为损失分布的密度函数。这种方法的缺陷在于为得到期望的估计值,需要进行大量的乘法运算。

3. Panjer 递归法

Panjer 递归法需要将连续型损失分布离散化。假定频率分布满足如下性质:

$$P(N=k) = \left(a + \frac{b}{k}\right)P(N=k-1), \quad k = 1,2,3\cdots$$

其中,a 和 b 为常数。任一点 s 的累积损失分布概率密度按下式来计算:

$$f_S(s) = \frac{\sum_{y=1}^{s}(a + by/s)f_X(y)f_S(s-y)}{1 - af_X(0)}$$

递归法的优点在于它显著地减少了计算量;然而,该法仅适用于一些特定的频率分布。它可被用于二项分布、泊松分布、几何分布以及负二项分布。[1]

4. 逆推法

逆推法运用数值方法来逆推总损失分布函数的特征函数。基于强度比率为 λ 的泊松频率分布的总损失分布的特征函数[2]可以被表示为:

$$\varphi s_{\Delta t}(u): = \mathbb{E}[e^{iuS_{\Delta t}}] = \exp\left(\Delta t \int_{-\infty}^{+\infty}(e^{ius}-1)\lambda dF(s)\right)$$

其中,$i = \sqrt{-1}$ 是一个复数。

运用快速傅立叶变换和 Heckman-Myers 逆推法可以完成上述计算部分。

11.2.3　操作在险价值

承前,操作在险价值可被定义为如下方程的解:[3]

$$1 - \alpha = F_{S_{\Delta t}}(VaR) = \sum_{n=1}^{\infty} P(N_{\Delta t} = n)F^{n*}(VaR)$$

---

[1]　有关 Panjer's 递归法的更多细节,详见 Panjor 和 Willmot(1986) 以及 Panjor 和 Willmot(1992)。
[2]　见本书第 7 章有关特征函数的定义。
[3]　在考虑操作风险的测量方法时,巴塞尔委员会(2001 ~ 2006) 以及其他一些论文中都讨论了在险价值,比如 Cruz(2002)、Alexander(2003)、Crouhy、Galai 和 Mark(2001)、Jorion(2000)、Ebnöther、Vanini、McNeil 和 Antolinez-Fehr(2001)、Frachot、Moudoulaut 和 Roncalli(2003)、Medova 和 Kuriacou(2001)、Embrechts、Kaufmann 和 Samorodnitsky(2004)、Chernobai、Menn、Rachev 和 Trück(2005a)、Chernobai、Menn、Rachev 和 Trück(2005b)、Rachev、Chernobai 和 Menn(2006) 以及 Dutta 和 Perry(2006)。

或者,用累积分布函数的反函数,在险价值则被表示为:

$$VaR = F_{S_{\Delta t}}^{-1}(1 - \alpha)$$

图 11—2 给出了 99% 在险价值的一个示例。虽然在险价值的解析表达式通常并不存在(如前所述),但在损失分布属于次指数形分布这一特殊情况下,存在例外。次指数性是重尾分布所具有的性质。从这类总体分布中选取一个容量为 n 的样本,记其最大观测值为 $M_n = max\{X_1, X_2, \cdots, X_n\}$,则它决定了样本累加和 $S_n = X_1 + X_2 + \cdots + X_n$ 的行为。例如,一个非常大的观测值可以被用来解释总损失过程的尾部行为:在数学上,对于 $\forall n \geq 2$,当 $x \rightarrow \infty$ 时,

$$P(S_n > x) \approx P(M_n > x)$$

年总损失分布

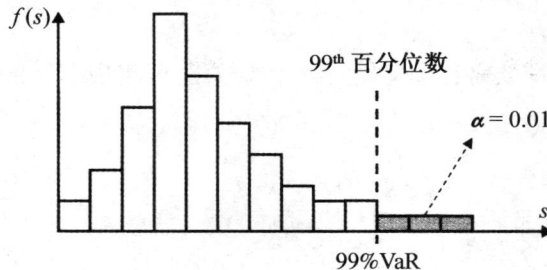

图 11—2　操作 99% VaR 的图示

因此,对于次指数性损失分布来说,下面的近似表达式成立:[①]

$$P(S_{\Delta t} > x) \approx \mathbb{E}[N_{\Delta t}] \cdot \overline{F}_x(x)$$

联立上式与在险价值的定义式,我们得到如下重要结论:

$$VaR \approx F_X^{-1}\left(1 - \frac{\alpha}{\mathbb{E}[N_{\Delta t}]}\right)$$

该方程能近似估计重尾分布下的在险价值。例如,假定损失额以百万美元计量,服从参数为 $\mu = 5$ 和 $\sigma = 1$ 的对数正态分布,一年内损失的发生频率服从参数为 $\lambda = 100$ 的泊松分布。若我们想要估计 95% 在险价值和 99% 在险价值,则相应的数值分别为:

$$q_1 = 1 - \frac{0.05}{100} = 0.9995 \text{ 和 } q_2 = 1 - \frac{0.01}{100} = 0.9999$$

于是,95% 在险价值和 99% 在险价值的估计值分别为:

$$95\% VaR = F^{-1}(0.9999) = 3\,985.9 \text{ 百万美元}$$

和

$$99\% VaR = F^{-1}(0.9995) = 6\,118.2 \text{ 百万美元}$$

① 有关这一问题的更多细节处理,详见 Embrechts、Klüppelberg 和 Mikosch(1997)。

11.3　在险价值敏感度分析

操作风险经理通常关心在险价值对潜在风险因素或模型中参数的敏感度。例如,可用下式来估计在险价值的敏感度因素:

$$\Delta VaR/\Delta\omega$$

其中,ω 表示风险因素或模型参数,Δ 指头寸的变化。

Ebnöther、Vanini、McNeil 和 Antolinez-Fehr(2001)讨论了在险价值对各种操作风险因素的敏感度。经过实证分析,他们证明了在导致组合风险暴露的 103 个过程中,10 个最重要的过程解释了全部在险价值量的 98%。Frachot、Georges 和 Roncalli(2001)做了在险价值对损失分布法下损失事件频率的柏松分布强度参数 λ 的敏感度分析。他们分别对 5 类事件计算了 $\Delta VaR/\Delta\lambda$。在 99% 的置信水平下,敏感度介于[2/3,4/5];而在 99.9% 的置信水平下,敏感度则介于[1/3,2/3]。置信区间变窄了,数值上也随之变小,这表明随着置信水平的提高,在险价值对因素的敏感度减弱了。

Chernobai、Menn、Rachev 和 Trück(2005b)讨论了在险价值度量中极端事件的重要性,并发现 5% 的极端事件解释了超过 50% 的操作在险价值。他们还强调度量在险价值时,选取适当的操作损失分布函数的重要性,同时证明了在假定损失分布尾部较厚重的情况下,所估计的在险价值将显著地高于假定损失分布尾部较轻时的相应估计值。

压力测试用于研究小概率事件所产生的影响,任何基于在险价值的统计模型都无法预测小概率事件。这些事件可能包括自然灾害、战争、投资者偏好的改变以及其他异常事件。上述内容已在第 4 章中介绍过,故这里不再赘述。

11.4　返回测试在险价值

考虑到对于银行和监管部门来说,估计在险价值的重要性与日俱增,因而评价在险价值模型的精确性也就成为下一个必要的步骤。事实上,运用"返回测试"可以进行上述检验。在市场风险管理中,国际清算银行对市场在险价值模型不完善的金融机构实施了惩罚机制。在险价值模型是否需要改进决定了在这方面的额外支出是否是必要的。因此,返回测试有助于这种成本 — 收益分析。

银行通常按月或季度进行返回测试。国际清算银行建议使用绿、橙、红 3 色区域来表示异常程度。多种检验方法可用于对在险价值的返回测试:Kupiec 失败比例检验法、Kupiec 首次失败时间检验法、Lopez 损失量函数检验法、违反次数聚类检验法(比如,类平均大小法和分块法)以及 Crnkovich-Drachman Q- 检验法。[1]下面我们来回顾一下前两种方法。

11.4.1 Kupiec 失败比例检验法

在 Kupiec(1995) 所提出的失败比例检验法下,对实证数据的失败(当实际损失额超过估计值时,即为失败)次数与某一给定置信水平下可接受的失败次数进行了比较。令 ϵ_t 来表示时点 t 所发生的实际损失额,VaR_t 来表示在险价值的预测值,则在每一时点 t(比如,一天),计分函数 C_t 为:

$$C_t = \begin{cases} 1 & \text{如果 } \epsilon_t > VaR_t \\ 0 & \text{如果 } \epsilon_t \leq VaR_t \end{cases}$$

进行 T 次上述 Bernoulli 试验,显然其失败次数服从二项分布:

$$P(N = x) = \binom{T}{x} p^x (1-p)^{T-x}, \quad x = 0, 1, 2, \cdots, T$$

其中,T 为检验观测期内的总天数(比如,一年的观测期包括 $T = 255$ 个交易日)。Kupiec 进一步运用了标准似然比检验。

若零假设为 $p = N/T$,即可以认为所观测到一次失败的真实概率与失败的经验频率相等,则运用似然比检验来计算统计量为:

$$\chi^2 = -2\ln[(1-p)^{T-N} p^N] + 2\ln[(1-N/T)^{T-N}(N/T)^N]$$

若零假设成立,则 χ^2 渐进服从自由度为1的卡方分布。若 $\chi^2 > 3.84$,则拒绝零假设。表 11—1 给出了经检验得到的不同显著性水平 p 下 95% 的置信区间。

表 11—1　　　　　Kupiec 失败比例检验下,可接受的失败次数(N)

在险价值置信水平	255 个交易日 (1 年)	510 个交易日 (2 年)	1 000 个交易日 (4 年)
99%	$N < 7$	$1 < N < 11$	$4 < N < 17$
97.5%	$2 < N < 12$	$6 < N < 21$	$15 < N < 36$
95%	$6 < N < 21$	$16 < N < 36$	$37 < N < 65$
92.5%	$11 < N < 28$	$27 < N < 51$	$59 < N < 92$
90%	$16 < N < 36$	$38 < N < 65$	$81 < N < 120$

若实际失败次数小于可接受的失败次数,则表明在险价值模型过于保守;相反地,若实际失败次数超过可接受的失败次数,则意味着估计的在险价值偏低,或者说,模型低估了大额损失发生的概率。

11.4.2 Lopez 损失量函数检验法

Lopez(1998) 提出了 Lopez 损失量函数。它可被视为 Kupiec 失败比例检验法

---

① 有关各种返回测试技术的更多细节,详见 Haas(2001)、Jorion(2000)、Cruz(2002)。

的延伸。除了能够计算实际损失额超过在险价值的次数,它还能反映超额损失额。在每一时点 t,计分函数 C_t 与超额损失额成比例,其表达式如下:

$$C_t = \begin{cases} 1 + (\epsilon_t - VaR_t)^2 & \text{如果 } \varepsilon_t > VaR_t \\ 0 & \text{如果 } \epsilon_t \leqslant VaR_t \end{cases}$$

该函数值随着超额损失额的增加而增加,并提供了有关被检验的在险价值模型如何进行预测累积损失分布上尾的额外信息。然而,其失败次数显然不再服从二项分布,但仍独立于损失额的潜在分布。

11.5　在险价值的优缺点和其他风险测量值

在险价值是估计操作风险资本要求的理想方法吗?事实上,很多研究者都对在险价值提出了批评。在这里,我们首先来讨论一下在险价值的优点和局限性,然后再回顾一些其他的风险测量值。

11.5.1　在险价值的优点

在险价值能运用于下列商业活动领域:①
- 比较风险水平。
- 确定资本要求。
- 给予降低风险激励。
- 绩效评估。

我们将讨论上述每一个领域,并将重点放在最后一个领域。

通过运用统一的在险价值矩阵,使得比较各种类型的风险 —— 例如,市场风险与信用风险,或者外部欺诈风险与自然灾害风险 —— 成为可能,并进而来比较各种风险因素所产生的影响,据此,金融机构能够找到究竟是哪些风险因素导致了更大的业绩下滑。因此,银行可以将在险价值作为比较不同业务部门间风险水平的标准。

由于在险价值以货币为计量单位,因此可用其来估计弥补高额损失所需的经济资本要求。若能准确地估计出在险价值以反映真实的风险暴露程度 —— 基于历史数据,并试图描绘未来的趋势 —— 则能将它等同于新巴塞尔资本协议所强制要求的最低资本开支。充分高的置信水平对于确保金融体系的安全来说是十分必要的。尽管估计在险价值的基本原理十分简单,并能运用于测量任何类型的风险,但是金融机构往往采用更加复杂的在险价值模型来估计必要的资本要求。具体的方法往往由于所选取的时间间隔或置信水平的不同而不同,甚至还涉及诸如参数法、非参数法在内的不同的估计方法。

① 有关前两个领域与最后一个领域的讨论,详见 Wilson(1998)。

通过对低风险银行实行较低的资本要求,基于在险价值的资本要求促使银行降低自身的风险。

最后,当银行对执行哪种策略或投资进行决策,或对某一业务部门进行总体绩效评估时,在险价值还能作为权益收益的风险调整标准。许多现行的"风险调整绩效评估值(RAPMs)",均将在险价值用作此目的。例如,"风险调整资本收益率(RAROC)"——经过相应的在险价值调整后的资本收益率。[1]管理层用基于在险价值的风险调整绩效评估值来评价不同业务部门间的相对和绝对绩效。例如,在仅考虑信用风险的条件下,比较相同期限和相同贷款对象的两类不同贷款,或者比较两个不同业务部门的净收益率。一般地,风险调整资本收益率用下式来计算:

$$RAROC = \frac{Revenues - Expected\ loss}{Economical\ capital}$$

分母中的经济资本额包含了投资风险,风险调整资本收益率指标反映了这种风险。风险调整资本收益率隐含的根本思想即在于,确保投资带来的收益足以补偿相应的监管资本要求。

在操作风险的背景下,"操作风险调整资本收益率"衡量了由于承担与操作风险资本相对应的操作风险而获得的调整后的收益。运用操作风险精算类模型可以估算出为期一年的总预期损失,进而估算出预期损失(EL)。经济资本额等同于所估计的监管资本要求(K),比如,99% 的年在险价值测量值。[2]Chapelle、Crama、Hübner 和 Peters(2004) 建议分别估计各单一业务部门的操作风险调整资本收益率,并以相应总收入(GL) 的一个固定比例,例如5% 作为操作收入的度量。于是,对于某一业务部门 i 来说,其操作风险调整资本收益率为:

$$RAROC_i^{Op} = \frac{0.05 \times GI_i - EL_i}{K_i}$$

根据一家大型欧洲金融机构的操作损失数据样本,Chapelle、Crama、Hübner 和 Peters(2004) 估计了其操作风险调整资本收益率,并按照两类业务部门进行了数据分离:

部门1:资产管理／私人银行业务。

部门2:零售银行业务。

假定操作收入为相应业务部门总收入的5% ,表11—2 给出了4 种情形下,两个业务部门相应的风险调整资本收益率的估计值:基本指标法、标准法、高级测量法以及高级测量法下用 Gaussian Copula 函数来估计风险资本总额。对数正态分布被用于估计高级测量法下的风险资本以及包括基本指标法、标准法、高级测量法在内的预期总损失。从该表中我们容易看出,当满足如下条件 —— 根据内部损失数

---

① 20 世纪70 年代末,美国信孚银行首次提出 RAROC 分析框架,并将其运用于评价给定风险水平和资本收益率的情况下,与银行商业借款人进行交易的潜在盈利可能。
② Crouhy、Galai and Mark(2001) 建议用期望置信水平下最糟糕状况发生时的损失额减去预期损失来估计配置经济资本额。

据,运用高级测量法测量操作风险;考虑到不同业务部门之间的相互依赖性,以
Copula 函数聚合它们的资本时 —— 操作风险调整资本收益率达到最大
值(36.26%)。

表 11—2　　Chapelle、Crama、Hübner 和 Peters(2004)研究中对
操作风险调整资本收益率的估计(以 % 来表示)

	BIA	SA	AMA	AMACopula
部门 1	27.70	34.62	22.58	
部门 2	29.46	36.83	23.12	
Total	28.84	36.05	22.91	36.26

资料来源:Chapelle、Crama、Hübner 和 Peters(2004,p.47,Panel B)。

11.5.2　在险价值的缺陷

下面,我们来介绍一些对在险价值估计的普遍性批评。[①]

■ "在险价值只是高额损失的下限"。在险价值仅仅测定了预先给定条件下的
极端损失的下限,而不能提供任何有关超额损失量的信息。例如,95% 在险
价值表示,损失额超过估计的在险价值的可能性为 5%;然而,并没有给出
具体的超额损失值。

■ "多维风险因素影响在险价值"。由于同一个组合通常受一个风险因素向量
的影响,因此需要考虑各风险因素间可能存在的相互依赖关系。事实上,这
会对在险价值的估计值产生显著的影响。

■ "在险价值不能阻止高额损失的发生"。虽然在险价值确实能够预测潜在的
高额损失值,但是无法阻止其发生。因此,应该制订一项专门的风险控制计
划以完善在险价值,且该计划应由各独立机构的管理层来负责执行。

■ "在险价值不具有次可加性"。这一问题与下面即将讨论的一致性风险测量
值有关。

11.5.3　一致性风险测量值

Artzner、Delbaen、Eber 和 Heath(1999)给出了有关一致性风险测量值的性质,
并被其后有关风险方面的文献所广泛引用。记风险集(比如损失额)为 $L = \{X, X_1, X_2, \cdots\}$,令 ρ 为风险测度,则一致性风险测量值满足如下 4 条性质:

1. "转换不变性":对任意常数 $-\infty < a < +\infty$,$\rho(X + a) = \rho(X) - a$。这一性
质表明,初始投资额增加(减少)a,风险测量值将减少(增加)a。

[①] 有关在险价值的缺陷以及其他风险测量值的更多细节,详见 Yamai 和 Yoshiba(2002a,b,c 和 d)。

2. "次可加性": $\rho(X_1 + X_2) \leqslant \rho(X_1) + \rho(X_2)$。这一性质表明"整合不会增加额外风险"。例如,由多元化经营或不同部门间缺少防火墙所导致的风险测量值至多与它们相互独立时的风险测量值一样高。

3. "正齐次性": 对任意 $\beta \geqslant 0$, $\rho(\beta X) = \beta \rho(X)$。该性质是次可加性的一个特例,说明相同头寸的与 β 完全相关的组合的风险水平是原组合风险水平的 β 倍。

4. "单调性": 若 $X_1 \leqslant X_2$, $\rho(X_1) \leqslant \rho(X_2)$。这一性质表明,业绩较好的组合,风险水平也较低。

在险价值可能不满足次可加性,特别是在损失分布具有重尾特征的情况下。另外,它还可能高估资本要求。因此,在险价值不是一致性风险测量值。[1]

11.5.4   条件在险价值与其他风险测量值

若损失分布的右尾超过了在险价值,则"条件在险价值"即可确定其预期损失额。准确地说,对于一个给定的置信水平 $1 - \alpha$ 和时间间隔 Δt,条件在险价值被定义为:[2]

$$CVaR = \mathbb{E}\left[S_{\Delta t} \mid S_{\Delta t} > VaR\right]$$

图 11—3 以 $\alpha = 0.01$ 为例,说明了条件在险价值的概念。与在险价值不同,条件在险价值具有次可加性。

当损失分布右尾模型的选择依赖于极端事件时,条件在险价值作为一个合适的风险测量值,其相关性变得更加重要。刚刚过去的 20 年见证了个人资产、投资组合以及市场指数收益率分布的厚尾性、尖峰性和偏度的显著增大。当然,操作风险也不例外。事实上,极端事件的发生正是峰度增大的结果。尽管在险价值可能是用以衡量一般金融损失最糟糕状况相当好的模型,但是条件在险价值的潜力还是要高于在险价值,这是因为,条件在险价值能更好地反映尾部事件和损失分布上尾的重尾程度。到目前为止,在险价值已成为金融界十分流行的风险管理工具。然而,仅有个别机构具备处理异常或极端事件的系统性能力,而这类事件往往比传统在险价值模型所预测的事件更为频繁地发生。因此,尽管条件在险价值给出了一种更加保守的估计方法,然而只有当考虑到灾难性风险时,使用它似乎才更加合适。[3]

很显然,准确的尾部风险测量值应当依据正确的分布。例如,Rachev、Martin、Racheva-lotova 和 Stoyanov(2006)证明了在 Gaussian 模型中,在险价值

---

① 相关讨论详见 RiskMetrics(2001)、Embrechts、Resnick 和 Samorodnitsky(1999)和 Embrechts、McNeil 和 Straumann(2002),有关示例详见 Embrechts(2004)和 Neslehová、Embrechts 和 Chavez-Demoulin(2006)。
② 在相关文献中,条件在险价值也被称为期望尾部损失(ETL)、期望短缺值(ES)、尾部在险价值、平均超额损失以及尾部条件期望。
③ 有关条件在险价值更加深入的讨论,详见 Rachev 和 Mittnik(2000)。有关操作风险的讨论,详见 Rachev、Menn 和 Fabozzi(2005)。

年总损失分布

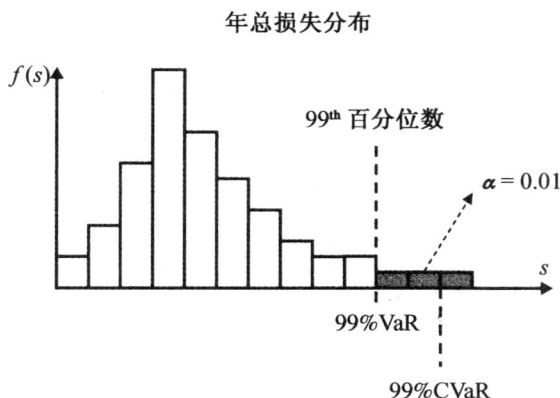

图 11—3　操作 99% 条件在险价值的图示

与条件在险价值的估计值几乎相同，然而到目前为止，α-稳定在险价值与条件在险价值更为保守，也更加合理。操作损失的潜在分布对于准确估计在险价值与条件在险价值来说至关重要。研究表明，频率分布则相对不那么重要。

累积损失分布的主体与尾部可能不是同一类型的分布。一种测量条件在险价值的可能方法即是将极值理论与半参数法结合起来。总损失分布的上尾形态可以被认为服从广义的 Pareto 分布。广义的 Pareto 分布已经被用来对一定高阈值之上的高额损失建模。[1]

条件在险价值的一个缺陷在于其测量值的潜在期望结构是不稳定的，因此当极端事件出现时，往往会带来很大的波动性。[2] 另外，对于重尾损失分布来说，其估计值可能不尽合理（很高），从而导致条件在险价值不具有实际的价值。在险价值与条件在险价值的一个折衷为"尾部损失中位数"，它被定义为超过在险价值的尾部分布的中位数：

$$尾部损失中位数 = median\ [S_{\Delta t}\mid S_{\Delta t} > VaR]$$

对于重尾损失分布来说，平均尾部损失是比条件在险价值更为理想的风险测量值，而且与在险价值相比，它相对更为保守。事实上，有关这方面的研究目前仍然十分有限。[3]

有关市场风险，RiskMetrics（2001）还提出了将最大损失额作为风险测量值。[4] 图 11—4 说明了不同风险测量值之间的关系。

① 有关极值理论的讨论详见本书第 8 章。
② 有关稳健方法的讨论详见本书第 12 章。
③ 需要注意的是，尾部损失中位数可能不具有次可加性。
④ 也可参阅 Stude（1999）中有关最大损失测量值运用的讨论。

年总损失分布右尾

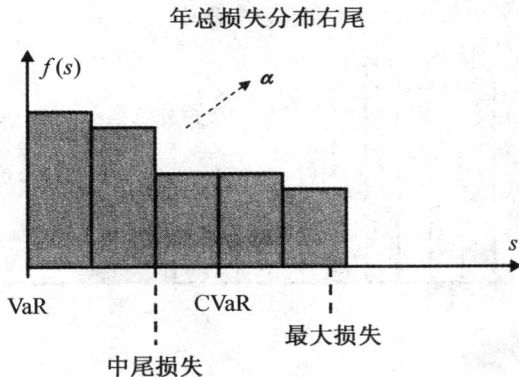

图 11—4　其他风险测量值的图示

11.6　基于操作损失数据的实证研究

在有关操作风险的文献中，研究主要依据的是模拟数据，运用实际损失数据的情况很少。在本节中，我们给出一些基于实际操作损失数据的实证研究所得出的结论，建议读者参照第 8 章和第 9 章所讨论的有关估计在险价值的一些其他的研究。第 8 章中介绍了运用极值理论来对操作损失建模；第 9 章中的实证部分介绍了在截去了尾部损失数据的情况下，有关操作在险价值和条件在险价值的一些研究，因而需要用一种非标准化的方法来建模。

11.6.1　De Fontnouvelle、Rosengren 和 Jordan 基于 2002LDCE 数据的研究

De Fontnouvelle、Rosengren 和 Jordan（2005）研究了巴塞尔委员会风险管理小组于 2002 年 6 月发布的《操作风险损失数据收集工作（LDCE）》中的数据。其原始数据包括来自欧洲、美洲、亚洲和大洋洲的 19 个国家的 89 家银行所报告的 47 269 起操作损失事件。他们仅选取其中 6 家银行的数据，分别进行分析，并考虑了如下 3 种频率模型：

模型 1. 固定参数为 λ 的泊松分布。

模型 2. 泊松分布，其参数 λ 为各家银行资产规模的线性函数。

模型 3. 负二项分布，其参数为各家银行资产规模的线性函数。

表 11—3 给出了 3 种模型分别估计的累积分布函数的高百分位数。为了不泄露各家银行的机密，各估计值均根据相应银行的资产规模进行了比例调整。表中所给出的是每一百分位数的中位数。按照巴塞尔委员会的要求，全部操作风险资本要求的合理水平约占最小监管资本（大约为资产总值的 0.6%）的 12%。表 11—3 中的数据表明，聚合简单泊松分布（模型 1）与 Pareto 损失分布，得到了

一个与预期值 6% 相当接近的估计值（0.468%）。然而，他们同时还指出，所得到的估计值完全基于内部数据，并没有补充外部数据，若将外部数据包含到模型中去，将会使估计值增加，从而更加接近预期水平。模型 2 得到了一个相当乐观的资本开支估计值；而模型 3 无论在哪种损失分布假设下，都给出了最高的估计值。很显然，假设损失分布为 Pareto 分布似乎在 3 种假设中是最适当的。

表 11—3　在 De Fontnouvelle、Rosengren 和 Jordan 的研究中，在不同的分布假设下，对于中等规模的企业来说，估计操作资本开支占资产总值的百分比

损失分布	百分位数	模型 1	模型 2	模型 3
Pareto 分布	95%	0.066%	0.106%	0.166%
	99%	0.117%	0.148%	0.237%
	99.9%	0.468%	0.362%	0.400%
对数—正态分布	95%	0.047%	0.089%	0.143%
	99%	0.056%	0.101%	0.198%
	99.9%	0.070%	0.121%	0.273%
经验分布	95%	0.047%	0.086%	0.146%
	99%	0.053%	0.093%	0.202%
	99.9%	0.058%	0.102%	0.273%

资料来源：De Fontnouvelle、Rosengren 和 Jordan（2005，p.38），部分有修改。

11.6.2　Chapelle、Crama、Hübner 和 Peters 基于欧洲损失数据的研究

Chapelle、Crama、Hübner 和 Peters（2005）检验了欧洲一家大型金融机构的操作损失数据样本。数据样本的采集过程依照新巴塞尔资本协议对业务部门和事件类型的定义，并运用了高级测量法。为了防止数据泄露，所有样本点均按比例进行了调整，且是以单位而不是以货币来计量的。上述研究共使用了 3 000 个数据。

他们分别估计了零售银行业务部门和客服部门的产品和业务活动事件类型集合的在险价值。通过研究平均超额图，将 235 个样本观测值分为一般性损失与灾难性损失。[①] 分别假设一般性损失服从 Gamma 分布、Weibull 分布和对数正态分布。在 3 种假设中，根据 Kolmogorov-Smirnov、Anderson-Darling 和 Cramér-von Mises 检验法，参数 $\mu=0.94$，$\sigma=0.274$ 的对数正态分布给出了最优拟合值。采用收益参数为 $\xi=0.736$，$\beta=522$ 的广义 Pareto 分布模拟超过阈值为 $\mu=544$ 的灾难性损失。完全内部损失分布被看做对数正态分布与广义 Pareto 分布的复合。假定损失频率服从简单泊松分布。

接下来，运用蒙特卡罗模拟法来估计置信水平分别为 95%、99%、99.5%、99.9% 和 99.95% 的在险价值。表 11—4 列出了相应的结果。很明显，置信水平

① 有关平均超额函数的讨论，详见本书第 8 章。

的轻微提高，使在险价值迅速增大。

　　有关上述研究中其他业务部门/事件类型的组合及其建模的更多细节，详见Chapelle、Crama、Hübner 和 Peters（2005）。在第 9 章的实证部分，我们曾对这一研究进行了延伸，并证明了引入外部数据对资本要求估计值所产生的影响。

表 11—4　　　　　　　　　在 Chapelle、Crama、Hübner 和 Peters 的研究中，

基于欧洲损失数据的操作在险价值的估计值（以单位计量）

实际总损失	41 747
中位数	63 876
均值	81 504
95% VaR	167 443
99% VaR	375 584
99.5% VaR	539 823
99.9% VaR	1 439 834
99.95% VaR	1 866 989

　　资料来源：Chapelle、Crama、Hübner 和 Peters（2005，p. 18），部分有修改。

11.7　重要概念总结

■ 在高级测量法下，在险价值是测量操作风险资本开支的一个重要标准。它是一种货币度量，测定了在给定的置信水平和时间间隔条件下预期发生的最大损失额。

■ 操作在险价值为基于复合年损失分布函数的反函数。精算模型可被用于聚合损失严重程度与频率分布。还可用以下几种方法来计算总损失分布：蒙特卡罗模拟法、直接计算法、递归法和逆推法。

■ 在险价值敏感度分析和返回测试为建立一个完善的在险价值模型的重要步骤。返回测试过程寻找违反在险价值的事件，可以采用 Kupiec 失败比例检验法、Lopez 损失量函数检验法、违反次数聚类检验法、Crnkovich-Drachman Q-检验法以及其他方法。

■ 在险价值可用于比较风险水平、确定资本要求、给予降低风险的激励和绩效评估。

■ 一致性风险测量值应满足 4 个性质：转换不变性、次可加性、正齐次性和单调性。在险价值可能不满足次可加性。

■ 条件在险价值可以作为在险价值的一种替代值。条件在险价值被定义为超过在险价值的预期总损失额。它满足次可加性，且更适合反映损失分布右尾的厚尾性。

■ 基于操作损失数据的实证研究证实，在险价值高度依赖于损失严重程度和频率分布的选择。置信水平的微小变化，也可能导致在险价值的巨大变化。

第 **12** 章 稳健性建模

在高级测量法下，我们主要采用精算模型来作为操作风险的统计模型。[1] 新巴塞尔资本协议要求操作风险的定量模型必须能够反映损失分布的一些独特性：高峰度、重右偏态和厚尾。由于可得数据的稀缺性与尾部事件的存在——所谓的低频率/高严重损失程度，使得模型的选择变得很复杂，导致损失分布的右尾具有厚尾性。一些对新巴塞尔框架体系持批评态度的人辩称：按此标准要求所计算出来的监管资本要求如此之大，甚至有可能超过其经济资本，[2] 因此降低了可用于满足融资需求和投资的资本额。[3] 这很可能是由模型的不规范性所导致的。在本章中，我们将提供一种解决这一两难局面的方法。

2001 年，巴塞尔委员会作出了如下的建议：

"要收集数据并开发稳健的估计技术（考虑到事件的影响、频率以及总的操作损失）（BIS，2001，Annex 6，p. 26）。"

对稳健性的概念有很多不同的解释。其中一个解释说其是指分布的稳健性——假定模型的稳健性与该模型的假定条件只存在着轻微的偏离。即使是在可得数据集不能很好地满足基本模型的需要时，异常值拒绝或分布稳健性（所谓的稳定性）统计方法的目的在于构造一种稳定（稳健）的统计程序。与假定模型相偏离的一个例子就是异常值的存在——该值明显不同于其他数据。

在本章中，我们将会回顾有关稳健统计量的基本概念，以及检测操作损失数据的应用前景。[4]

12.1 操作损失数据中的异常值

现有的实证证据表明，操作损失严重程度数据的一般模式具有如下典型特征：高峰度、重度右偏态和厚右尾，其中厚右尾是由一些异常事件所导致的。[5] 图 12—1 描绘了一个有关操作损失严重程度数据的示例。

---

[1] 有关上述模型的讨论详见本书第 11 章。
[2] 见 Currie (2005)。
[3] 见金融监管小组 (2005)。
[4] 近年来，运用稳健统计方法已被应用于解决金融领域的重大问题。Knez 和 Ready (1997) 使用稳健统计方法的实证研究表明在著名的 3 因素 Fama-French 模型 (1992) 中，一旦异常值被排除，其中的一些因素将变得不再重要。Kim 和 White (2003) 应用稳健统计方法对标准普尔 500 指数的回报率的性质进行了检验。Bassert、Gerber 和 Rocco (2004) 应用稳健统计方法发现了投资组合回报率分布的表现，并得出其因此所作出的预测将胜过常规古典分析的结论。Perret-Gentil 和 Victoria-Feser (2005) 运用稳健方法估计了均值—方差组合选择问题中的均值和协方差矩阵。也可参见 Dell'Aquila 和 Embrechts (2006) 对操作风险中运用稳健方法的讨论。
[5] 本书第 6 章。

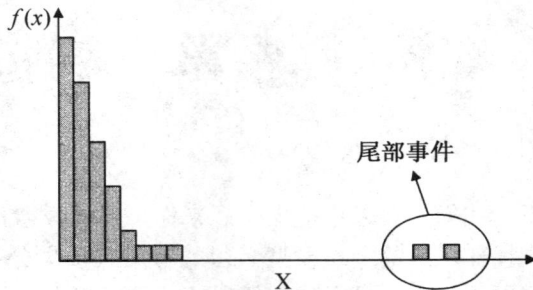

图 12—1 操作损失数据柱状图示例

资料来源：Chernobai 和 Rachev（2006，p. 30），部分有修改。

我们曾在第 6 章中讨论分析了有关调整操作损失风险的方法，也就是拟合常见损失分布（例如，对数正态、Weibull、伽玛、Pareto 等分布）的参数族。运用这些分布的一个缺点在于，他们对分布的中部和尾部的拟合可能并不是最优的。[①] 在这样的情形下，我们需要考虑运用混合分布。我们在第 8 章曾讨论了一种替代方法，即根据极值理论用广义 Pareto 分布拟合超过了预先指定的高阈值的极端损失数据。然而，该方法的缺点在于运用极值理论方法所得到的广义 Pareto 分布中的参数在对阈值的选择以及对额外的极端观测值非常敏感。

上述两种方法存在的最大问题在于：在拟合常见的损失分布或应用极值理论时，进行参数估计通常会导致产生无穷大的均值和方差，而且对资本要求的过高估计也是非常不合理的。对所有可得数据赋予相同权重的传统估计量对极端损失数据非常敏感，当只有少量数据出现时，该损失数据可以产生任意大的均值、方差以及其他重要统计量的估计值。例如，操作损失数据中的高均值和高标准差并不能说明其应被归因于通常情况下所观测到的高价值，还是仅仅被归因于一次大规模事件，而且对于上述结果它很难给出一个正确的解释。

操作风险数据中的低频率/高严重损失事件产生了如下的悖论。一方面，与损失相关的尾部事件尽管不经常发生，但是在其发生的大多数情况下都对机构产生极大的破坏性。因此，尾部事件是不能不予以考虑的，因为当涉及损失形成过程时，它可以传达非常重要的信息，还可以发出体系存在缺陷的信号。另一方面，如前所述，近期的实证研究表明古典方法既不能很好地拟合大量的操作损失数据，也不能解释尾部事件，且在该方法中中部和尾部数据似乎遵循着不同的法则。因此，我们可以说尾部事件描述了异常值的独特性。从这个角度来看，使用全部可得数据的古典方法也许并不是最佳的做法，对全部数据中最重要的那部分数据使用稳健方法效果似乎会更好一些。稳健方法不仅考虑了数据的基本结构，还隔离了来自于异常事件的大部分数据，因此一定程度上避免了对重要统计量进

---

① 见 Chernobai、Menn 、Rachev 和 Trück（2005）。

行估计和预测时将会发生的向上偏离。

尽管存在上述悖论，古典模型与稳健模型并不互相排斥，而是互为各自重要的补充。如同他们解释由原始数据——一般趋势（稳健方法）和传统观点（古典方法）——所描述的不同的现象一样，预期由这两种方法所得到的结果也是不一样的。根据 Hampel（1973），"稳健方法不论是以什么样的形式出现（即使只是对数据粗略的一撇）都是必要的，那些仍未使用该方法的人要么是太粗心了，要么是将其完全忽略了。"

12.2 应用古典方法的风险

在操作风险建模中，若只使用古典方法则是存在一定风险的。在这里，我们提供如下两个例子来进行说明。

第 1 种情形：风险专家根据总的预期损失和未预期损失两者之和来计算风险资本。根据机构中的历史数据，假定风险专家可以对下个季度总的操作损失进行预测。更进一步地讲，假定这些数据包含了 9·11 式、安德鲁飓风（1992）和卡特里娜飓风（2005）等按损失程度大小顺序来排列的事件，那么他的预测还会是稳健的吗？事实上，最有可能的是，预测将表明这样一种情况：银行若决定覆盖其潜在损失，则银行未剩下多少储备金。

第 2 种情形：从总的估计资本开支（例如，在险价值和条件在险价值）中扣除了预期损失数额且该资本开支建立在边际未预期损失的基础之上。① 假定风险分析师运用厚尾损失分布来拟合全部损失数据，且该数据包含了低频率/高严重损失的数据点，则总预期损失的估计值有可能非常高。尤其是在诸如 Pareto 分布或 α-稳定分布等拟合分布具有非常严重厚尾的情况下，有可能得到无穷大的均值和无穷大的二阶矩或高阶矩的估计值。有时，预期损失甚至会超过在险价值。仅仅以未预期损失为基础所得到的资本开支并不足以覆盖真正的风险敞口，这是同等对待异常值与其他数据所产生的风险。

12.3 稳健统计方法概述

稳健方法是对古典理论的推广：考虑了非规范性模型的可能性，从参数模型及其邻域所得到的推断结果都是正确的。② 稳健统计方法所要达到的目标如下：③

■ 描述最适宜拟合数据的结构。

---

① 国际清算银行将未预期损失定义为在险价值—预期损失。新巴塞尔资本协议指南建议，若银行能有效地监控预期操作损失，则可从总风险资本中将其排除。
② 稳健统计量的初创工作是由 Huber（1964）和 Hample（1968）进行的。
③ Hample、Ronchetti、Rousseeuw 和 Stahel（1986）第 1 章采用了稳健统计方法的上述目标。

■ 识别偏差数据点（异常值）或偏差子结构以做出进一步处理（若需要的话）。

■ 识别有强影响力的数据点（如"杠杆点"）并作出警告。

■ 处理确定的序列相关系数，或更一般地，处理与假定相关结构的偏差。

Hampel（1973）曾提出，数据中的错误值若达到5%~10%，则不是例外情况而是一条法则了。数据中出现异常值可能是由于以下几个方面的原因：（a）过失误差；（b）错误的数据分类（异常观测值也许并不包含在根据大部分数据所制定的模型里）；（c）分组；（d）数据之间的相关性。[①]

12.3.1 稳健统计的正规模型

在这里,我们提出稳健统计方法的正规框架。令正常数据的概率为$(1-\epsilon)$,ϵ表示被坏观察所污染的数据的概率。若$H(x)$代表定义参数模型F_γ邻域的任意一个分布,G代表参数模型和污染分布的两点混合,则:

$$G(x) = (1-\varepsilon)F_\gamma(x) + \varepsilon H(x)$$

12.3.2 异常值检测的传统方法

在传统的稳健模型中,异常值是由外生确定的且被排除在数据集之外,古典分析则是针对"清洁的"数据进行的。数据的编辑、筛选、截断、删改、温莎法以及截断法都是"清洁"数据的不同方法。在相关文献中提到的异常值检测程序有"向前逐步拒绝程序"和"由外向内拒绝程序"。[②]

在向前逐步拒绝程序中,异常值检测方法有非正规和正规两种类型。前一种方法具有相当强的主观性:数据库的可视检查通常由风险专家来进行,且那些显然不遵循多数规则的数据点被排除了。风险专家可能进一步对极端损失作背景分析,分析这种极端损失是否遵循相同的模式,或决定这种极端损失数据是否很有可能在以后的分析中重复出现。哪些损失以及要排除多少完全由风险专家的主观判断来决定。例如,Moscadelli(2004)检查操作损失数据[③]并从零售经纪损失数据(共包括3 267个观测值)中排除了一个异常值,从商业银行损失数据库中(共包括3 414个观测值)排除了5个异常值。

辨别异常值的正规方法包括数据截断法和温莎法两种。例如,经过截断的$(\delta, 1-\gamma)$数据介于原始数据中最低的δ值和最高的γ值之间。在对称的污染数据中,$\delta=\gamma$。在操作风险中,污染数据是不对称的(在右侧)且$\delta=0$。在原始数据样本x中,样本容量为n,$x=x_1,x_2,\cdots,x_n$,定义$L_n=[n\delta]$,$U_n=[n\gamma]$。其中,$[a]$表示a的下限。令$x(k)$为第k个顺序统计量,其中$x_{(1)} \leqslant \cdots \leqslant x_{(n)}$。温莎数据比清理数据

---

① 见 Hampel、Ronchetti、Rousseeuw 和 Stahel（1986）。
② 见 Simonoff（1987a,b）。
③ 该数据摘自第2张损失数据收集表(定量影响研究3);也可见 BIS(2003)。

更有效:原始数据库中最低的$[n\delta]$值等同于"清洗"数据中的最低观测值,最高值等同于其最高观测值。温莎法中的样本点$y_j(j = 1,\cdots,n)$是根据以下的转换法通过对$x_j(j = 1,\cdots,n)$进行转换而得到的:

$$y_j = \begin{cases} x_{(L_n+1)} & j \leqslant L_n \\ x_{(j)} & L_n + 1 \leqslant j \leqslant U_n, \quad j = 1,\cdots,n \\ x_{(U_n)} & j \geqslant U_n + 1 \end{cases}$$

其他异常值的拒绝原则是建立在峰度、最大 t 化残差、学生化范围、Shapiro-Wilk 统计量以及 Dixon 法则的基础之上的。Hampel(1973,1985)、Ronchetti、Rousseeuw 和 Stahel(1986)、Simonoff(1987a,b)、Stigler(1973) 以及 David(1981) 等文献分析讨论了多种异常值拒绝法。对异常值拒绝法提出的批评即在于其舍弃了一些数据点而导致了信息的丢失。其中一个可能性就是选择允许一个固定的效率损失,例如,5% 或 10%。[①]Hampel(1985) 曾提出由外向内的异常值拒绝程序具备低击穿点。[②]估计值对相对少量的极端观测值十分敏感,这意味着对于重污染来说估计值并不是稳健的。然而,尽管存在上述批评,"任何处理异常值的方法总的来说并不是完全不恰当的,它们阻止了最糟糕的事情发生"(Hampel 1973)。

12.3.3　非稳健估计量与稳健估计量的比较实例

非稳健估计量的例子包括算术平均值、标准差、平均偏差和值域、协方差和相关系数以及普通最小二乘法。稳健性中心测量值有中位数、截尾均值和温莎均值。分布测量值包括四分位距、绝对中位差、平均绝对离差以及温莎标准差。Rousseeuw 和 Croux(1993) 提出了更多的尺度估计量。Kendall 和 Stuart(1977)、Bowley(1920)、Hinkley(1975)、Groeneveld 和 Meeden(1984) 研究了有关偏度的稳健估计量。Hogg(1972,1974) 提出了厚尾分布峰度系数的稳健估计量;Moors(1988)、Hogg(1972,1974)、Groeneveld 和 Meeden(1984) 提出了其他的一些稳健估计量。

12.3.4　基于影响函数的异常值检测方法

在现代稳健模型下,不是简单地丢弃异常值,而是对其进行进一步的处理。使用"向后逐步"或"由内向外"拒绝程序通常能够检测和拒绝异常值。Hampel(1968,1974) 提出了一种基于影响函数(IF)的方法。[③]影响函数测度了无污染样本中的微小扰动(例如,多加一组观测值)对估计量 T 在 x 点的取值的微分影响,并根据污染量对其进行标准化:

---

① 见 Hample、Ronchetti、Rousseeuw 和 Stahel(1986)。
② 该估计量的击穿点为一个估计量所能容忍的异常值的最大分数。
③ 见 Hample、Ronchetti、Rousseeuw 和 Stahel(1986)。

$$IF(x;T,F_\gamma) = \lim_{\varepsilon \to 0} \frac{T(G) - T(F_\gamma)}{\varepsilon}$$

影响函数能够用来测量大错敏感度(GES),大错敏感度是具有固定容量的少量污染对估计量 T 的取值所产生的最坏(近似的)影响:[①]

$$GES(T,F_\gamma) = \sup_x | IF(x;T,F_\gamma) |$$

大错敏感度可被用作对估计值有很大影响的观测值的一种检测工具。Simonoff(1987a)的观点表明由内向外的异常值拒绝法具有高击穿点,且其估计量能够容忍高达 50% 的污染。[②]

12.3.5 稳健统计量的优点

如前所述,异常值偏离了主要数据样式集,从这个意义上说,它们是不良数据。[③]因此,这些异常值倾向于使一般数据流变得模糊,而且还可能缺乏对数据共性部分的解释和预测能力。古典模型在分析中利用了所有可用的数据,并对每一个观测值给予了相同的权重;而稳健模型主要关注没有受到异常值影响的大量数据的统计特性。

对数据采用稳健分析或古典分析就是在安全和效率之间进行权衡取舍:尽管当丢弃或减少异常事件时一些信息可能会丢失,但是通过运用稳健方法则可以显著地提高预测水平,并产生更可靠的估计值。

稳健统计量的一个重要运用即使作为一种诊断技术,来评估古典模型下的推断结果对稀有事件的敏感度,并揭示其可能的经济含义。[④]通过比较传统程序和稳健程序各自得到的结果,可以进行上述分析。

12.3.6 异常值舍弃方法和压力测试

在操作风险建模中,广泛应用的数据截断法和压力测试之间具有很多相似之处。压力测试被定义为在数据集中加入几个极端观测值。通过加入极端观测值,风险分析师试图来研究潜在风险事件对在险价值和其他风险测量值的增量效应。通过运用稳健方法,而不是加入潜在事件,从数据库中排除了已经存在但潜在的不可能事件。其目的为在缺乏不可能事件的情况下,来研究主要数据子集的基本性质,及其对风险测量值的增量效应。

决定是否包含(压力测试)或排除大规模事件(稳健方法),还是决定这两种方法同时使用,同包含或排除多少个点以及多大的规模一样,要么取决于风险专家的

---

①　见 Hample、Ronchetti、Rousseeuw 和 Stahel(1986)。
②　有关影响函数和"由内向外"异常值的处理程序的进一步讨论见 Huber(1981)和 Simonoff(1987a,b)。其他有关稳健统计量的参考文献包括 Rousseeuw 和 Leroy(1987)、Martin 和 Simin(2003)、Kim 和 White(2003)、Aucremanne、Brys、Hubert、Rousseeuw 和 Struyf(2004)、Hubert、Pison、Struyf 和 van Aelst(2004)以及 Olive(2005)。
③　见 Huber(1981)和 Hample、Ronchetti、Rousseeuw 和 Stahel(1986)。
④　见 Knez 和 Ready(1997)。

主观判断,要么使用先前讨论过的正式(客观)方法。

12.4　应用稳健方法分析操作损失数据

在这一部分里,我们对历史操作损失数据采用简单的数据截断技术。[①]其目的在于研究异常尾部事件对预期损失、在险价值以及条件在险价值的影响。

研究中所使用的数据集来自欧洲公共操作损失数据的主要提供商。[②]该数据库包含了来自全世界的操作损失事件。分析中所使用的数据集覆盖了 1980 ~ 2002 年间所有超过一百万美元的损失。我们的分析仅仅局限于包含自然灾害、人为灾害以及外部欺诈事件在内的外部类型数据集。

数据中被污染的部分位于损失分布的右尾端。从这个意义上说,污染具有不对称的性质。我们通过去掉损失中最高值的 5% 来截断原始数据。这是与 12 次的观测结果相一致的。表 12—1 给出了完整数据和清洁数据中的描述性统计量。当运用稳健方法时,统计量的显著性变化非常明显:平均值和标准差分别大约减少到初始值的 1/3 和 1/7,偏度系数减少了约 4 倍,峰度系数则减少了约 14 倍。但是我们注意到,稳健中心尺度和分布尺度 —— 中位数和绝对中位差 —— 几乎保持不变。

下一步,我们使损失分布同时拟合完整数据集和截断数据集。[③]表 12—2 给出了对数 – 正态分布和 Weibull 分布中的参数估计量:平均值和标准差[④]。异常值的拒绝导致了平均值和标准差的显著减小。

接下来,我们研究了一年的总预期损失、95% 和 99% 置信水平下的在险价值和条件在险价值。估计方法是基于样本外向前一年预测。在频率分布中使用了非齐次强度比率函数的 Cox 程序。我们在本文中略去了频率分布中的参数估计值 —— 详细内容可参见 Chernobai、Menn、Rachev 和 Trück(2005)。然而,我们注意到稳健方法对频率分布的参数产生了轻微的影响。表 12—3 记录了这些研究结果。在所有情况下运用稳健方法所得到的风险测量值的估计水平都是相当低的。因此,稳健方法可以防止对资本要求的过高估计。

最后,我们应用前 5% 的观测值来检验对这些测量值的增量影响。我们可通过下式来计算边际影响:

[①]　另一应用见 Chernobai、Burnecki、Rachev、Trück 和 Weron(2006),其中,美国自然灾害保险索赔数据运用了稳健方法。

[②]　本书第 9 章已检测了同样的数据集。

[③]　为了解释上述报告中的偏差,我们运用最大约束似然函数方法来拟合左截尾损失分布。有关损失分布和频率分布参数估计量和资本要求的理论意义,以及对操作损失数据的实证运用,见本书第 9 章的详细描述。

[④]　需要注意的是,在表 12—1 中,位置估计量和分布估计量是基于损失超过 100 万美元的观测数据。在表 12—2 中,位置和分布的总体估计量是根据全部数据通过外推得到的。

表 12—1　　完整的和截去前 5% 的操作损失数据的描述性样本统计量　单位:100 万美元

	古典方法	稳健方法
n	233	211
最小值	1.1	1.1
最大值	6 384	364.80
平均值	103.35	39.7515
中位数	12.89	11.40
标准差	470.24	63.84
中位数绝对偏差	11.17	9.64
偏度	11.0320	2.5635
峰度	140.8799	10.0539

资料来源:Chernobai 和 Rachev(2006,p.36),获得授权后再版。

表 12—2　　　　完整的和截去前 5% 的操作损失数据的拟合
损失分布中的参数估计值、均值和标准差　　　　单位:美元

	对数正态分布		Weibull 分布	
	古典方法	稳健方法	古典方法	稳健方法
μ	15.7125	15.8095	β	0.0108	0.0012
σ	2.3639	1.9705	α	0.2933	0.4178
平均值	$1.09 \cdot 10^8$	$0.51 \cdot 10^8$	平均值	$5.21 \cdot 10^7$	$2.90 \cdot 10^7$
标准差	$1.78 \cdot 10^9$	$0.35 \cdot 10^9$	标准差	$2.96 \cdot 10^8$	$0.85 \cdot 10^8$

资料来源:Chernobai 和 Rachev(2006,p.37),获得授权后再版。

$$\Delta = \frac{T_{classical} - T_{robust}}{T_{classical}} \times 100\%$$

其中,T 为适合的测量值 —— 预期损失值、在险价值和条件在险价值之一。表 12—3 表明 12 个极端数据点占数据样本中总预期损失的 58% 和总操作风险资本要求(在险价值或条件在险价值)的 76% 。

对于银行决定是否对极端损失投保以及以一个什么样的价格进行投保,与操作风险资本要求相应的极端事件的影响程度能够作为其重要的指导方针。

表 12—3　**完整的和截去前 5% 的操作损失数据中的一年期预期损失、在险价值和**
　　　　　　条件在险价值(10^{10})以及损失前 5% 数据所产生的增量影响(Δ)

	对数正态分布			Weibull 分布		
	古典方法	稳健方法	Δ	古典方法	稳健方法	Δ
EL	0.0327	0.0154	53%	0.0208	0.0088	58%
95% VaR	0.1126	0.0580	48%	0.0885	0.0354	60%
99% VaR	0.4257	0.1642	61%	0.2494	0.0715	71%
95% CVaR	0.3962	0.1397	65%	0.2025	0.0599	70%
99% CVaR	1.1617	0.3334	71%	0.4509	0.1066	76%

资料来源:Chernobai 和 Rachev(2006,p. 37)。

12.5　重要概念总结

- 数据与模型的假设条件存在较小偏差时,理论上精确的古典估计方法可能表现欠佳。存在异常值时,古典估计方法可能会导致模型中参数和其他重要统计量的有偏估计。
- 操作损失数据的典型特征是含有异常值特性的低频率/高风险事件。同等对待极端事件和大多数数据会提高均值的估计值并扩大损失分布的范围,而且还会严重夸大在险价值和条件在险价值的数值(不论是在预期总损失的基础上还是在未预期总损失的基础上对其所作的估计)。
- 稳健统计方法主要集中于数据一般流的重要性质。该方法运用主观判断或正规的程序来拒绝异常值或降低异常事件的影响。使用稳健方法时可能会发现模型中存在着严重的缺陷,比如异常值、损失事件的错误归类,或对损失事件之间不存在相关性的不合理假定。
- 运用稳健方法能使风险分析师发现极端低频率事件对不同风险测量值的边际贡献。操作损失数据中稳健方法的运用表明这样一个结果,即解释了前 5% 的数据的极端事件的增量贡献,代表了 58% ~ 76% 的年总预期损失和操作风险监管资本要求。

第 **13** 章 模型相关性

在上一章中，我们讨论了就特定业务部门和特定损失形式组合的操作风险数据建模的问题。若一个典型的国际存款银行拥有 8 个业务部门和 7 种事件类型，[①] 则它们总共有 56 种组合。问题在于如何总计这些风险（例如，通过在险价值来测量）以形成一个合并的资本要求额。计算这些风险测量值的算术和会是正确的解决办法吗？[②] 若是的话，则意味着组间存在着完全的线性相关性，并表明所有的损失都是由随机的单源性所导致的，而不是由 56 个业务部门与事件类型组合之间相互独立的多方来源所导致的；若不是的话（一般来讲，组与组之间总存在着一定程度的相关性），则计算出来的算术和会夸大总风险的测量值。在这种情况下，我们必须对不同的业务部门和事件类型组合之间的相关性作出解释。根据 Chapelle、Grama、Hubner 和 Peters（2004），考虑相关性有可能明显地降低资本开支，事实上可能会减少 30% ~40% 。

根据新巴塞尔资本协议指南，在测量操作风险资本开支的高级测量法下，允许对相关性作出如下解释说明：

"为了计算出最低的监管资本要求，我们必须把用于不同操作风险估计量的风险测量都加进来。然而，假使我们能够证明在满足国家监管要求的同时，国家监管体系中确定的相关性也是成熟的，其执行是完整的，并且还考虑了该相关性周围的不确定性（尤其处于压力时期），则我们允许银行使用其内部确定的、有关个人操作风险估计量之间的操作风险损失的相关性。银行必须运用恰当的质量技术和数量技术来使相关的假定生效（BIS，2006，p. 152）。"

本章将主要集中于讨论各种相关性的概念。值得注意的是，我们讨论的是组间损失的相关性而不是组内损失（频率和/或严重程度）的相关性。相关性结构的两种类型为线性相关和非线性相关。线性相关系数是线性相关中常见的测度，通常使用 copulas 法来反映非线性相关。接下来，我们首先回顾一下相关性的概念，然后再讨论 copulas 法。

13.1　操作风险中相关性的 3 种类型

在操作风险中，我们将相关性划分为以下 3 种类型：[③]

[①]　巴塞尔委员会提出了上述分类，见本书第 3 章的相关讨论。
[②]　事实上，该解决办法最先由新巴塞尔资本协议所提出。见 BIS（2001）。
[③]　见 Frachot、Roncalli 和 Salomon（2004）。

1. 频率相关性。
2. 损失（严重程度）相关性。
3. 总损失相关性。

当组间频率在一些共同因素——企业规模或经济周期——上存在相关性时，则数据中可能出现"频率相关性"。根据经验，我们可能通过计算属于不同业务部门或事件类型事件之间的历史相关性来测量频率相关性。

例如，当一组高损失倾向于伴随着另一组高损失一同出现时，我们可能观察到"严重程度相关性"。

"总损失相关性"是指某一特定时期内总损失额之间的相关性。也就是说，总损失相关性受频率相关性和损失相关性的共同影响。在操作风险中，当预期频率相关性很强时，损失相关性的水平通常比较低。而且，尽管损失相关性的影响比较显著，预期总损失相关性通常却比较小。[①] 该结论在厚尾损失分布中尤其正确。[②] 不管怎样，我们应当遵循如下次可加性原则：

$$\sum_{i=1}^{8}\sum_{j=1}^{7} VaR(L_{ij}) \geqslant VaR\left(\sum_{i=1}^{8}\sum_{j=1}^{7} L_{ij}\right)$$

其中，L_{ij} 表示业务部门与事件类型的组合，业务部门 $i = 1,2,\cdots,8$，事件类型 $j = 1,2,\cdots,7$。因此，在完全正相关的情形下，在险价值的算术和是银行总在险价值估计值的上界。事实上，若组间的相关性影响很小，则任何一个机构往往都更倾向于多样化经营。

根据 Frachot、Roncalli 和 Salomon（2004），巴塞尔委员会所考虑的相关性最有可能指的是总损失的相关性。因为当我们总计从不同组内所得到的资本要求时，相关性结构的形式在目前来看已变得越来越重要。在本章的其他部分，我们将集中讨论有关总损失相关性的问题。

13.2　线性相关性

我们运用两个随机变量的例子来解释相关性的概念。在这里，令 X 和 Y 为两个随机变量，var(x) 和 var(Y) 为各自确定的方差且都大于零，mean(X) 和 mean(Y) 为各自的均值。

13.2.1　协方差及其性质

X 与 Y 的"协方差"应按下式进行计算：

$$cov(X,Y) = \mathbb{E}\left[(X - mean(X))(Y - mean(Y))\right]$$

[①] 见 Frachot、Roncalli 和 Salomon（2004）中有关该问题的讨论。又见 Chavez-Demoulin、Embrechts 和 Nešlehová（2005），他们讨论了运用 copulas 法对操作损失数据的相关泊松过程建模的问题。
[②] 见 Frachot、Roncalli 和 Salomon（2004）。

$$= \mathbb{E}[XY] - \text{mean}(X)\text{mean}(Y)$$

协方差可能为正,也可能为负。正的协方差表示较大的 X 值将观察到较大的 Y 值,较小的 X 值将观察到较小的 Y 值。相反地,负的协方差表示 X 与 Y 的运动方向是相反的。

协方差具有如下性质:

$$cov(X,X) = var(X)$$
$$cov(aX,Y) = a\,cov(X,Y) \quad 其中,a\,为常数$$
$$cov(X,Y+Z) = cov(X,Y) + cov(X,Z)$$

13.2.2　相关性及其性质

我们也许很难对协方差估计值的大小作出解释。例如,协方差的值等于 528 并不能给我们一个很清晰的图像来说明变量之间的关系强度是强还是弱,因为并不存在一个标准来进行比较。事实上,对测量值进行标准化的方法之一就是用协方差除以这两变量的标准差。相关系数[①]可通过下式来计算:

$$\rho(X,Y) = \frac{cov(X,Y)}{\sqrt{var(X)}\ \sqrt{var(Y)}}$$

相关系数可能为正,也可能为负,其取值范围为 $[-1,+1]$,即 $-1 \leqslant \rho \leqslant +1$。因此,相关系数含有符号和相关性关系强度这两方面的信息。例如,相关系数等于 1 表明其完全正相关,而相关系数等于 -1 则表明其完全负相关。$\rho = 0$ 则表明不存在相关关系。值得注意的是,若 X 与 Y 是相互独立的,则 $\rho = 0$;但是其逆否命题却并不总是成立的。[②]图 13—1 给出了随机变量正相关或负相关的例子。

线性相关满足如下线性性质:

$$\rho(aX+b,cY+d) = \text{sign}(ac)\rho(X,Y)$$

其中,a、b、c、d 分别为常数。若 $ac < 0$,则 $\text{sign}(ac) = -1$;若 $ac = 0$,则 $\text{sign}(ac) = 0$;若 $ac > 0$,则 $\text{sign}(ac) = 1$。该性质说明当线性相关为正(即严格增加)时,线性运算比较容易处理。

13.2.3　只存在频率相关性时的总损失相关系数

Frachot、Roncalli 和 Salomon(2004)曾讨论了仅与操作损失频率分布相关而与操作损失分布并不相关时的情形。[③]假定我们有两组损失数据(例如,对应于两个业务部门／事件类型),则其总损失表现为复合的泊松过程,且拥有各自的强度比率 λ_1 和 λ_2:

---

① 在文献中,相关系数也被称为 Pearson 相关系数。
② 考虑以下的例子。令 X、$Y = X^2$ 为两随机变量,且 X 服从均值为零、方差为 1 的正态分布。由于 $E[X^3] = 0$(根据对称性),因此 $cov(X,Y) = 0$。然而,依据 Y 的结构,X 和 Y 并不是相互独立的。
③ 在相关文献中,也可见 Lindskog 和 McNeil(2003)有关在财务损失模型中运用常见的泊松波动模型的讨论,以及 Bäuerle 和 Grübel(2005)有关多变计数程序的讨论。

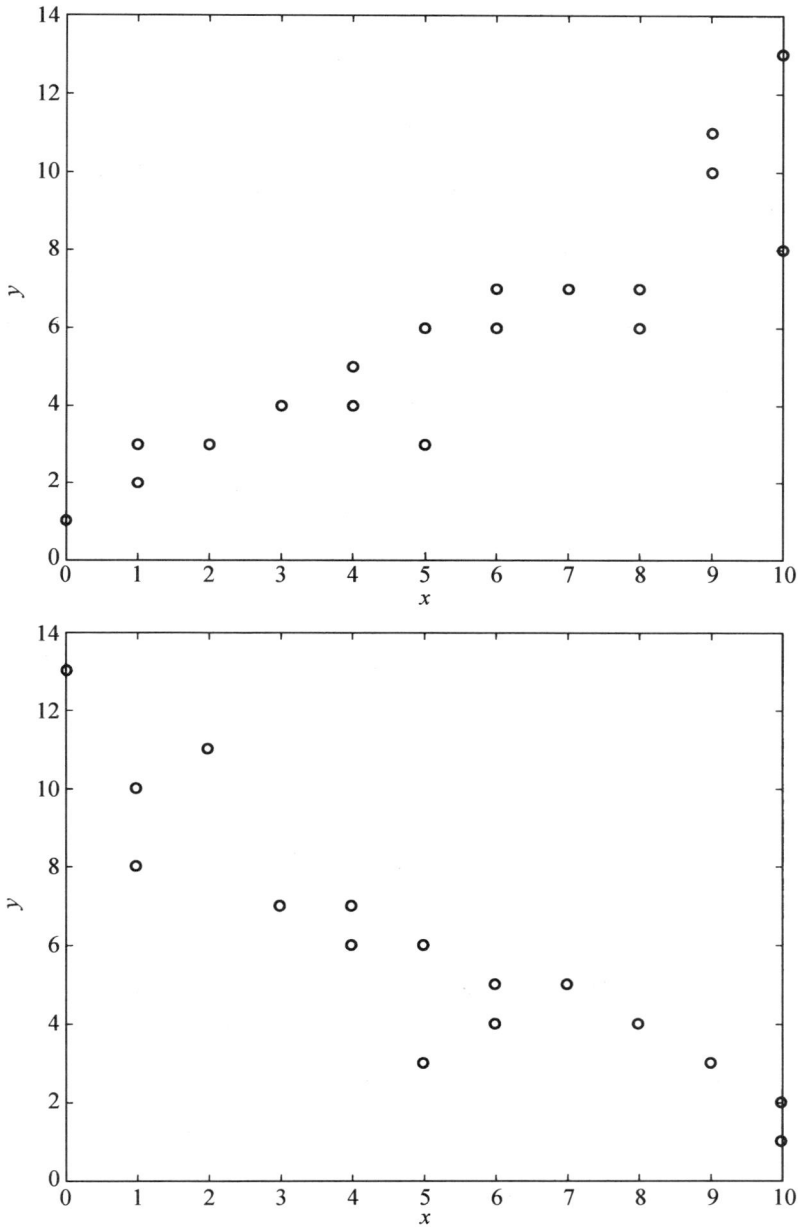

图 13—1   正相关（上图）和负相关（下图）的图示

$$L_1 = \sum_{i=1}^{N_1} X_{1i} \quad L_2 = \sum_{i=1}^{N_2} X_{2i}$$

L_1 与 L_2 之间的协方差为：

$$cov(L_1, L_2) = \mathbb{E}[L_1, L_2] - \mathbb{E}[L_1]\mathbb{E}[L_2]$$
$$= (\mathbb{E}[N_1 N_2] - \lambda_1 \lambda_2)\mathbb{E}X_1 \mathbb{E}X_2$$

其中,$EX_1 = \text{mean}(X_1)$,$EX_2 = \text{mean}(X_2)$,则其相关系数为:[1]

$$\rho(L_1, L_2) = \rho(N_1, N_2)\frac{\mathbb{E}[X_1]\mathbb{E}[X_2]}{\sqrt{\mathbb{E}[X_1^2]\mathbb{E}[X_2^2]}}$$

例如,当 X_1 和 X_2 服从参数分别为 μ_1、μ_2、σ_1、σ_2 的对数正态分布时,其总相关系数为:[2]

$$\rho(L_1, L_2) = \rho(N_1, N_2)\exp\left\{-\frac{\sigma_1^2}{2} - \frac{\sigma_2^2}{2}\right\}$$

该相关系数明显地依赖于频率和损失分布中变量规模之间的相关系数。Frachot、Roncalli 和 Salomon(2004)曾检验了里昂信贷银行操作损失数据的模型:对于所有严重风险分布来说,对数正态分布的规模参数超过了 1.5,并导致两业务部门／事件类型之间的总相关性低于4%。

13.2.4 线性相关的缺点

线性相关系数不是风险相关性的最佳测度,主要是出于以下原因:

■ 其最大的缺点在于线性相关系数只被作为线性相关的测度。在非线性严格增加的转换中,线性相关系数是不变的。线性相关性通常被用于椭圆形的分布中,比如多维正态分布和多维 t- 分布。但是,随机变量不可能都属于联合椭圆型分布。

■ 当分布具有厚尾时(例如,α-稳定分布),二阶矩将不存在。然而,当定义两随机变量的协方差时,有限方差则是两随机变量协方差存在的必要条件。

■ 如前所述,两随机变量独立即意味着不相关(例如,线性相关系数等于零)。然而,反之则未必,且该结论只在椭圆形分布(边际和联合分布)下成立。

13.3 其他相关性测度:等级相关系数

有关相关系数的其他相关性测度之一为"Spearman 等级相关",其被定义为:
$$\rho_S(X, Y) = \rho(F_X(X), F_Y(Y))$$
其中,ρ 代表一般的线性相关系数。

第2种测度为"Kendall 等级相关",其定义如下:
$$\rho_K(X, Y) = P((X_1 - X_2)(Y_1 - Y_2) > 0) - P((X_1 - X_2)(Y_1 - Y_2) < 0)$$
其中,(X_1, Y_1) 和 (X_2, Y_2) 是从分布函数 F_X、F_Y 中提取的两组独立的随机变量,且我们通常假定上述分布函数 F 是连续的。

---

[1] 从 Chavez-Demoulin、Embrechts 和 Nešlehová(2005)的研究中也可得到相同的结果。
[2] 见 Frachot、Roncalli 和 Salomon(2004)。

与相关系数 ρ 一样，ρ_S 和 ρ_K 也被用于测度随机变量 X 和 Y 之间的相关程度。与线性相关相比，等级相关的主要优点在于单调不变性。也就是说，当 ρ_S 和 ρ_K 被用于测量单调性的相关性时，ρ 只反映了线性相关性。ρ_S 和 ρ_K 通常被用来测量 copulas 函数中的未知参数（详见以下有关 copulas 的讨论）。等级相关的缺点之一则在于其可能难于计算。

13.4　COPULAS

Copulas 包含广义的相关系数，并能用来对线性相关之外的高级相关性结构建模。Copulas 也能被运用于研究尾部相关性，因此在对极值间的相关性建模时，它是非常有用的。[①]

13.4.1　Copula 的定义

从直观上看，"Copula" 是一个多维函数，通过两个或更多的随机变量间的相关性结构将它们的边缘分布函数连接起来。令 $F(x_1, x_2, \cdots, x_d)$ 为 $d(d \geqslant 2)$ 维联合分布函数。$(x_1, x_2, \cdots, x_d)$ 是随机变量 $(X_1, X_2, \cdots, X_d)$ 的观测值，令 $F_1(x_1) = P(X_1 \leqslant x_1)$，$F_2(x_2) = P(X_2 \leqslant x_2)$，$\cdots$，$F_d(x_d) = P(X_d \leqslant x_d)$ 为各自的边缘分布函数。Copula 是介于 $[0,1]^d$ 的 d 维分布函数 C，其形式如下：

$$F(x_1, x_2, \cdots, x_d) = P(X_1 \leqslant x_1, X_2 \leqslant x_2, \cdots, X_d \leqslant x_d) = C(F_1(x_1), F_2(x_2), \cdots, F_d(x_d))$$

很显然，联合分布函数被分解成了边缘分布函数和连接函数，copula 反映了它们之间的相关性质。可以说 C 是一个多维的 copula，或者说是一个简单的 d-copula。进一步来说，若 $F_1, F_2, \cdots, F_d$ 是连续的，则 C 为单值。[②]

Copula 的概念也可以用联合密度函数的形式 $f(x_1, x_2, \cdots, x_d)$ 来表述，而不只是用联合分布函数 $F(x_1, x_2, \cdots, x_d)$ 来表述。以下就是一个两维的例子：

$$f(x_1, x_2) = f_X(x) f_Y(y) \frac{\partial^2 C(F_1(x_1), F_2(x_2))}{\partial F_1(x_1) \partial F_2(x_2)}$$

13.4.2　Copulas 举例

下面，我们举了一些双变量情形下的例子。

1. 假定 X 和 Y 为两个互相独立的随机变量。因此用来解释 X 和 Y 相关性的双 copula 函数就是独立的 copula 函数：

$$C(u, v) = u \cdot v$$

[①]　有关 copulas 更多的信息可见 Nelsen（1999）、Sklar（1996）和 Joe（1997）。在 Cherubini、Luciano、Vecchiato（2004）以及 Embrechts、Mcneil、Straumann（2002）的文献中也可以发现有关 copulas 评估技术的讨论。

[②]　该定义是 Sklar 定理的结论。Sklar 定理表明，由连续边缘分布形成的多元分布能够转换成多元均匀分布。见 Sklar（1959）。

2. 椭圆形 copulas 函数：

a. Gaussian *copula* 函数：

$$c(u,v) = \int_{-\infty}^{\Phi^{-1}(u)} \int_{-\infty}^{\Phi^{-1}(v)} \frac{1}{2\pi\sqrt{1-\rho^2}} \exp\left\{-\frac{s^2 - 2\rho st + t^2}{2(1-\rho^2)}\right\} d_s d_t$$

其中，ρ 为简单的线性相关系数。Gaussian copulas 函数没有右尾和左尾之间的相关性，且其无法捕获操作风险数据中可能出现的联合极端观测值。[①]图 13—2 对有关 Gaussian copula 函数进行了解释说明。

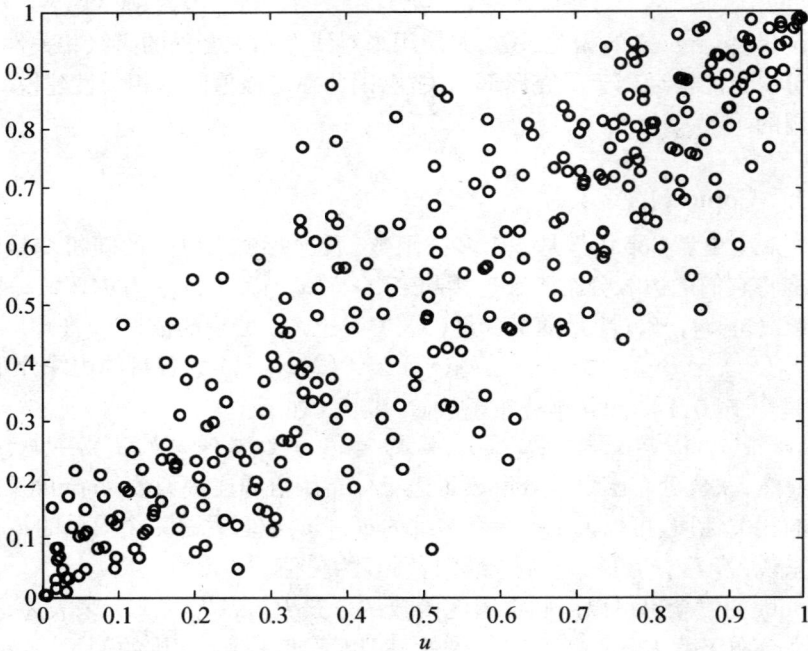

图 13—2   参数 $\rho = 0.9$ 的 Gaussian copula 函数

b. t-copula 函数：

$$c(u,v) = \int_{-\infty}^{t_d^{-1}(u)} \int_{-\infty}^{t_d^{-1}(v)} \frac{1}{2\pi\sqrt{1-\rho^2}} \left(1 + \frac{s^2 - 2\rho st + t^2}{d(1-\rho^2)}\right)^{-\frac{d+2}{2}}$$

其中，ρ 为简单的线性相关系数，d 为自由度，且 $d > 2$。t-copula 函数的右尾和左尾的相关性随自由度 d 的增加而减小，因此在尾部相关性建模中非常有用。图 13—3 给出了尾部相关性的一个示例。

---

① 令 X 和 Y 为连续分布函数 F_X 和 F_Y 的随机变量。右尾相关系数的计算公式为：$\lambda = \lim_{\alpha \to 1} P(Y > F_Y^{-1}(\alpha) \mid X > F_X^{-1}(\alpha))$。$\lambda$ 的取值范围介于 $[0,1]$。若 $\lambda = 0$，则表明 X 与 Y 之间不相互独立。详细内容参见 Embrechts、McNeil 和 Straumann(2002)。

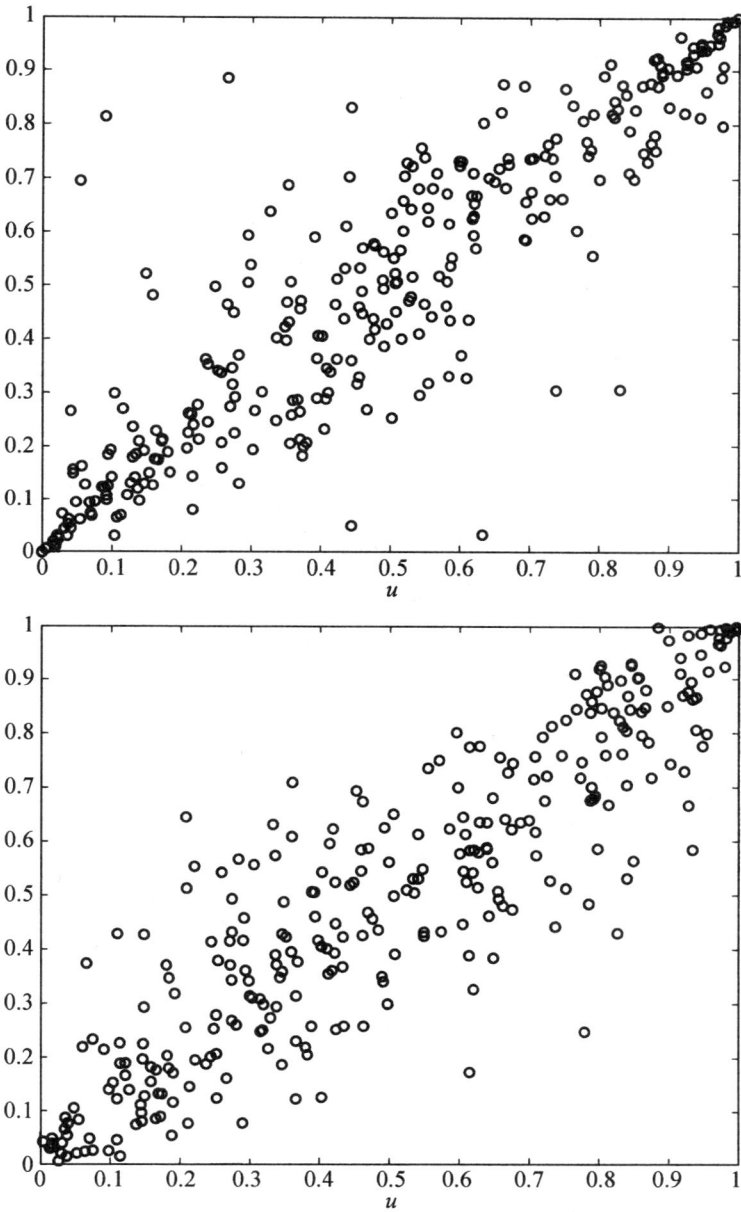

图 13—3　t-copula 函数和尾部相关性的示例

上图:参数 $\rho = 0.9, d = 2$ 的 t-copula 函数

下图:参数 $\rho = 0.9, d = 30$ 的 t-copula 函数

当 d 增加时,尾部相关性减小

3. Archimedean copulas 函数

a. Gumbel copula 函数：

$$c(u,v) = \exp\{-((-\ln u)^\theta + (-\ln v)^\theta)^{1/\theta}\}$$

其中，参数 θ 大于或等于 1，控制了相关性的大小：例如，$\theta = 1$ 表示独立的情况。Gumbel copula 函数具有右尾相关性，因此可以被用于模型中存在极值的情况，如图 13—4 所示。

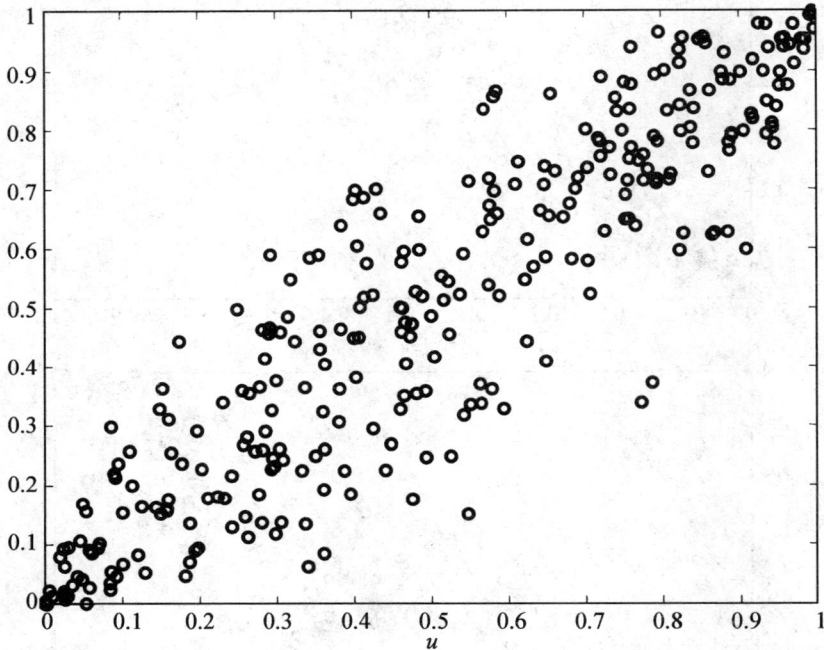

图 13—4   参数 $\theta = 5$ 的 Gumbel copula 函数

b. Clayton copula 函数：

$$c(u,v) = (u^{-\theta} + v^{-\theta} - 1)^{-\frac{1}{\theta}}$$

其中，参数 θ 大于 0。Clayton copula 函数具有左尾相关性。图 13—5 给出了 Clayton copula 函数的示例。

c. Frank copula 函数：

$$c(u,v) = -\frac{1}{\theta}\ln\left(1 + \frac{(e^{-\theta u} - 1)(e^{-\theta v} - 1)}{e^{-\theta} - 1}\right)$$

其中，$-\infty < \theta < +\infty$。$\theta = 0$，表示两变量互相独立；$\theta > 0$，表示两变量正相关；$\theta < 0$，则表示两变量负相关。Frank copula 函数既不具有右尾相关性，也不具有左尾相关性。

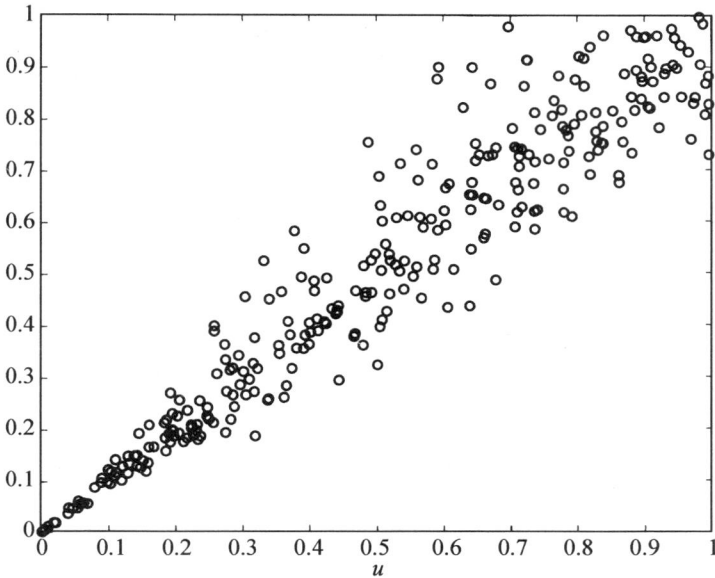

图 13—5　参数 $\theta = 10$ 的 Clayton copula 函数

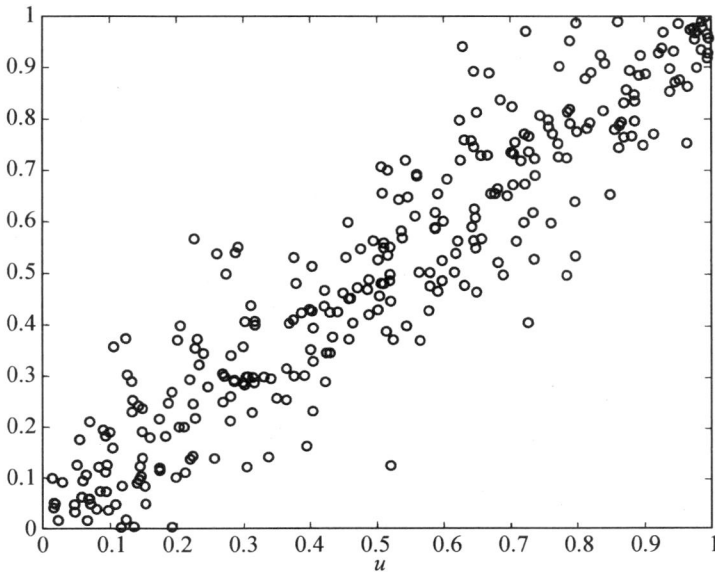

图 13—6　参数 $\theta = 15$ 的 Frank copula 函数

图 13—6 给出了 Frank copula 函数的一个示例。

其他的例子还包括 Lévy copula 函数,其主要被用于极端操作损失的建模。Lévy copula 函数的定义域为 $[0,\infty]$,而不是 $[0,1]$。详细内容请参见 Böcker 和 Klüppelberg(2006)。其他 copulas 函数的例子及构造,请参见 Joe(1997)。

13.5   运用 COPULAS 函数整合信用风险、市场风险和操作风险

风险管理者的最终目的是在一个稳定框架下同时测量和管理所有的金融风险,而不是分别测量和管理各种风险,因此发展了一种单一的银行风险测度(例如,风险资本)。这种单一的风险测度有利于投资者比较不同企业的总体风险水平。在采取任何管理行动之前,银行需要处理总的不确定性并研究风险之间的相关性,以及如何总计风险、相互之间有哪些影响以及怎样对银行产生影响等。

显而易见,所有类型的银行风险之间都是相互联系的。例如,市场波动性影响担保价值,担保价值反过来又对银行的信用风险产生冲击。类似地,市场波动性能够驱动交易量,并最终影响银行的操作风险暴露。同样地,例如由操作风险引起的大规模银行损失对银行造成了严重的声誉损害,从而使其处于声誉风险之中。①

正如 copulas 函数提供了如何总计不同业务部门中操作风险的解决办法一样,它们也能够总计不同类型的金融风险。

13.6   基于操作损失数据的实证研究

在本节里,我们将概述相关的实证研究。② 我们将这些相关的实证研究分成两组:第 1 组主要集中于不同业务单元或业务部门/事件类型组合间操作风险相关性的研究;第 2 组主要研究全球水平下的信用风险、市场风险以及操作风险之间的相关性。下面前两项研究属于第 1 组,后两项研究属于第 2 组。

13.6.1   Chapelle、Grama、Hübner 和 Peters 的研究

Chapelle、Grama、Hübner 和 Peters(2004)研究了来自一家大型欧洲银行机构的操作风险损失数据样本,数据收集工作遵循新巴塞尔资本协议中高级测量法对业务部门和事件类型所下的定义。我们需要对损失数据按比例调整以防止泄露机密。③

Chapelle 等人论证了损失数据中大多数相关性来自相互关联的频率分布,而不是来自严重程度分布。他们估计了属于不同业务部门频率之间的 Spearman 等

---

① 有关各种风险关系的进一步讨论详见本书第 2 章。
② 其他相关研究包括 Powojowski et al.(2002)、Di Clemente 和 Romano(2004)、Reshetar(2005)、Embrechts 和 Puccetti(2005)、Chavez-Demoulin、Embrechts 和 Nešlehová(2005)、Böcker 和 Klüppelberg(2006)。
③ 有关数据中描述性统计量可见 Chapelle、Crama、Hübner 和 Peters(2004)。

级相关系数。① 表 13—1 给出了 6 个业务部门间的估计值。表中的值都非常低，这表明高度相关性假定会造成很大程度上的误导。

部门 1：贸易和销售（61）。

部门 2：零售银行（2 033）。

部门 3：商业银行（23）。

部门 4：支付与结算（66）。

部门 5：代理服务（118）。

部门 6：资产管理和私人银行（693）。

Chapelle 等人进一步对银行总在险价值进行了估计。通过考虑与不同业务部门/事件类型组合相对应的业务部门之间以及所有单元之间的相互影响，Chapelle 等人进行了他们的分析。对于相关性结构，他们考虑了 Spearman 相关系数 $\rho s = 0.155$ 时的 Gaussion copula 函数以及相关系数估计值为 0.97 的 Frank copula 函数。表 13—2 针对以下 4 种情形分别给出了不同置信水平下的在险价值估计值：（1）完全正相关；（2）仅仅是业务部门之间的相关；（3）所有业务部门/事件类型单元之间的相关；（4）相互独立。

表 13—1　　　　在 Chapelle、Grama、Hübner 和 Peters 的研究中，不同业务部门间 Spearman 等级相关系数的估计值

	部门 1	部门 2	部门 3	部门 4	部门 5	部门 6
部门 1	1. 000					
部门 2	0. 162	1. 000				
部门 3	0. 000	0. 084	1. 000			
部门 4	0. 299	0. 253	0. 197	1. 000		
部门 5	0. 293	0. 156	0. 565	0. 423	1. 000	
部门 6	0. 063	0. 155	0. 269	0. 187	0. 291	1. 000

资料来源：Chapelle、Crama、Hübner 和 Peters（2004，p. 43）。

表 13—2　　　　Chapelle、Grama、Hübner 和 Peters 的研究中 VaR 的估计值

	完全正相关	部门间相关	所有单元间相关	相互独立
95% VaR	2 139 472	1 947 965	1 811 360	1 781 489
99% VaR	4 106 013	3 320 426	3 032 034	2 868 935
99. 9% VaR	7 908 790	5 379 562	4 487 290	4 192 533
99. 95% VaR	9 184 315	6 098 291	4 863 845	4 390 021

资料来源：Chapelle、Crama、Hübner 和 Peters（2004，p. 44）。

---

① 该类型的表格通常被称为相关系数矩阵。

很显然，完全正相关的假定导致了在险价值的严重过高估计。当置信水平增加时，在险价值估计值的大小增加了约一倍。当在分析中运用 Frank copula 函数时，资本要求的估计值稍微偏高：当仅考虑业务部门之间的相关性时，Gaussion copula 函数下的资本要求估计值为 453 万，而 Frankcopula 函数下的资本要求估计值为 455 万（考虑了保险的影响之后）。从实证结果来看，这也是很明显的，相互独立的假定只导致了在险价值估计值偏低于交叉单元相关性结构下的在险价值估计值，这也证明了组间损失并不存在显著的强相关性。

最后，Chapelle、Grama、Hübner 和 Peters 运用 Gaussion copula 函数，以及新巴塞尔资本协议中的 3 种方法——基本指标法、标准法和高级测量法——分别估计和比较了资本要求数额，见表 13—3。例如，在第 6 排第 3 列数值 49 表示的意思是在考虑了所有的单元相关性之后，基于高级测量法所得到的资本要求，仅仅是运用基本指标法所得到的资本开支估计值的 49%。

表 13—3　　　　　　　　在 Chapelle、Grama、Hübner 和 Peters 的研究中，

不同估计方法下操作风险资本要求的比较

	K	$\dfrac{K}{K_{BIA}} \times 100$	$\dfrac{K}{K_{SA}} \times 100$	$\dfrac{K}{K_{AMA-fulldep.}} \times 100$
BIA	7 470 036	100	106	125
SA	5 976 029	80	100	85
AMA 完全正相关	7 053 381	94	118	100
AMA 部门间相关	4 533 046	61	76	64
AMA 单元间相关	3 634 030	49	61	52
AMA 相互独立	3 343 393	45	56	47

资料来源：Chapelle、Crama、Hübner 和 Peters（2004，p. 45）。

13.6.2　Dalla Valle、Fantazzini 和 Giudici 的研究

Dalla Valle、Fantazzini 和 Giudici（2005）研究了某一银行的操作损失数据。该数据样本包括了从 1999 年 1 月份到 2004 年 12 月份这一时期内的所有月观测值。将其中 407 个损失事件分为两个业务部门和 4 种事件类型，则形成了 8 个业务部门/事件类型，并分别记为单元 1，2，…，8。表 13—4 给出了该数据样本的一些比较重要的描述性统计量。

表 13—4　　　　　　　Dalla Valle、Fantazzini 和 Giudici 的研究中，

操作损失数据样本的描述性统计量

	总额（以欧元计量）
最小值	0
最大值	4 570 852
月平均值	202 158

进一步地，他们用泊松分布和负二项分布来拟合频率数据，以指数分布、伽

玛分布和 Pareto 分布来拟合损失严重程度数据。表 13—5 给出了运用矩方法所得到的每一单元的参数估计。

接下来 Dalla Valle、Fantazzini 和 Giudici（2005）用 Gaussion copulas 函数和 t-copulas 函数拟合了每单元内的总损失。表 13—6 给出了 Gaussion copula 函数下相关系数 ρ 的估计值。该估计值表明其相关性程度很小（约为 0），且通常为负，这与 Chapelle、Grama、Hübner 和 Peters 的研究中所描述的结果是一致的。

表 13—5　　　　　　Dalla Valle、Fantazzini 和 Giudici 的研究中对
所有业务部门／事件类型的损失频率和严重程度分布的参数估计

	频率			严重程度				
	泊松分布	负二项分布		指数分布	伽玛分布		Pareto 分布	
	λ	p	θ	α	α	β	α	β
单元 1	1.40	0.59	2.01	9 844	0.15	64 848	2.36	13 368
单元 2	2.19	0.40	1.49	21 721	0.20	109 321	2.50	32 494
单元 3	0.08	0.80	0.33	153 304	0.20	759 717	2.51	230 817
单元 4	0.46	0.92	5.26	206 162	0.11	1827 627	2.25	258 588
单元 5	0.10	0.84	0.52	96 873	0.20	495 701	2.49	143 933
单元 6	0.63	0.33	0.31	7 596	0.38	19 734	3.25	17 105
单元 7	0.68	0.42	0.49	12 623	0.06	211 098	2.13	14 229
单元 8	0.11	0.88	0.80	35 678	0.26	135 643	2.71	61 146

资料来源：Dalla Valle、Fantazzini 和 Giudici（2005，pp. 11 和 pp. 12）。

表 13—6　　　　　　Dalla Valle、Fantazzini 和 Giudici 的研究中对
所有业务部门／事件类型的相关系数估计

	单元 1	单元 2	单元 3	单元 4	单元 5	单元 6	单元 7	单元 8
单元 1	1.000							
单元 2	−0.050	1.000						
单元 3	−0.142	−0.009	1.000					
单元 4	0.051	0.055	0.139	1.000				
单元 5	−0.204	0.023	−0.082	−0.008	1.000			
单元 6	0.252	0.115	−0.187	0.004	0.118	1.000		
单元 7	0.140	0.061	−0.193	−0.073	−0.102	−0.043	1.000	
单元 8	−0.155	0.048	−0.090	−0.045	−0.099	0.078	−0.035	1.000

资料来源：Dalla Valle、Fantazzini 和 Giudici（2005，pp. 13）。

表 13—7 针对如下 3 种情形：（1）完全正相关；（2）Gaussion copula 函数；

（3）t-copula 函数，分别给出了置信水平为95%和99%的在险价值估计值和条件在险价值估计值。其中，t-copula 函数的自由度 d =9。从表13—7 中，我们明显可以看出，与在 copula-类型相关性结构假定下所得到的资本要求估计值相比，完全正相关假定下的资本要求估计值明显偏高：运用 copulas 函数导致银行储蓄在30% ~50% 的范围内浮动。

　　他们曾对模型实施了广泛的返回测试。特别是，他们总结出了指数分布对损失数据的拟合性不好而伽玛的拟合性看起来最佳的观点。另外，在在险价值和条件在险价值的估计中选择频率分布（泊松分布或负二项分布）的作用并不大（有关该研究的更多细节，请参见原稿）。

表13—7　　Dalla Valle、Fantazzini 和 Giudici 的研究中，在不同的相关性结构下对所有业务部门／事件类型 VaR 和 CVaR 的估计值（以欧元计量）

频率	严重程度	相关性	95% VaR（百万欧元）	99% VaR（百万欧元）	95% VaR（百万欧元）	99% VaR（百万欧元）
泊松分布	指数分布	完全相关	0.925	1.940	1.557	2.557
		高斯 coupla	0.656	1.087	0.920	1.341
		t-coupla	0.634	1.125	0.955	1.415
	伽玛分布	完全相关	0.861	3.695	2.640	6.253
		高斯 coupla	0.767	2.246	1.719	3.522
		t-coupla	0.789	2.337	1.810	3.798
	Pareto 分布	完全相关	0.860	2.389	2.016	4.662
		高斯 coupla	0.637	1.506	1.295	2.786
		t-coupla	0.673	1.591	1.329	2.814
负二项分布	指数分布	完全相关	0.965	2.120	1.676	2.810
		高斯 coupla	0.672	1.110	0.942	1.360
		t-coupla	0.687	1.136	0.976	1.458
	伽玛分布	完全相关	0.907	3.832	2.766	6.506
		Gaussion coupla	0.784	2.339	1.770	3.644
		t-coupla	0.806	2.452	1.848	3.845
	Pareto 分布	完全相关	0.860	2.487	2.028	4.540
		高斯 coupla	0.673	1.547	1.312	2.732
		t-coupla	0.694	1.567	1.329	2.750

资料来源：Dalla Valle、Fantazzini 和 Giudici（2005，pp.13）。

13.6.3 Kuritzkes、Schuermann 和 Weiner 的研究

Kuritzkes、Schuermann 和 Weiner（2003）研究了资本充足下风险结构的隐含意义。他们特别研究了金融机构风险资本承担不同风险时对多样化的影响。为了对其进行描述，采用了一个简化的假定，即所有的风险都服从联合正态分布。多样化的好处就可以用一个比率来进行计算，分子为在多样化影响下的独立经济资本估计值之和与真实总经济资本的差额，分母为独立的经济资本估计值之和。

他们建议分别在 3 个不同的水平下总计风险：

水平Ⅰ：在单业务部门内，单风险因素下总计风险。

水平Ⅱ：在单业务部门内，不同风险因素下总计风险。

水平Ⅲ：跨不同业务部门总计风险。

研究发现，随着水平的提高，多样化的影响是逐渐递减的。例如，在水平Ⅰ下，通过分散等权重国际商业贷款组合的信用风险，能使相应的经济资本配置减少超过 50%。在水平Ⅱ下，当考虑到信用风险、市场风险、操作风险以及其他风险之间的相关性时，多样化能给典型银行带来 15%～28% 的好处。表 13—8 描述了 3 类主要风险之间的相关性：信用风险、市场和资产负债管理（ALM）风险以及操作和其他风险。[①] 在水平Ⅲ下，多样化所带来的好处仅仅介于 0%～12%。

表 13—8　Kuritzkes、Schuermann 和 Weiner 的研究中不同风险类型的相关矩阵

	信用风险	市场/ALM 风险	操作 & 其他风险
信用风险	1.0		
市场/ALM 风险	0.8	1.0	
操作 & 其他风险	0.4	0.4	1.0

资料来源：Kuritzkes、Schuermann 和 Weiner（2003，p.27），部分有修改。

13.6.4 Rosenberg 和 Schuermann 的研究

Rosenberg 和 Schuermann（2004）对由信用风险、市场风险和操作风险所驱动的银行收益做了一次全面的研究。他们提出了一个基于 copula 函数的方法来合并银行收益。最后，他们计算了度量银行总收益的在险价值和条件在险价值。

考虑银行证券组合收益问题的一般模型由 3 个风险来源构成：信用风险、市场风险和操作风险。该证券组合的均值方程为：

$$\mu_p = w_x\mu_x + w_y\mu_y + w_z\mu_z$$

其中，ω_i 和 μ_i（$i = x$，y，z）分别表示 3 种风险来源的权重和均值。

---

① 在最初的研究中，他们给出了 3 种内部风险相关系数。

Rosenberg 和 Schuermann 考虑了基于在险价值的银行收益的 4 种情况，这 4 种情况依赖于各自风险收益的相关结构和边缘分布。对于前 3 种情况来说，他们假定个别收益分布和证券组合收益分布属于同一个分布族。

1. "正态在险价值"。其假定风险分布是多元正态分布（假定各个风险收益边缘分布也是正态的）。

2. "加性在险价值"。其假定风险之间完全相关（例如，相关系数等于 1）。

3. "混合在险价值"。没有做进一步的假定。

4. "Copula 在险价值"。在 Gaussian 或 t-copula 结构下收益分布是相关的。

在他们的实证研究中，Rosenberg 和 Schuermann 运用了 10 个银行持股公司从 1994 年的第 1 个季度到 2002 年的第 4 个季度的所有季度数据。他们给予市场风险、信用风险以及操作风险的权重分别为 4.1%、26.4% 和 69.5%。由于分析所使用的数据样本容量较小，他们确定了一系列影响市场和相关信用风险收益的可观测的相关风险因子，从而形成了一个建立在回归估计基础上的收益数据大样本（200 000）。用从监管报告中所得到的交易收入除以交易资产和负债的总和来代表市场收益率，并用其调整值来反映按年计算的收益率。信用风险驱动的收益率是这样计算的，其分子为净利息收入减去相应的成本，分母为借入的资产额，两者相比即可得到信用风险驱动的收益率。操作风险驱动收益率是通过模拟 200 000 个操作损失并用它们除以总资产价值得到的。用参数 $\alpha = 0.65$ 的 Pareto 损失分布来模拟一年期的总损失，且一年中大额损失（超过一百万美元）的平均发生次数为 65 次。

一旦该年收益率均可从从上述 3 类风险来源中获得，则分布对市场收益率和信用收益率来说都是拟合的。他们对市场收益率和信用收益率分别使用了 t 分布（自由度为 11）和 Weibull 分布。3 次方样条插值（而不是参数分布）拟合了模仿的操作收益率。表 13—9 给出了对银行收益率进行模拟的样本描述性统计量。市场风险具有最高的波动性，其次是信用风险和操作风险。操作风险的尾部很厚，而市场风险的尾部很薄。另外，操作风险还具有很明显的偏度。

表 13—9　Rosenberg 和 Schuermann 的研究中 200 000 个模拟收益率样本的描述性统计量

	市场风险	信用风险	操作风险
均值	0.26%	0.18%	0.02%
标准差	0.64%	0.41%	0.04%
偏度	0.0	−1.1	−4.5
峰度	3.9	5.2	35.3

资料来源：Rosenberg 和 Schuermann（2004，p.44）。

接下来，我们运用先前所描述的 4 种情形来总计上述 3 种风险。在 Copula

在险价值法下，我们运用正态 copula 和 t-copula 来估计置信水平为 99% 的在险价值。① 表 13—10 是 3 类风险间相关性的估计值。在有关在险价值的估计中，加性在险价值是最低的（小于 0，但其绝对值最大），其次是混合在险价值、Copula 在险价值，正态在险价值位于最后。

表 13—10　　Rosenberg 和 Schuermann 的研究中，一家标准机构的相关矩阵

	市场风险	信用风险	操作风险
市场风险	1.0		
信用风险	0.5	1.0	
操作风险	0.2	0.2	1.0

　　尽管 Rosenberg 和 Schuermann 做了进一步的研究——改变证券组合权重并检验其对在险价值估计值所产生的影响，然而其相对结果仍保持不变。例如，市场风险和信用风险在总风险中占有相同的权重而操作风险的权重为 69.5% 的情况下，置信水平为 99% 的在险价值约为加性在险价值的 −1%，混合在险价值为加性在险价值的 −0.7%，Copula 在险价值为加性在险价值的 −0.6%，以及正态在险价值为加性在险价值的 −0.4%。增加操作风险的权重会导致在险价值的估计值轻微地增加（在险价值非常接近零）。另外，增加市场风险和信用风险之间的相关性，而保持它们与操作风险之间的相关性，会导致在险价值的估计值轻微地降低。增加市场风险和信用风险与操作风险之间的相关性，而保持它们之间的相关性，则会导致总在险价值更为显著地降低。通过使用条件在险价值来替代在险价值，以及用 t-copula 函数来替代 Gaussian copula 函数来得到比较结果。有趣的是，混合方法将导致在险价值估计值惊人地接近 t-copula 法下在险价值的估计值，因此混合方法似乎更好地反映了不同风险来源之间的尾相关性。

13.7　重要概念总结

■ 操作损失数据中的相关性有 3 种不同的类型：频率相关性、严重程度相关性以及总损失相关性。在新巴塞尔资本协议下，总损失相关性在高级测量法下显得非常重要，并且当所有的业务部门/事件类型之间风险资本度量需要加总时，总损失相关性还会变得非常必要。若假定存在完全的正相关性，则银行总风险资本就是各风险资本的算术和。

■ 3 条基本的相关性原则包括线性相关系数、等级相关系数以及 copulas。线性相关尽管容易操作，但存在较大的缺陷：线性相关系数仅仅是线性相关性的尺度之一，其需要一个确定的二阶矩，且相关系数为零并不一

---

① 在险价值估计值小于 0，因为总收益率分布覆盖了正负的价值范围。

定表明其相互独立。

■ Copulas 提供了另一个较好的线性相关的方法，并拓宽了在非线性情形中相关性的性质。Copula 联结了两个或两个以上具有相关性结构的随机变量的边缘分布函数。有关 Copulas 的例子，包括 Gaussian copulas、t-copulas、Gumbel copulas、Clayton copulas、Frank copulas 和 Levy copulas。在操作风险模型中，尤其令人感兴趣的是 copulas 具有右尾相关性，例如，t-copulas、Gumbel copulas 和 Levy copulas。

■ 基于操作损失数据的实证研究提供了强大的证据来证明在不同的业务部门/事件类型中存在接近零（通常为负）的相关度。上述准则不适用于有完全正相关结构假定的问题。研究表明业务单元的多样化会为金融机构提供有利的局面，因为金融机构允许减少风险资本。

■ 其他的实证研究主要集中于不同的风险——信用风险、市场风险和操作风险之间的相关性。将相关系数的影响考虑进来会产生更小的银行总风险水平估计值，从而支持这样一种观点：多样化会降低风险。

后　记

2007 年下半年，美国次贷危机已显端倪，并有蔓延全球之势。在这一背景下，对《操作风险》一书的翻译就显得格外重要和迫切，也增强了课题组进一步做好翻译工作的责任感、自信心以及克服一切困难的勇气。在翻译过程中，一方面，我们充分调动了各成员的主观能动性，使其积极着手寻找背景资料、查阅相关文献，力求逐字逐句都尽可能地体现原意；另一方面，我们还充分发挥了团队协作精神，遇到疑难句子大家共同商量、激烈讨论，力求达成共识，最终获得了比较满意的效果。可以说，本书的翻译出版是大家集体劳动的结晶。

本书由龙海明、刘锡平、谭小景主译。参加翻译的人员具体（以翻译章次为序）如下：刘锡平、黄规升（序言、第 1 章、第 2 章），龙海明、娄照、舒皆亮（第 3 章、第 4 章、第 5 章、第 6 章），谭小景、吴伟雄、刘顿（第 7 章、第 8 章、第 9 章、第 10 章），龙海明、涂巍（第 11 章），刘锡平、谭异初（第 12 章、第 13 章）。全书最后由龙海明和涂巍进行了统改定稿。在本书的编译过程中，还得到了李君文教授的大力支持和帮助，并提出了十分宝贵的修改意见，在此深表谢意！另外，还要感谢东北财经大学出版社编辑李季和王玲，正是在她们的悉心审读下，本书才得以最终出版。

由于编者水平有限，再加上时间仓促，疏漏与错误之处在所难免，恳请读者批评斧正。

译　者

2009 年 12 月于长沙岳麓山